U0145255

武士與武士道初探

——定型・意涵・影響——

序言

美國政治學者・哈佛大學教授杭廷頓（Samuel Phillips Huntington）在「文明的衝突（The Clash of Civilizations 一九九八年）」一書中，將日本文明列爲世界八大文明之一。推翻原先因日本位處中國周邊，且文字、宗教、倫理、古代的典章制度等均直接間接承襲自中國而被認定爲日本文明係隸屬中國或只是其衛星文明之說。雖有人指稱杭廷頓區分中日爲不同之文明圈，且位階將之並列之舉，或許隱含某種政治意圖。姑不論其究竟，然日本自紀元五世紀起，已漸具獨特之文明，特別是一九世紀中葉之後，開啓明治維新（明治元年爲一八六八年）並徹底追求西學之結果，促使其文明文化產生脫胎換骨之變。

換句話說，日本在古代所攝取的中國和印度等文明，經過千年以上之消化、吸收，成爲其開國（一八五四年）後擷取西洋文明之底蘊。在此一基礎上再引進西歐與美國文化而自成一格。亦即今日的日本文明係經歷古代的唐化、戰前的歐化、戰後的美國化之綜合體。因之，日本文明與中國文明內涵，遂呈大異其趣概屬難以否定之事實。

在日本的對外交流史上，唐化是指日本古代以大化革新運動（六四五年）爲最盛期、亦是機軸的一系列對外文化攝取活動。主要係以中國爲對象，透過遣隋使、遣唐使等向中國學習包括文字在內的當時的先進文明、文化。

歐化則是指明治維新後，以歐陸國家爲典範，從典章制度（如憲法、國會、內閣制等）之確立、陸海軍之建設、以迄科技、教育、生產管理等一系列近代文明引進之作爲。美國化則係指二戰結束之後，從衣食住行育樂到國防外交等方面，一面倒地向美國看齊或依附之風潮。

承上，日本自古至今似乎一路都在對外攝取、引進、接納。不禁令人懷疑，它的主體性？自家之物爲何？但請看江戶時代前期之儒學者、神道家・山崎闇齋（一六一八年－一六八二年）與弟子間的一段對話。「もし孔孟、我が邦を攻めなば……之と一戦して孔孟を擒にし、以て国恩に報ゆ」。（原念齋『先哲叢談』卷三）其中文大意爲：「如孔孟來犯我邦…，與之一戰並生擒之，以報國恩」。

闇齋的弟子們覺得：日本受孔孟教化之恩，一旦孔孟任將帥率大軍來襲，眞不知該如何對處。其師・闇齋清楚地告訴他們：毫不遲疑地與之對戰並生擒之，以報國恩。國恩就是國體、國權、天皇、日本。此一意涵在於：不能因爲外教（孔孟之道等）之關係而失去辨別，損害到神國・日本。

與此形成強烈對比的是韓國儒學大師・李恒老[1]（一七九二年－一八六八年）所言：「今日吾輩之責，在儒教盛衰，至於國家存亡，猶屬第二件事[2]」。儒教和國家，當兩者面臨擇一之際，在前近代時期同爲儒家學者的山崎闇齋、李恒老，只因分屬日韓兩國，卻有截然不同之反應。

姑且不論他們各自的思想、態度、見解，對兩國邁向近代化國家發展路上之影響及功過。其亦顯示日本的對外取經，純然只在致用，其本體仍舊可以維持安然不動。譬如，天皇制自古至今不變地存續就是一例。從古代開始，天皇制承受佛教的眾生平等、儒家的易姓革命等外來思想、觀念的衝擊，再經中世期將軍・幕府制，成爲國家權力重心所造成之挑戰，乃至於受到二戰結束，無條件投降等政治風暴之洗禮。其中無一不是對天皇制之存廢，足以構成致命性之打擊。

[1] 朝鮮李朝末期朱子學者，字而述、號華西、京畿道人、謚號文敬。具強烈華夷思想，故對西力東漸，主張攘夷爲先。著書『華西集』。

[2] 「兵学と朱子学・蘭学・国学」から朱子学（2）、二〇〇六年七月二十四日　檢索日：二〇一三年四月三〇日。http://plaza.rakuten.co.jp/basiisi/diary/200607240000/

然天皇制不但屹立如山，且如同日人所自豪，係連綿一貫的「萬世一系」。但「萬世一系」如何維繫？其背後的支撐力量？其中道理，必然複雜而多面，然就筆者管窺，武士道文化該是有力因素之一。天皇制設若無武士道文化之擁護，其命運之變數如何自無以逆料，然可以肯定的是：武士道的核心價值之一，正是神國思想。

日本自中世之後以迄近代爲止，武士主掌國家權力，日本人稱之爲武家政治，亦即武人（軍人．槍桿子）治國，期間長達約七百年之久。天皇之所以未被取而代之，其中一大原因，就是易姓革命敵不過神國思想。逐鹿天下的英雄好漢，挑戰將軍的權力則可，如欲挑戰天皇的權威，他的正統性和正當性，在神國思想下，將猶如烈日融冰，消失得無影無蹤。

而武士道，亦爲內外兼容並蓄之文化體系的代表型態之一。它吸收外來文化，如儒學、佛學等，再揉合其本土信仰．神道教等，而形塑出獨特的結晶體。因此，武士道、天皇制等，皆爲其他國家、民族所無，與中土更是差異十足。

中日間自一九世紀末至二〇世紀中期前，在不到半世紀之間，即爆發二次（一八九四年－一八九五年與一九三七年－一九四五年）全面戰爭。除此之外，其餘大小紛爭、各種磨擦可謂不斷，始至今日依然存在歷史教科書、靖國神社參拜、釣魚台群島領有等歧見，橫亙在兩國之間。如何增進彼此理解、減少誤解，該是研究者職責之一。中日雖分屬不同文明圈，然在地緣上確係一衣帶水，更有漢字可以幫助溝通，整體對日研究，理應極其蓬勃。

但華人在對日研究上，就現狀來說可謂大都集中於語言、投資貿易、理工科技、國防外交、大眾文化（動畫、戲劇、旅遊、歌唱等）等領域之類。對於引導、左右日本人之思惟、行動等深層要素的歷史、文化、特別是思想、精神等層面之薦介、剖析，尤以體系化、多面向之鑽研成果，頗爲罕見亦屬實情。

因此，華人的對日研究，不免令人總覺仍稍顯貧乏、荒涼。譬如，在對日心性研究上，一般公認最具經典成就者當首推美國的人類學者・哥倫比亞大學教授露絲・潘乃德（Ruth Benedict）之代表作『菊花與劍〈日譯：菊と刀〉：The Chrysanthemum and The Sword（一九四六年）』，其次是同爲美國學者・艾茲拉・佛格爾（Ezra F. Vogel）的『日本第一（一九七八年）』等。

戰後在近鄰諸國中則以韓國學者・李御寧之著作『縮み志向の日本人：Smaller is Better【中文：內縮指向的日本人】（一九八五年）』較受肯定。中國方面在戰前有黃遵憲的「日本國志（一八八七年）」和「日本雜事詩」、戴季陶的『日本論（一九二八年）』以及周作人的一些散文。其中當以戴季陶的『日本論』最具分量與深度。戰後台灣大學教授・許介鱗的『中国人の視座から—近代日本論—一九七九年）』（從中國人的視角—近代日本論—）亦頗爲可觀。之外，戰後在心性方面，恕筆者孤陋，則迄未見可與戴氏之日本論相提並論者。

整個大華人圈面積人口幾占全亞洲之半，與日本又近在咫尺且關係常陷複雜嚴峻之境，對日心性研究方面卻呈現如此薄弱，更見絀於不識漢字的洋人，不禁令人懷疑是否仍是唯我獨尊、夜郎自大的大漢・華夏思想在作祟，亦或仍受「同文同種」之蠱惑。

且日本自結束鎖國（一八五四年）開啓走向近代國家之途，繼而國力強盛之後，與亞洲近鄰諸國進行接觸、交流的一個半世紀以來，何以與近鄰諸國間幾乎全充斥著衝撞史。換言之，即不斷地以武力對外擴張、征戰。譬如，台灣出兵、併呑琉球、甲午戰爭、日俄戰爭、日韓合併、對中二十一條款、滿州事變、八年抗戰等等。其對弱小民族、落後國家施以鐵腕、威壓毫不手軟。難道這就是標榜光明正大、強調忠誠不二、且能勘破生死、擁有隨時可壯烈犧牲之心志的武士道？

筆者有感於上述華人對日心性方面研究之情況，呈現略顯荒疏，且國人對武士與武士道之理解，似乎難免易於僅囿限於傳播媒體。因之，不惴才疏學淺、不自量力地斗膽挑戰，期一窺武士與武士道之堂奧。但就如同書名，因筆者力有未逮，只能以初探始、亦以初探終。亦即僅止於勾繪武士與武士道之輪廓而已。換言之，本小冊只能呈現武士與武士道世界之一斑而已。

本書之付梓，旨在冀望掀起拋磚引玉之效，如能多少促使對日心性研究氣象之改觀，則筆者當感幸甚。還望方家，不吝斧正。

二〇一三年五月　著者　謹識

目次

前言

所謂武士，代表的是身分、階級與職業。用現代的語言來說的話，就是指職業軍人、公職、公務人員。換言之亦即所謂的統治階層之泛稱。武士的「武」係意涵著戰力，勇猛、軍略與武威。「士」則是意味著四民之上的士大夫及術德兼修的士君子之意。因此，武士可謂係屬允文允武之政府官員。但是，武士並非一開始即以此等形象出現。經過幾世紀的演化、變革、陶冶之後，界定武士之所以為武士的規範或準則，始以成文或不成文之形式出現，明確分際武士之權力與義務關係者，則謂之武士道。

此套涵蓋神道、儒學、禪宗、兵學等領域之倫理體系雖至江戶時代始臻完備、成熟。然其教化與鍛鍊、理論與實務，自中世以來強力地運作著直至戰前。時至今日武士道雖承受現代文明、文化無情又強烈地沖刷與侵蝕，然可謂仍源遠流長、悄悄然潛流於日本社會之底層。它就是武士之道「武士道」。一直以來均扮演日本文化主軸之一，影響所及在日本人的死生觀、價值觀、宗教觀、美學意識等方面之思惟、行動上都不難或多或少可發現其蹤跡。

國內一般大眾對武士、武士道之接觸與瞭解，或許緣於概皆來自報章雜誌、小說、電影、電視等媒介之故，一提到武士、武士道等之話題，大約總離不開以切腹始、又以切腹終之談論。當中甚且不乏夾雜諸多傳言、傳奇、傳說。如此一來趣味性的確豐富多彩，然與史實則難免有所出入。

武士道係日本傳統文化核心部分之一，日文方面之研究成果自然相當豐碩而多元。然以中文之論述，則相對地顯得貧乏有限。放眼國內欲找尋以中文之引介、研究、論証等，特別是系統性的著述實不多見。其中當以林景淵『武士道與日本傳統精神―日本武士道之研究』最爲突出。之外，李登輝前總統『武士道解題（二〇〇四年）』、黃文雄『日本留給台灣的精神文化遺產（二〇〇八年）』已是難得的代表。中國在數量上雖相對的多，但也著實有限。如梁啓超『中國之武士道（中國檔案出版社二〇〇六年）』、閻德學『武士之路―日本戰略文化及軍事走向（二〇〇六年）』、李冬君『落花一瞬：日本人的精神底色（二〇〇七年）』，孔祥旭『櫻花與武士：那些決定日本的細節（二〇〇七年）』等。

以上諸著作概略偏重於針對日本武士精神之顯現、映照在其國家之對內、對外之政治、軍事、外交等作爲以及日常生活起居坐臥等層面上之獨特性等之分析與檢視爲主。本稿則擬經由歷史之探索與耙梳、整理，旨在闡明武士之源起、時代演變；武士道之精神、文化等倫理體系之形成與內涵、特色、影響等之實態及其歷程。透過對武士、武士道之探討與解析，試圖一窺日本文化堂奧之一隅，以期多少能凸顯日本文化及日本人之思惟、行動等脈絡之徵象，冀望在異文化間之相互理解中能有些許裨益。

第一章　武士

武士自平安末期出現，經鎌倉、室町、戰國、安土桃山、江戶等時代的存續、發展、確立，以迄明治時代的廢止，其身分、職責略有變化，粗分概可化約爲：自平安末期發生起直至安土桃山時代爲止的大約四百年間的中世期，武士身分屬統治階級，主要職責爲戰鬥員。因爲，其間是武人治天下，以現代的話來講，謂之軍管。所以，上級武士還得擔負地方行政事務之處理。之後進入屬近世期的江戶時代，武士之角色任務有了改變，意即原來純屬軍人身分的戰鬥員，由於兵農分離加上天下泰平，武士遂轉型爲士大夫專門負責中央、地方之官僚體系的運作。其後，幕府時代結束，回歸天皇親政的明治期，武士階級被廢除，成爲歷史名詞。以下，擬就武士的源起、發展、成長等略作探討。

第一節 武士之源起

要理清武士之起源，不妨從武士此一稱謂正式定形，或約定俗成，換言之，意即「武士」一詞成爲歷史用語[1]之前的幾種對武士的說法先予以探討，當有助於較易突顯武士之

[1]武士，作爲歷史用語之概念蓋指：出現於平安朝後期（一一—一二世紀）迄一九世紀後期，以武藝爲專業，從事治安、軍事性等工作之階層，並具上下主從與橫向連合關係之領主階級。下村效編「日本史小百科〈武

形象和意涵。

一、「ますらお（ますら男）」的諧音：masurao，其意爲雄壯・大丈夫之謂。ますら是優秀之意，お是指男性。亦即指了不起的男子。因此，masurao在表意時亦有以「健兒」兩字表記。在萬葉集[2]（卷一九—四一六四）中有如下的詩句，歌頌著masurao的雄姿英發。「高舉梓弓，遠射十里外，腰佩銳劍，名留後世」。古代王朝尚無武士一詞之稱謂，此處非常明顯地所謂masurao指的不是普通一般的男人，而是剛直勇武之男士[3]。

另在萬葉集（卷二〇—四三九八）中，masurao們自現在的關東一帶被召集而發配到現在的北九州（兩地相去一千公里以上）去戍守邊疆。此處就是描述、詠嘆這些勇士們在出發、告別妻小時的心境。本事蹟的記錄大約完成於天平勝寶七（紀元七五五年）年[4]。換言之，八世紀中期的masurao應可視爲古代武士。

士〉」、東京堂出版、平成五年、第一〇頁參照。

【2】日本現存最古老之詩歌集、二〇卷、大伴家持編集。收錄自仁德天皇至淳仁天皇（五世紀初期—八世紀中期）間約三五〇年間之長歌、短歌、旋頭歌、連歌等，連同漢文詩、書翰等約合計四千五百首。其中有諸多作品本於人性、切近現實生活之描繪，可謂率眞、豐富而感人地呈現當時社會之喜怒哀樂。

【3】小澤富夫「歴史としての武士道」、ペリカン社、二〇〇五年、第一三頁參照。

【4】同上、第一四頁參照。

二、「もののふ的讀音」：mononofu（現代漢字表記：武士【ぶし：busi】）；古代漢字表記：物部【もののべ：mononobe】）意爲壯士。在萬葉集（卷三—一三六九）有提到：「物部之臣的壯士們，奉守大君之任命」之語。所謂臣之壯士，係指奉仕於朝廷的官人。亦即勇武之士，已不單只是防守邊疆的士兵而已，而是已進化到可以在宮廷中服務的官人。那爲何會以「物部」來表記「武士」？依據對萬葉集的研究，有兩種可能的說法。一爲「武士（もののふ：mononofu）」係由「物部（もののべ：mononobe）」轉化而來。另一爲古代朝廷中的「物部（もののべ）」一族，其職司係專掌鎮攝惡靈。在當時只有能夠打擊惡魔的人士方配稱爲「武士（もののふ）」。總之，「武士（もののふ）」後來演變成針對奉仕天皇的宮廷官人之總稱。舉凡宮廷之警備、警察、司法、檢察等之下級武官皆是[5]。

三、「つわもの的讀音」：tuwamono，漢字以兵字表記。原意指武器、兵器之意。之所以會成爲武士的代稱，是因東國（現在的關東、東北地方一帶）在一〇世紀中期曾發

---

[5] 同上、第一五頁參照。

生讓朝廷、貴族們震撼不已的「平將門之亂[6]」。當時，在律令制下朝廷於各大行政區[7]皆派駐國司[8]，但東國屬偏僻未開之地，派任的國司不是未赴任，就是根本不設此一職位。因之，地方事務皆委由次官代理、處理，這些次官任期一滿並未回京城，都在地化而形成地方豪族。且他們皆懂得致力於強化政治力，因之，所擁有的權力甚而超越國司。其關鍵就是它們擁有「つわもの（兵）」，也就是有武裝力量作爲他們的後盾。平將門就是由在地豪族起家、壯大、進而敢與朝廷對抗、甚而稱帝，雖被平定，但此一事件卻成爲武士抬頭之契機。

四、到了一〇世紀後期，「ますらお、もののふ」之類的勇武之士已演變、進化成係拿著武器擔任守護朝廷與貴族們安全之警衛。他們隨侍在主公的身側，保護主公之安全。此時之稱呼爲「侍ふ・候ふ（さぶらふ：saburafu）」。而「侍ふ・候ふ（さぶらふ：saburafu）」又係由「さもらふ：samorafu」轉化而來。「さもらふ」其意爲奉仕於

[6]平氏之祖先原係桓武天皇（在位七八一－八〇六）後代，賜姓平後，移往地方發展。平將門係高望王（桓武天皇之曾孫）之孫，平良將之子。平安朝中期關東地區之武將，接收其父任鎭守府將軍時之轄區後，乃圖擴大地盤，而與同族或地方官間磨擦、衝突不斷，其後發生平將門之亂。

[7]謂之國，相當於現在的縣。

[8]係地方最高行政長官，官分守、介、掾、目四等，其下再設史生。其辦公處所稱國衙，國衙所在謂之國府。

主公、貴人身旁且擔任警備、保護之責的人物，而後此一稱謂再轉化爲「侍（さむらい：samurai）」，其漢字的另一表記就是大家所熟知的「侍・武士（ぶし：busi）」[9]。

第二節　武士興起之契機

「ますらお、もののふ、つわもの、さぶらふ」等稱呼的共通之處就是指這些人在武士階級未形成之前，他們都是有武士之實而無武士之名。此種情況大約持續到一〇世紀後期，亦即武士團的出現與形成展開之後始被取代。武士團興起的契機係源於鎮壓「承平之亂」（九三五年—九四〇年）與「天慶之亂」（九三九年—九四一年）。此兩大叛亂事件幾乎同時發生於東國（關東及其以東地區）與西國（近畿【關西】以西之地區）。而天皇所在的京都適好處於兩地之間，朝廷遂有遭挾擊之虞，因之，對朝廷造成相當大的衝擊與震撼。

朝廷乃對鎮壓有功的武將及其子孫家族另眼看待，亦即天皇和貴族們將他們視爲身懷絕技或認定爲有能力守護朝廷之士。起初他們被賦予維持治安等類同警察之工作，再逐漸

【9】小澤富夫『歴史としての武士道』、ぺりかん社、二〇〇五年、第一五―一六頁參照。

轉化成職掌軍事性任務。在此必須強調的是，一〇世紀中期之後，並非武藝高強之人就能成為武士，而是需具平亂有功之家世，方才有機會晉身武士，亦即平亂有功家族的崛起成為武士階級興起之濫觴[10]。

所謂承平之亂與天慶之亂，前者另稱「將門之亂」，後者則另稱「純友之亂」。承平之亂是平安中期武將・平將門挾其長期在地方上經營出來的勢力，藉以擴充領地，因而與同族間經常鬥爭不斷。九三五（承平五）年平將門弒其伯父・平國香，繼而於九三九年夥同與常陸國（今茨城縣境內）國司對立的藤原玄明去襲擊常陸國府，公然反叛朝廷。其後據有關東地區八國（相當於現在八縣）並自立為新皇（新天皇）。但此一稱帝行為旋於翌年（九四〇年）在朝廷討伐軍未到之前即被平國香之子・平貞盛聯合下野（現櫪木縣）之地方豪族藤原秀鄉予以弭平、消滅，史稱「將門之亂」或「承平之亂」[11]。

【10】高橋典幸「武士の成立と台頭」（本鄉和人編『歴史の争點　武士と天皇』、人物往來社、二〇〇五年所收）、第三八一四一頁參照。

【11】「承平天慶の亂」檢索日：二〇〇九年二月二十三日 http://search.yahoo.co.jp/search?p=%E5%B9%B3%E5%B0%86%E9%96%80%E3%81%AE%E4%B9%B1&search.x=1&fr=top_ga1_lt58&tid=top_ga1_lt58&ei=UTF-8

「純友之亂」則係平安中期伊予國（現愛媛縣）官人[12]藤原純友之作亂。九三四年藤原純友在伊予國的任官期雖已屆滿卻未回京都。仍以日振島（在愛媛縣南西部）爲根據地繼續發展勢力，進而橫行於瀨戶內海各地，從事燒殺、虜掠等海盜行爲並成爲海盜之首領。九三六年朝廷命令其須討伐西國（近畿以西之地）一帶之海盜，其非但未奉行，反於九三六年（天慶二年）以統帥者身分帶領海盜襲擊淡路（淡路島）、讚岐（香川縣）、太宰府（福岡縣中部）等之官廳。朝廷遂派遣源經基、小野好古等朝廷重臣將之鎮壓、平定，史稱「純友之亂」或「天慶之亂」[13]。

在朝廷所在的一東一西幾乎同時發生的此兩大叛亂事件，一方面顯示朝廷中央對地方統制力的式微，另一方面也暴露律令制國家的崩解與末路。同時也製造、提供武士團興起之契機，而導致逐漸演變成武家（軍人）統治的抬頭，以及武士團、下級貴族的出現與形成。亦即除天皇、中央貴族等原有統治勢力之外，新興的武士團亦將加入統治天下之行列。換言之，即鎮壓平將門之亂有功的平貞盛與藤原秀鄉和平定藤原純友之亂有功的源經基與小野好古等家族及其子孫等都將成爲武裝勢力的頭領，具備逐鹿天下之行頭。

【12】律令制下任初等官至六等官之官吏的總稱。次官之下，主典之上。
【13】同前揭注一一。

平貞盛於亂後被任命爲從五位上左馬助（管理馬匹之次官）後又歷任鎭守府將軍[14]與陸奧守[15]等要職。同一戰役的另一功臣藤原秀鄉及其子孫亦歷任鎭守府將軍，並因而形成擁有可組織具精銳武裝勢力之傳統家世。而源經基與小野好古，前者歷任諸國受領[16]後轉任鎭守府將軍，促成其成爲清和（陽成）源氏之祖，同時奠定以其子源仲滿爲首的源氏霸業之基礎。後者亦官拜至公卿。

這些人及他們的後代子孫家族們都獲取一重大特權。亦即唯有剿平造反有功之人及其一族方有資格成爲保鄉衛國、效忠主公、擁有領地的武士之頭領。換句話說，此後以平亂有功者之後代子孫爲中心而形成武士團。一〇世紀後期起，開始發展成桓武平氏與清和源氏兩大主流勢力。其後，源平兩氏之間的相互抗爭與攻防、興隆與衰亡，主宰了平安朝後期（一一－一二世紀）之國勢。一二世紀末鎌倉幕府（一一九二年－一三三三年）成立，第一個武家政權正式出現，其後直至一九世紀中期，長達七個世紀的幕府將軍掌政的時代於焉確立。武士取代天皇實質掌握日本國政後，再由武士團擴大、發展成武士階級。

【14】防守、經略現日本東北地方邊疆蝦夷地區之地方軍司令官。
【15】青森縣、岩手縣一帶之地方首長。
【16】律令制下的諸國（縣）之長官，國司之上的地方行政首長。

關係武士階層形成之契機的此兩次戰役，其梗概整理如下：

事件名	承平之亂	天慶之亂
年代	九三五年－九四〇年	九三九年－九四一年
別稱	將門之亂	純友之亂
地點	現關東地區	現瀨戶內海一帶
叛亂者	平將門	藤原純友
平亂者	平貞盛、藤原秀鄉	源經基、小野好古
褒賞	平貞盛：從五位上左馬助、鎮守府將軍、陸奧守。藤原秀鄉：鎮守府將軍、擁有可建立武裝勢力之家世。	源經基成爲清和源氏之祖。小野好古官拜公卿。

第三節 武士階級之確立

武士一詞雖於奈良時代（七一〇年－七八四年）的「續日本紀[17]」中，即有「文人武

【17】原名爲日本書紀，完成於奈良時代。係日本最早的皇家欽點正史，記述自神話時代至持續天皇（在位六九〇

士，國家所重」之記載，但此處所稱的武士，係相對於文人之謂。亦即如前所述平安朝中期之前，所謂武士係單指武人、士兵之謂，與現代一般對武士的概念略有徑庭。亦即現今一般所認定、接受的歷史用語的武士概念，概指出現於一〇世紀中期之後，除以武藝爲專業外，更具如下之社會結構關係：即係結合橫向連合或縱向主從關係之領主階級[18]。

此一新階級的產生係來自莊園和國衙領[19]的存在，由於莊園的實際經營管理者・莊官、鄉鎮地方政府領地的管理者・郡司[20]、鄉司[21]等，他們一面從事農業經營，一面須壓制農民的反抗，並不時準備抵禦其他豪族的入侵或反過來須要去掠奪、征服他族以擴大勢力，因而進行武裝皆屬必要。換言之，不管是管理公田的地方基層長官或經營私有地的莊園領主，再再都需要有武裝勢力來維護自身的安全和利益。

年—六九七年）間流傳於朝廷的神話、傳說、記錄等。由舍人親王、太安麻呂等撰，漢文編年體、三〇卷、七二〇年成立。

[18] 下村效編「日本史小百科〈武士〉」、東京堂出版、平成五年、第一〇頁參照。

[19] 律令制下的第一級行政單位・國，國衙爲國之行政機關之謂。國的最高長官爲國司。國衙領即係國司所管轄的土地，相對於莊園的私有化（私領），國衙領亦稱國領或公領、公田。検索日：二〇〇九年四月九日 http://ja.wikipedia.org/wiki/%E5%BE%8B%E4%BB%A4%E5%88%B6

[20] 律令制下的第二級行政單位・郡，其長官爲郡司，係國司之下的地方行政長官。

[21] 律令制下的第三級行政單位・鄉（里），其長官爲鄉司（里長），係由國司任命的地方長官。

他們（武士）率領、指揮家子[22]或郎黨[23]，形成大大小小的武裝集團，謂之武士團。這些大小規模不一的武裝集團初期各自分立於莊園或國衙領，不久之後就由有力的地方豪族進行整合，而發展成大規模的武士團。因之，不管是私有的莊園或公有的國衙領地，兩者可謂皆爲武士成長的搖籃與地盤。

到了一一世紀開發領主[24]爲了私領域的擴大及維護其既有利益上的需要，他們歸屬於祖先原屬朝廷貴族，到了地方出征後就進行在地化的地方豪族（如平氏、源氏、藤原氏等）或隸屬於有力的當地的地方官，以獲取逐步成長、壯大。之後，他們更進一步擁戴具有中央貴族血統[25]之士作爲棟梁以構築強大的勢力，因而平安朝後期（一一—一二世紀）

【22】屬武士之家族成員，與武士具血緣關係的部下。

【23】亦稱郎等。與武士之間不具血緣關係，係武士的部下、跟班、追隨者之總稱。

【24】平安朝中期（一〇世紀以降）之後，地方豪族以私人力量開墾山林原野，此新開墾地的所有者謂之開發領主。檢索日：二〇〇九年四月一〇日
http://ja.wikipedia.org/wiki/E9%96%8B%E7%99%BA%E9%A0%98%E4%B8%BB

【25】亦即所謂的貴族崇拜，因爲源氏、平氏皆是曾在位的天皇後代，所以才有可能被擁戴爲大武士團的首領、統帥。換句話說，大武士團也要找具高貴血統的武士來做領導方能獲得全員的信服。源氏之祖爲清和天皇（在位八五八年—八七六年）之皇子，賜姓源氏後離開京城移居地方而在地化，其中最繁盛的是第六皇子貞純親王之後代源經基以降之後裔。平氏之祖則爲桓武天皇（在位七八一年—八〇六年）之孫．高望王之後代，其

以平氏、源氏爲主的大武士團的勢力及規模甚至已擴及全國。

所謂武士團就廣義來說，是以武力爲專長所結合的集團。但亦係血緣性、地緣性之結合體。因爲武士團係由統領（長子）一族統率其嫡流（嫡傳・正統流派）和庶子家（同宗・傍流）之同族結合，統稱家人。其下再集結郎黨、所從（中下級部下）等而構成大集合體，他們各擁領地並各爲在地領主。總之，武士團的形成，係發生於一一世紀到一二世紀之間，以各地的莊園、國衙領爲中心，所出現的中小規模的武士團。一般武士團的組成如下圖所示：

下村效編「日本史小百科〈武士〉」、東京堂出版、平成五年、第三三頁引用。

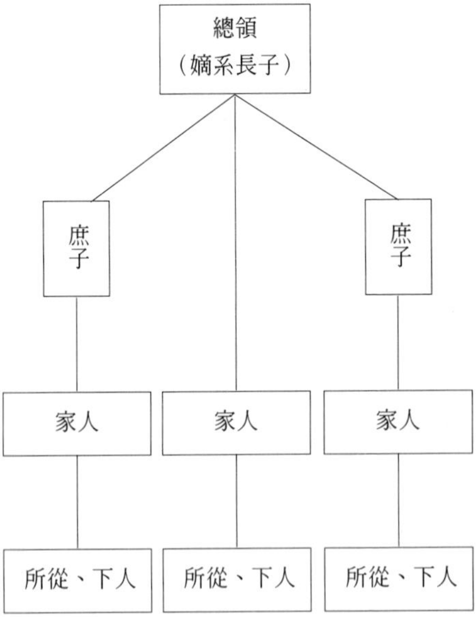

中以平貞盛一脈最爲繁盛。源氏與平氏的共通之處就是都具有皇室的血統。檢索日：二〇〇九年三月十一日 http://ja.wikipedia.org/wiki/%E8%B2%B4%E7%A8%AE

第四節 武士團之構成

地方上爲何有這些中小武士團的存在，其最主要原因是：被地方最高行政長官任命爲地方下級官吏的當地士紳，以及莊園的實際經營、管理者，他們全都是武士化了。亦即他們都變成武士，特別是前者。而最主要的原因乃是由於他們的在地領主地位受到重視，當地方政府進行武力重整、重建之際，他們被吸收進來成爲新的公權力，因而成爲強而有力的新的統治階層。透過此種武力結合，在地方政府內誕生、形成、確立了上級武士與下級武士間的主從關係[26]。

武士團的形態並非都是一致的，會因領地的支配方式及庶子家系人員的獨立性強弱而改變。譬如，關東地區的武藏七黨，其黨的領導是身兼族長的總領，但平常其對黨的管控相當鬆散。因爲在黨裡頭一般分爲數十個小族群，個個擁有自主關係。黨內雖須互相合作，卻只有在戰鬥時方才以黨作爲一個組織體運作。與此相反的是一樣在關東地區的阪東八平氏[27]。他們原皆爲開發領主，以國或郡爲單位形成武士團，扮演國衙軍（地方政府

【26】小學館的學習百科圖鑑「日本の歷史」、小學館、一九九八年、第五〇—五四參照。

【27】千葉氏、上總氏、三浦氏、中村氏、秩父氏、大庭氏、梶原氏、長尾氏等八氏謂之。原係桓武平氏之祖・高

軍）之角色。此類武士團的領導．總領對武士團的管控不管是平時或戰時都是強而有力的，可謂爲大武士團的發展提供了可能性。

因之，在平安朝後期，此類武士團很快地由平氏、源氏爲主軸的武家棟梁進行吸收、整併，規模擴及全國，成爲平氏、源氏爭取天下的基礎和後盾。但平氏先盛後衰，一二世紀末終由源氏取得勝利成立鎌倉幕府，新的封建制度於焉成形。其架構主要係由和幕府將軍締結有主從關係的武士所組成。他們被稱爲「御家人」[28]，全面進入統治體系而構成武士階級。換句話說，武士階級係以幕府將軍爲頂點，御家人分布於各地區掌握實權爲中

望王賜姓平氏後，到關東地區任地方官並在地化後，其子孫分散於關東地區而形成。
http://ja.wikipedia.org/wiki/%E5%9D%82%E6%9D%B1%E5%85%AB%E5%B9%B3%E6%B0%8F

【28】所謂御家人係指與幕府將軍間訂定主從關係之武士，御字是爲了對將軍表示敬意而加上的，家人則是指服從主君的從者。御家人在人數上關東比關西具壓倒性多數，有事時由一名御家人率領數十、數百名士兵出陣。主從關係的建立係藉由將軍發給御家人安堵狀而成立。安堵係指可在一定範圍之土地內安心的經營、生活之意，安堵狀內容記載御家人所屬之領地、宅舍等資料，並作爲該保障之證明文件，相當於現今的房屋、土地所有權狀。檢索日：二〇〇九年二月六日
http://ja.wikipedia.org/wiki/%E5%BE%A1%E5%AE%B6%E4%BA%BA

堅。如守護[29]、地頭[30]、京都大番役、鎌倉大番役[31]等要職均由御家人出任。將軍和御家人之間以恩賞和奉公[32]之倫理規範作爲統治原理，經緯著武士體制，以確立權利、義務，並

【29】係以國（律令制下的一級行政區）爲單位所設置的軍事指揮官、行政官。武家（幕府）政權之職制之一，由將軍自御家人中任命，主要任務爲監督其轄下之地頭。檢索日：二〇〇九年三月九日
http://ja.wikipedia.org/wiki/%E5%AE%88%E8%AD%B7

【30】係爲管理、治理莊園（私領地）、國衙領（公領地）而設置之職位，與守護同時期成立。原於平安後期即有存在，但在鎌倉時期始被朝廷承認而正式設置遍及全國。幕府從在地的御家人中挑選人選任命之。其主要任務係監管莊園、國衙等公私領地上的軍事、警察、徵稅、行政等工作，係直接管理土地、百姓方面最具影響力之基層官吏。檢索日：二〇〇九年四月九日
http://ja.wikipedia.org/wiki/%E5%9C%B0%E9%A0%AD

【31】平安時代後期起至室町時代初期，地方的武士進駐到朝廷・京都與幕府所在・鎌倉等地，擔任警備、衛護之職責者。被命令警備、保護天皇所在地・京都的武士謂之京都大番役。衛戍將軍所在地・鎌倉的武士，則稱鎌倉大番役。擔任番役之職對武士來說，皆屬恩賞與奉公之一環。檢索日：二〇〇九年四月九日
http://ja.wikipedia.org/wiki/%E7%95%AA%E5%BD%B9

【32】將軍對御家人的恩賞，御家人對將軍的效忠，此種關係稱爲御恩與奉公。御恩指御家人的權益（地位、領地、宅第等）來自於將軍的恩賜、恩賞。相對的，御家人對將軍則須以奉公爲報。奉公分戰時和平時。戰時是出兵（御家人自行吸收戰費）替將軍打仗。平時則是擔任京城、地方的守備，並須納稅。將軍與御家人的關係是幕府時代最堅實、最基本的統治結構。檢索日：二〇〇九年四月九日
http://ja.wikipedia.org/wiki/%E5%BE%A1%E6%81%A9%E3%81%A8%E5%A5%89%E5%85%AC

維繫整個國家、社會的穩固。

原以警察、軍人之職務爲專業的武士階層，藉由鎌倉幕府的建立，正式取得實際掌理國家大政的地位和權力，天皇和貴族退居第二線成爲儀禮性、象徵性的存在。亦即自一二世紀末直至一九世紀中葉的明治維新，天皇的政治地位和權力被架空，明治維新後方再有所改觀。易言之，所謂的武家政治係於一二世紀後期起正式展開，一九世紀中期起始趨衰微而再度回歸天皇。

第五節 武士成長之背景

「武士」既係具有武藝、戰鬥技能之人員，武士團顧名思義則係這些擁有戰鬥本領、戰爭技術之人的集團。一〇世紀後葉起武士團出現並逐漸形成新興階級，經過二個世紀（一二世紀末）的發展，武士甚至取得實質性統治國家之大權。在歷史上一種新階層的出現可能並不稀奇，但武士階級能自一〇世紀後期起綿延存續至近代（一九世紀中葉）應非偶然。其究竟如何生存、發展、壯大，以下將就其背景、緣由等略作探討。

一、家（イエ：ie）之成立

大約自平安中期起，在貴族社會中，有將特定的地位或官職以親子關係作爲世襲的「家（イエ：ie）」的不成文制度開始逐步形成、確立。此處所謂「家」，不單只是意謂家庭、家族，尚意涵家傳、家業、家世、家格、世家之謂。譬如，由於藤原道長的孫子（御堂流）獨占世襲攝政或關白（相當於宰相）之地位一事形成慣例，因而有所謂攝政「家」的成立即其代表案例之一。其他尚有擁有大臣或受領（領國中的最高長官）地位的高官們，都各自一步一步地形成自身的「家」。之外，像主管祭祀、占卜、驅邪的陰陽家、如阿部氏；主管曆法、天文黃道的曆道家、如賀茂氏等，也都各自建立起自己的「家」。亦即連承襲職掌特定專業的家門亦能成立「家」[33]。

平安朝中期起至鎌倉時代大約二個世紀之間，這種以官位、職掌、專業去劃分而成立「家」的慣行，成爲重新建構平安後期朝廷的權力結構之主要力量。武士既是職掌治安、戰鬥之專業，此時期武士的出現，自然成爲權力新秩序重構的一環，因而提供武士此一行業能夠獨立生存、發展的空間。

[33]高橋典幸「武士の成立と台頭」（本郷和人編『歴史の争點武士と天皇』、人物往來社、二〇〇五年所收）、第四二頁參照。

二、莊園的發達

西元八—九世紀興起的初期莊園[34]逐漸式微，到了一〇世紀後葉起，新興的莊園[35]不斷增加與壯大，其後更取得「不輸」、「不入」之特權。所謂「不輸」指的是獲得中央政府承認可享有免納稅之權，而「不入」則是指負責徵稅、調查耕地的檢田使無權進入該莊園。換言之，此類莊園如同小王國，不受朝廷之約束和管制。

但莊園本身從自家身家財產的維護、以至於如何預防、對抗來自鄰近莊園或其他勢力的侵擾、攻擊、併呑等，再再都需要武裝勢力的存在。而武士的職能就在善於耍槍弄刀、騎馬射箭，且能為主公出生入死。此類人物剛好可滿足莊園之需求，換言之，即能負起協助莊園建立自我武力防衛系統之需要。另一方面，莊園同時亦能提供武士本身生存發展的空間，並可令其一遂雄心壯志之所。武士與莊園，兩者可謂達到供需上的完美互補，也因

【34】平安朝初期的莊園，亦稱墾田地系（類）莊園。其土地一般係由貴族或大寺院自行開墾而得或由購進之墾田所組成，而雇用附近的農民從事經營者謂之。宮原武夫・黑羽清隆等著「高校日本史」、實教出版會社、昭和五八年、第四七—七九頁參照。

【35】與初期莊園・墾田地系莊園相對比者，被稱為寄進地系（類）莊園。此類莊園為避免來自地方官廳公權力的介入、壓力與干涉，將莊園名義上捐獻給中央的權門世家，亦即由中央的高官、擁大權者掛名為領主，以取得庇護。而原莊園領主仍繼續在當地負責實質之經營管理者謂之。同上注。

而促進相輔相成的發展[36]。

三、不淨之處理

武士的專長既是戰鬥，在執行任務中，殺人或被殺常不可免。亦即在工作中無可避免地經常須伴隨著殺人或流血。對於死或流血在當時的貴族社會被視爲不淨，是相當受到忌諱的。此處的不淨包含宗教與衛生兩層面，易言之，吉凶、善惡、正邪等看不見的淨不淨屬前者，污穢、齷齪、髒亂等看得見的淨不淨則屬後者。因之，不管是看得見的或看不見的髒，凡是不淨的事物貴族們都不想、也不願去沾、去碰。譬如，屍體的處理、犯人的逮捕等不用說，就連道路的清掃，驅使、指揮出獄後的更生人或下等勞動者從事勞動等之類的工作亦皆被視爲不淨。

而專門負責從事戰爭、警察業務等方面工作的武士階層的登場，恰好填補此一缺口。換言之，武士被賦予擔任並處理被貴族們視爲不淨的工作，如軍人或警察等之類的職務，而武士剛好也願意接受。武士爲什麼願意接受？係因一〇世紀後葉起崛起的武士之棟梁，其中不管是平氏、源氏或藤原氏等世家，他們的祖先原雖皆屬朝庭中的中下級貴族，因到

【36】石井進・笠原一男等著「詳說日本史」、山川出版社、一九九七年、第七五—七八頁參照。

地方之後就在地化。在地方生根發展的結果，子孫們的成長環境自然變成地方。

而地方上的成長環境又是如何？地方上常因圍繞各自的領地（如莊園、地盤、勢力範圍等）的經營，領主（領地之主、領地的所有者）與領主之間的紛爭可謂如家常便飯。可是地方上的糾紛，地方長官並無能力全面解決，亦即公權力不張。在公權力不可靠、無法靠的情況下，糾紛如何解決，最終往往得憑各當事者本身之實力。換言之，大都得仰賴當事者之間的自力救濟。亦即，雙方如達不到妥協的話，只好訴諸武力對決。如此一來，就是武士發揮其功能與價值之所在。尤其是武力衝突可能是自力救濟中最有效的手段。他們（武士）身處功名利祿得與失之間，爲達到目的甚至不惜、不辭殺人、殺戮，當屬不難理解。

在這種充滿叢林法則、力量掛帥的生活環境中，武士對於死或流血，從某種角度來說，他們視爲當然，自然談不上忌諱。再加上已非貴族身分，所以，可以接受貴族們所認爲不淨的事物或工作，這是武士與貴族之間的絕對性差異。此一與貴族間的區隔亦成爲武士階層可以一路成長、壯大的重要背景之一[37]。

---

[37] 高橋典幸「武士の成立と台頭」（本鄉和人編『歴史の争點武士と天皇』、人物往來社、二〇〇五年所收）、第四二一四四頁參照。

四、律令制的崩解

約自平安朝後期的一〇世紀起至平安朝結束的一二世紀末，此期間地方豪族叛亂頻仍，如承平之亂（九三五年—九四〇年）、天慶之亂（九三九年—九四一年）、平忠常之亂（一〇二八年—一〇三一年）、前九年之役（一〇五六年—一〇六四年）、後三年之役（一〇八三年—一〇八七年）、保元之亂（一一五六年）、平治之亂（一一五九年）、源氏、平氏間的抗爭及其最後在壇之浦的決戰（一一八五年）等等，可謂動亂連連，此種情況如實地反映了朝廷中央的虛弱無力。因為朝廷權力的式微，地方勢力才敢不斷挑起紛爭。那為何朝廷的權力會沉淪？該首推律令制[38]的崩解吧！律令制是基於一君萬民、王土王民之思想，以公土公民為基軸所建構的中央集權制。班田收授[39]、口分田[40]、租庸調[41]為

---

[38] 律相當於現代的刑法、令則為行政法。係古代中央集權制國家，統治上的基本法典。

[39] 每六年編製一套戶籍。對六歲以上的公民及奴婢授與口分田並加以課稅，死後將之返還朝廷之作法謂之班田。平安時代起即有名無實，未再實施，是公地公民制沒落的一大主因。檢索日：二〇〇九年四月二十二日
http://ja.wikipedia.org/wiki/%E7%8F%AD%E7%94%B0%E5%8F%8E%E6%8E%88%E6%B3%95

[40] 對六歲以上男丁授予土地面積七二〇坪，女子四八〇坪之耕地，歿後須再返還政府。政府自收穫量中抽取三—五%的稻米作為稅金。檢索日：二〇〇九年四月二十二日
http://ja.wikipedia.org/wiki/%E5%8F%A3%E5%88%86%E7%94%B0

[41] 日本的租庸調是，租：每三百坪面積的農田，課二束二把的稻米，約相當於收穫量的三%—一〇%作為稅

其骨幹。其實施大約於七世紀到一〇世紀之間，過了八世紀的最盛期之後，逐步走入形骸化，到了一〇世紀律令制已是支離破碎。

律令制解體的最主要原因，或可歸結於三世一身法[42]與墾田永年私財法[43]等土地政策的頒布和實施。制度本身原爲獎勵農民勤於開墾、耕作，以避免土地的荒廢，但結果卻導致私領地莊園的出現與盛行。如此，除提供武士成長的空間與機運外，另最終則引起稅租上

租。庸：針對正丁（二一歲－六〇歲的男性）、次丁（正丁的殘障者與老丁【六一歲以上的男性】）所作之課稅。原規定該等每年須赴京從事勞動服務二〇天，後改爲可用繳納布、綿、米、鹽等實物代替，是人頭稅的一種。調：針對正丁、次丁、中男（一七歲－二〇歲）所進行之課稅。主要爲繳納紡織品，但亦可用地方上的特產品（約三四品目）或貨幣代替。檢索日：二〇〇九年四月二十二日
http://ja.wikipedia.org/wiki/%E7%A7%9F%E5%BA%B8%E8%AA%BF

【42】三世一身法於七二三年頒布，由於人口增加導致口分田不足，政府爲獎勵開墾新地所提出之法律。規定如係自行新設水路所開墾出來的耕地，可保有三代的私有。新耕地如係利用舊水路開墾出來的話，則只能保有開墾之人一代的私有。後因效果不彰，二〇年後由墾田永世私財法所取代。檢索日：二〇〇九年四月二十二日
http://ja.wikipedia.org/wiki/%E4%B8%89%E4%B8%96%E4%B8%80%E8%BA%AB%E6%B3%95

【43】墾田永年私財法於七三四年頒布，亦稱墾田永世私財法，亦即政府承認新開墾地的永世私有化。此法一出，由貴族、寺院、神社之名所進行的大規模墾田事業隨之興起、展開，引爆了其後公地公民制之裂解。檢索日：二〇〇九年四月二十二日
http://ja.wikipedia.org/wiki/%E5%A2%BE%E7%94%B0%E6%B0%B8%E5%B9%B4%E 7%A7%81%E8%B2%A1%E6%B3%95

繳朝廷的短少，中央自然陷入財政吃緊，無形中也弱化了朝廷對地方之統制力。易言之，無力化的朝廷中央，不再是各方馬首是瞻、萬方歸順的對象。於是部分的貴族權門世家進行地方化、在地化，進而成爲武士的首領。他們深知唯有擁兵自重，才是維護自身領地與權力於不墜的不二法門。這種心態就是衝突、紛爭的火種，同時也宣告中央集權制正式走入歷史。

因之，一二世紀末期起，天皇的權威和權力正式被分離分立。權威留存於朝廷（天皇），權力則由武士（幕府將軍）所接收、取代。對武士來說，權威需有悠久歷史的醞釀與加持，短時間是無法爭、亦不值得爭[44]。但權力卻可奪、值得奪。因爲對野心家來說，權威不過是個空殼，權力才具實益。而權力的重心在於位居武士階層頂點的幕府將軍，想獲取權力的野心家，他的終極標靶是將軍，並非天皇。易言之，幕府將軍的位子才是各方覬覦、追逐之所在，並非天皇。其結果變成天皇可以置身權力競逐的場域外，遂得以超然於逐鹿的暴風圈，而免於遭受殲滅，所謂萬世一系該係源於此權威、權力分離分立之結構，此對天皇家來說未嘗不是件好事。

[44] 官民間普遍接受、相信天皇家的天下來自神授說，幾已牢不可破、無可動搖之故。

如果不是大化革新（六四五年）以來貫穿大和、奈良、平安三朝的律令・中央集權制的瓦解，地方勢力恐難以興起，武士的際遇自亦不同！於此，吾人可斷言的是古代政制的解構，意外地造就了武士階層的崛起。因爲，武士是依附於地方勢力的抬頭，而此肇因於朝廷的弱化，而弱化又係起因於律令制的分崩離析之故。

由以上的「家」的成立、莊園的發達、不淨事物的處理，律令制的崩解等時代背景因素存在的關係，讓武士有生存發展的空間，但同時也意味著平安後期之後的時代係由武士所推動。易言之，武士是被時代所需要、被權力者所倚重，進而取而代之。因爲，一〇世紀後期起地方私有制莊園的出現與盛行、地方公權力的不張、地方上私鬥、紛爭頻繁等等因素，再再都反映朝廷中央的弱化與律令制的崩解之事實，地方和中央的關係遂形成惡性循環。換言之，中央愈無力則愈加速律令制之沒落，地方也就愈能增長其勢力，武士也就愈活躍。到了一二世紀末，武士之中、上級幹部已自軍人或警察的角色，躍昇並轉化成允文允武且眞正掌控經緯天下之政治家・幕府將軍。

第六節 武士之蘊涵

前已針對武士階級之出現及其源流、背景等略作探討，下面擬就其誕生地、角色功能等略作補充。

武士的誕生地咸認係源於東國・坂東（現今的關東）地區，因爲以關東地區爲舞台的兩次叛亂（一爲九三九年的平將門之亂，一爲一〇二八年的平忠常之亂），改變了國家軍事力量之生態。前者之後的武力世界變成是私人兵力的時代，後者之後則是在關東地區開始形成武士團之時代[45]。

平將門亂後的九世紀末至一〇世紀之間所出現的私人兵力（軍事貴族），是時序進入中世期舞台的第一幕。亦即由王威（貴族）和武威（武士）結合而成的軍事貴族，在關東地區構築他們的新地盤。在彼等勢力擴張當中，同時也開展出新的時代。也就是說當時的朝廷籠罩在承包原理（朝廷遇亂時則委由擁有武力者去鎮壓，平定後以升官犒賞作爲報酬）之氛圍下，遂產生所謂的武力承包人，私人兵力的存在於焉誕生。私人兵力的盛行在

【45】關幸彥『武士の誕生』、日本放送出版協會、一九九九年、第一五八頁參照。

關東地區固勿庸多言，即便是鎭守府（東北地方）或鎭西大宰府（九州福岡）等地亦相當風行。他們當中有以軍事貴族之身分滯留當地或在地化者，亦有親自經營私營田（自行開發的農地）進而轉變成巨大私營田領主者。其後被稱爲在地軍事貴族者，大都具有此一淵源[46]。

一一世紀前半期的平忠常之亂，該亂原起因於討伐平將門之亂的功臣之後代子孫們，彼此之間發生私人紛爭，進而擴大成叛亂。源賴信[47]將之平定後，關東地區即以此爲契機，亦即以源氏爲首的平定叛亂的功臣們之後裔，紛紛各自開拓、開發其領地，以強化其作爲領主之條件、風貌，期使自身可以轉變成更爲強固的在地領主。一一世紀後半之後，此類在地領主變成寄進型莊園（找中央大員掛名領主），而取得朝廷的認可，地位愈形穩固[48]。

平忠常之亂被定位爲係私人兵力階段最後的叛亂，同時亦被定格爲關東地區武士團成

【46】同上、第一五九頁參照。
【47】平安中期之武將，源滿仲的三男，長於兵法，以勇武著稱，曾任鎭守府將軍，美濃國長官，後轉任河內國長官而成爲河內源氏之祖（九六八年—一〇四八年）
【48】同前揭注四五、第一五九頁參照。

形的劃時代之到來。簡言之，一一世紀後半起至一二世紀是武士自戰鬥員身分提昇的轉換期，也就是說由原先的士兵轉化成武士。其關鍵是透過國衙（地方行政長官・國司的辦公所在、律令制下的地方政府）的認證。在戰時・平時的軍事體制中，由國衙來認定戰士之身分的措施，讓武士階層就此誕生。

武士和士兵區分的指標，端視是否具領主身分。換言之，武士須身兼領主。因之，領主制度愈發達，武士也愈普及。由士兵提升為武士時，他們大都已以在地領主鞏固好其地盤。總之，從農業經營分離出來的專門性的戰鬥集團・武士團，在平安朝後期正式以武士躍登歷史舞台[49]。

接著，以下就武士的角色功能稍作探討。自大和朝以至平安朝期間（約四世紀—一二世紀）的天皇親政時代，國家軍隊的主力形式上是來自於農民及地方豪族所構成的常備軍。但實際上這種代表官方武力的常備軍制度，真正落實概自七世紀末起，而維持到九世紀左右，其後即出現變質進而空洞化。亦即一〇世紀起軍隊的主力逐漸由號稱個人的戰鬥部隊・武士團所取代。武士們的薪餉也好、裝備也好均由武士團自行吸收。其編制與運用

【49】同上、第一六〇—一六一頁參照。

亦未受國家之直接統制。可謂純然的、名實相符的私人戰鬥部隊。

國家中央只在每遇到有爭亂、事變之際，便以官位、徵稅權作爲報酬而雇用武士，賦予其完成階段性任務。此種屬私人性武裝力量之屬性，在一二世紀末源賴朝取得兵馬大權建立鎌倉幕府之後持續未變，直至明治維新（一八六八年）後，軍事大權方再回歸國家中央。換言之，在日本的歷史上，軍事力量屬性之變遷，有古代的國家軍隊，中世、近世的私人軍隊，到了近代再恢復成國家軍隊之三個歷程[50]。

日本中世的武家政權期間，亦即一二世紀末至一六世紀末、從鎌倉、經室町、戰國、至安土桃山時代的大約四百年間，武士是戰鬥者亦是爲政者，易言之，此期間武士是士大夫亦是軍事作戰之主力。近世期間，即一七世紀至一九世紀後半的江戶（德川幕府）時代，因爲有長達將近三百年的承平歲月，武士之戰鬥員功能與角色可謂盡失，此期間武士遂被界定成純然的爲政者（士大夫），亦即統治階級，直至明治四年（一八七一年）政府發布四民平等令，武士身分被正式廢除爲止。簡言之，武士之屬性由純然的戰鬥員發展成戰鬥員兼爲政者，再進而轉化成純粹的爲政者等三個階段。易言之，武士是由古代的純戰

[50] 菅野覺明「武士道の逆襲」、講談社現在新書、二〇〇四年、第一四—一五頁參照。

鬥員轉變成中世的既是戰鬥員亦是爲政者之混合角色，進入近世後由於係屬昇平時代，遂再提升爲純然的爲政者，直至一八七一年身分制度走進歷史爲止[51]。

總之，武士的蘊涵簡言之，係指來自平安朝後期平亂有功者之後代，最初出現於關東地區，身分由戰鬥員，發展成領主進而成爲爲政者。亦即同時擁有戰鬥員、領主、士大夫之身分者。武士之蘊含其中有因時代不同，角色功能容或出現變化，但基本上已具備武士身分再身兼領主，且是國家官僚體系中的一員之內涵，自一二世紀末至一九世紀中期之武家政治時代，可謂全無改變，一直是具武士身分者的一貫基調。特別是位居武士階級金字塔頂的武士（將軍）及其政府（幕府），除執掌全國的兵馬大權外，亦係實際掌管治理天下之大權者。

【51】同上、第一七一二二頁參照。

第二章　武士道

武士道這句話或其稱謂是進入江戶時代（一六〇三年—一八六七年）之後才出現的[1]，但武士有別於農、工、商、漁等之平民，自古（約從九世紀中葉起開始成形）即有其特有之生活方式及倫理規範之存在。論述武士道之典籍，隨其時代別、地域別而異。作者各自抒發、訴求其對武士言行之見解、主張、理想形象。換言之，它沒有像論語或聖經那樣具單一且權威之體系，中世之後依循約定俗成之教化居多。

所謂武士道，依新渡戶稻造的定義，係意味著武士在職業上、生活上應該遵守之道，簡言之，即指針對武士之倫理規範，亦即伴隨武士之身分階級而來的權利與義務。這是新渡戶稻造在一九〇〇年出版的『武士道』一書中所下的定義。此一定義可謂相當廣範地被一般所接受。但其書中所描繪的武士道則未必能代表武士道之實像或全貌亦已成識者常識。另武士之身分階級在新渡戶稻造幼年時（一八七一年）即被廢除，所以新渡戶稻造之名著『武士道』問世時，武士之身分、階級早已消失、不復存在，因而該書並非武士階級實存時代之產物。

[1]山本博文『武士道入門』、中經出版、二〇〇六年、第一三四頁參照。

武士道文獻

新渡戶稻造是生長在武士家庭，且以基督徒立場，爲了向世界宣導日本文化精隨，始聚焦武士道之引介，遂而產生該作品。因之，除了新渡戶稻造所闡述的武士道之外，眞正想要瞭解武士道原像之全貌，有必要透過對武士道代表性典籍的探討，或可多少呈現武士道整體之輪廓。以下擬就規範武士思想、道義、職能等之類的典籍作探索；另一則是教授武士如何強化自身之武功，以及與人進行戰鬥、作戰之際之指南等之類的典籍，以下擬按它們問世之時間系列略作介紹。

第一節　武士之人生指南

武士道之內涵、慣行、價値取向、文化等之發展，並無如儒教、佛教等具備文字化、固定化之經典爲源頭開展而來。而是先以一種心照不宣的常識、默認，再逐漸演變成約定俗成。自鎌倉時代以迄安土桃山時代的大約三百多年間，可謂屬於此一狀態。它的蹤跡主要存留於家訓、法條當中。眞正體系化地訴之文字且形成典籍的，還得要到一七世紀的江戶時代之後，始有陸續出現，以下擬就較具代表性之著作，加以探討。

一、小幡景憲『甲陽軍鑑』

有關武士道典籍的代表作，如就問世先後來說該首推記述戰國時代（約爲一四六七年—一五七三年）甲斐國（現山梨縣）國主大名（地方諸侯）武田信玄[2]之事跡及其規範家臣團言行的「甲陽軍鑑」一書。本書主要係以武田信玄用兵之戰略、戰術、戰果爲中心，及其在領地甲州（山梨縣）之治政、所制定之刑法、兵法等之記錄集結而成。換言之，除武田個人之戰功外，其對轄內武士之要求，亦被當成是戰國時代武士道的集大成[3]。

本書全二〇卷五九品，被認定係爲曾在武田及其子勝賴二代任官的武將・香坂彈正忠虎綱（高坂昌信）於一五七五年—一五七七年間所進行之實錄，後由香坂之外甥・春日惣次郎等接續，完成於一五八六年。但有關作者之說，近代之後的考証至少出現二種見解。

【2】戰國時代名將，甲斐國主（山梨縣），善軍略亦精於民政，如治水、鑛山的開發等。制定甲州法度（法律、禁制、禁令），一五五三年起與上杉謙信於川中島（長野南部）纏鬥數回不分勝負，一五七二年欲與織田信長一決雌雄之際得病，歿於伊那駒場（長野縣伊那盆地北部）。（一五二一年—一五七三年）

【3】甲陽軍鑑。百科事典、檢索日：二〇〇九年一〇月十五日

http://100.yahoo.co.jp/detail/%E7%94%B2%E9%99%BD%E8%BB%8D%E9%91%91/

一說爲甲州流兵法的創始者・小幡景憲假借香坂等之名而作。另一說爲小幡景憲利用春日惣次郎等所留下的草稿、草案編纂而成[4]。不管何種說法，因均與小幡景憲有關之故，所以如自此一觀點衡之，小幡景憲應可視爲本書之編者或著者。

本書從第一品到第五九品中除以武田信玄爲核心之外，並描述越後（新瀉縣）的上杉謙信、尾張（愛知縣西部）的織田信長、三河（愛知縣東部）的德川家康等同時代的戰國名將之作戰與言行。且亦言及武田氏兵法、及武士應謹守武田氏之家法、家訓等。因之，自一七世紀初起即被當成武士道之教養書籍看待而廣爲流傳、其對武士之影響甚至遠大於『常山紀談[5]』。甲陽軍鑑中，雖對戰國時代之武士行動著墨甚多，然令人印象最深刻的卻是對武士所設下的森嚴規制。

【4】軍鑑作者。檢索日：二〇〇九年一〇月十五日。
http://ja.wikipedia.org/wiki/%E7%94%B2%E9%99%BD%E8%BB%8D%E9%91%91

【5】湯淺常山著、江戶時代中期問世的軼事集。由本文二五卷、拾遺四卷及附錄所構成。收錄約自一五三二年—一五七〇年間戰國時期之名將、傑士之言行、軼事等四七〇條。根據推算實際大約完成於一七七〇年左右，而由一八世紀末初刊。書中的歷史故事常被引用在明治大正期的教科書中，因有益於先見性、統率術、說服力之記述相當多，遂而被譽爲具有現代經營學副讀本之價值。檢索日：二〇〇九年一〇月二十一日。
http://ja.wikipedia.org/wiki/%E5%B8%B8%E5%B1%B1%E7%B4%80%E8%AB%87

譬如、武田信玄轄下的武士當中，有一天赤口關左衛門（約五六、七歲）和寺川四郎右衛門（約四〇餘歲）兩人先發生口角，後變成相互扭打。老的雖被壓倒在地站不起身卻能用腳踢年輕人腹部致使其撤手而離開。此一吵架有人說是老的贏，有人說是少的占優勢。信玄聽聞此事後問：何以無人予以制止。周圍回以：因爲覺得二人的吵架如同市井小民或七、八歲的小孩一般當不致有事，所以沒有勸架。信玄接著表示：武士之間吵到拳打腳踢的地步，理該拔刀相向。只是赤手空拳的拳打腳踢的程度，不算是吵架。男子漢大丈夫年過四〇、五〇，且擁有堂堂姓名[6]—赤口關左衛門．寺川四郎右衛門—的武士之間發生吵架難免爲他國所恥笑，也會成爲信玄家的瑕疵。

於是下令將兩人逮捕，並把耳鼻割下示於家臣，再趕出國[7]外，且命令部下於途中取下二人首級。信玄表示：武士間一旦發生爭執，理應冒著生命危險拔刀相向，否則即爲懦夫、膽小鬼，命運就會如同兩位一樣。

寺川與赤口兩人的衝突，成爲後世之天下大法的「喧嘩兩成敗法（衝突雙方須同受處罰）」成立的契機。信玄制定此法時年僅二七歲（一五四七年），但本法並非個別規定所

【6】封建時代只有統治階級才可以有姓名，一般平民不能有姓，但可以有名。

【7】中世的地方最高行政區劃或勢力範圍。

以不是單獨存在，而是被收錄、列舉在「信玄家法（全五七條）」第一七條。本條是這部家法中最爲有名的規定。本法原以家規出現，後演變成江戶時代武士間最爲重要的法律。在信玄的認定當中，衝突屬於拔刀相向相互拼命之舉。因之爲防止家臣同事間之衝突，遂下令：「傳達下去從今以後，凡有發生衝突，不論誰是誰非、誰有理誰無理，雙方同受懲罰」[8]。

此法一出，產生法與武士道的矛盾與對立。亦即守法的話，武士爲避免衝突，再大的侮辱都得忍受下來。表面上也許可以維持相安無事，但武士們難免變得唯唯諾諾、滑不溜丢、個個成爲軟骨頭，失去理應呈現剛毅、果敢、威武之態的武士之本質。然而如要展現男子漢大丈夫氣概的話，遲早難免會與人發生口角爭吵甚或肢體衝突，如此則肯定違法、犯法，難免遭受處罰。於此，法與武士道的並立形成二律背反之困境。但身爲武士，各個還是具有如爲維護武士之道，即便與人發生衝突亦在所不惜之覺悟。由此可以看出武士是將武士自身尊嚴的維護置於主公之法之上的。

[8]山田博文『武士道入門』、中經出版、二〇〇六年、第一六三頁參照。

軍鑑對武士之分類

甲陽軍鑑中把武士分爲上、中、下、平庸等四級。其依據的標準是武藝高強、並具「分別」才學的男子爲第一級。其次是武藝高強與臨機應變能力兼具之男子。第三級是懂得模仿、學習、跟隨他人而行的男子。最後是平凡無奇的男子。甲陽軍鑑中所強調的最根本的武士之道是「非勝不可」的哲學。亦即勝負一切訴之武力，唯武力是問。在近世之前，一流的武士須具之要件爲實力、制勝、名利三位一體之公式。所以甲陽軍鑑將武功高強置於最高評價實屬自然。對第一級人物爲什麼要求「分別」，要做到分別有什麼難處、有那麼重要嗎？

其實戰國時代的「分別」與今日吾人之理解基本上大致相同，主要還是在於考究有無對是非、善惡明確分辨之能力。亦即，理所當然的事情能夠理所當然地處理的能力。譬如，一的東西能正正確確地把它當作一，能把一當作一就是「是」，把一當作二或是少於一就是「非」。用於賞罰方面來說，名將的條件是賞罰須如天在上地在下般分明。一的功績給予一的報酬，一的缺失處予一的懲罰。此種能力毋寧是一種生活常識。亦即是生活當中的一種智慧或判斷能力。

不同的是武士的生存環境、生活內容與農民、工人、商人等不同，他們過的是提著腦袋、刀口上舐血的日子。武士的營生不是靠金品、言語上的交易，而是唯一的一條命。他們的工作絲毫無討價還價的餘地，就是相互抹滅各自的存在的一種鬥爭。在這種世界營生，所謂明辨是非者何？無非是清清楚楚地明辨生與死而已。爲自身的或存或亡而鬥、而爭的武士世界，凡事只有二分，勝負輸贏、是非成敗、有與無、賞與罰，兩端的其中一端必然是死、是滅亡。是非的非就是死、賞罰的罰也必定以死爲前提[9]。這就是甲陽軍鑑中部分對武士的告誡或期許。

二、山鹿素行『山鹿語類』

著者山鹿素行（一六二二年—一六八五年）係江戸前期的儒學者、兵法學者亦是日本古文經學派的開山祖師，陸奥會津（福島縣）人。幼年時向林羅山學儒學、向北條氏長、小幡景憲學兵法學。他主張研究經學不應透過像朱子這類孔子後世的人之註解，而應直接回歸原典，因而被認爲係批判、排斥當時的官學・朱子學。另山鹿亦認爲人對自己所屬的共同體是負義務的，而倫理是由本人自發扛起。共同體的最上層就是國家，支配國家的機制就是當時的幕（將軍）藩（地方的領主）體制，亦即當時的中央政府與地方政府。對統

[9] 菅野覺明「武士道の逆襲」、講談社、二〇〇四年、第九二—九八頁參照。

治者或執政者而言，幕藩存續就是武士階級的倫理。對山鹿而言，他認爲支配武士的是上天（跟國家一樣雖然看不見形象），所以如果共同體的倫理與上天所賦予的倫理有衝突發生的話，武士應選擇上天這一邊[10]。此一見解被認爲蔑視地上最高權力者將軍而遭幕府貶謫流放到赤穗（現兵庫縣南西部）藩，一〇年後免罪赦免重回江戶。

山鹿素行的門人所編纂的「山鹿語類」一書相當龐大，其中的「臣道」、「士道」篇，充分顯示他的武士道思想，在近代成爲引人注目的武士道論者。其實他並非純粹的武士道論者，亦即他的初衷不在專注於闡述武士道。其出發點、關心與用心所在是想確立太平時代的武士之存在理由，而將其理論基礎的探求指向儒學，遂導引出它的士道論（武士道論）。

素行最有名的士道論是有關武士的本分（職分）之論，他說武士不耕（非農）、不製（非工）、不賣（非商）。如果再不盡武士之本分的話，就是一位如假包換的米蟲、遊民。因此，武士必須深思自身之本分。素行所認定的武士的本分是「對主盡忠職守、朋輩間重信、自身愼行守義」。換言之，武士應遵循人倫大道邁進，庶民百姓設有擾亂此人倫

【10】「武士道」百科事典參照。

者應立即懲罰，以維護天下正常倫理之運作。所謂人倫之道是不可好利惡義、喜生厭死。且必得明辨事之輕重緩急。

為此，武士的「文武德智」不可或缺，其落實作法為鍛鍊劍、弓、騎等之武術，端正君臣、朋友、父子、兄弟、夫妻之道。簡言之，修文習武之謂也。易言之，武士須藉由提昇自身人格而實踐人倫之道，以垂範於農、工、商等庶民百姓。另有關武士之生死觀，素行亦自儒學出發，提出如下之見解。

「有危害到君、父或其他比自己更重要的人之情形發生的話，處於這種生死交關的瞬間，應即赴死地，即使犧牲亦不可後悔。如比自己重要的人無危疑之險的話，則該自重以安命。」此一思惟可謂相當理性，但與傳統武士的思考有出入。差異在於為主君而亡固為武士之夢寐、理想，然除此之外，武士亦應隨時皆有捨身喪命之準備。因為，以戰鬥員身分為主君效命的武士，無論什麼場合皆不容許有畏縮、膽小的行為。傳統的武士認為：如只是主君無立即危害，即可安身立命的話，一旦萬一主君真正有事，武士恐亦難成所用。

雖在朱子學（重名分、嚴上下之倫理秩序）盛行的江戶時代，素行的此種理性的「士道論」也漸具廣大影響力。主因概由於武士由戰鬥員轉化成統治階級、為政者、士大夫，因此理性的武士道是必要的。但素行也表示：既為武士應以隨時都有死的覺悟去從事工作。他在「士談」篇中有如下的敘述：「完善武士的工作以安天命是大人物之所寄。雖爲小人物亦須將死常住我心而盡忠職守，以安天命。死常住我心的話，可無罣礙。如只拘泥於短暫的利害，未將死常住我心，此種人實爲儒弱之輩是也」。就素行的這一席話，他已不單單只是一個儒學者，而是一位十足的武士道論者[11]。但素行的武士道論的重點不在武士的死生觀，而是要告誡身處承平的江戶時代，武士已非戰鬥員而是士大夫，必須成爲人倫的表率，否則將無異於寄生在農、工、商、下層百姓身上的吸血蟲。

三、山本常朝『葉隱』

「葉隱」一書是佐賀藩（相當於現在的佐賀縣）藩士田代又左衛門陣基（田代陣基），訪談已退隱的同藩藩士山本神右衛門常朝（山本常朝一六五九年—一七二一年）所留下的記錄。亦即本書係依據山本常朝口述、田代陣基之筆錄編纂而成，就如同今日的口述歷史的著作一般。該書於一七一六年刊行共一一卷。一、二卷是山本常朝的武士道論。三、四、五卷是記述藩祖及第一、二、三代藩主之事蹟。六卷 是描述鍋島藩（佐賀藩主姓鍋島）立藩以來的事蹟。七、八、九卷是記述鍋島武士盡忠職守之言行。一〇卷是記述

【11】山本博文『武士道入門』、中経出版、二〇〇六年、第一七五頁—一八〇頁參照。

他藩武士之言行。一一卷是補遺[12]。

本書爲什麼名爲「葉隱」有四種說法。

一、取自西行法師『山家和歌集』中「寄殘花戀」：落花隱於葉後、一心只想會郎君之詩句。

二、因爲，武士本來就是以不爲人知的精神爲主公效命盡忠爲尚、所以自我犧牲係身爲武士之本意。本書的訓辭是在濃蔭（隱於葉後）下的草庵談論、筆記，所以叫葉隱。

三、作者山本常朝的草庵附近有一種叫「葉隱」的柿子，所以有可能是取該柿子的名稱爲書名。

四、作者的主公鍋島光茂之居城．佐賀城，因樹多枝葉繁茂而名「葉隱城」，其藩士稱「葉隱武士」，因而成爲葉隱書名的由來。

以上諸說法其實皆不出臆測之境，但反過來說，葉隱書名的涵意其實也是離不開這些臆測[13]。

在江戶時代（一六〇三年—一八六七年）之前有關武士道之稱謂與典範，可謂尚未

【12】三島由紀夫「葉隱入門」、新潮社、平成一九年、第三一頁參照。

【13】同上，第二九—三〇頁參照。

完全普及化、明確化。但「葉隱」一書問世後，有關武士道之論述，始較具系統化、明文化。該書所以具盛名主要原因是因為其開宗名義（第一卷第二條）即揭示「所謂武士道即是體悟死亡之道」。換言之，是如何把握死亡時機。因之，後世的死亡哲學、視死如歸、爭先恐後瘋狂般地赴死、死之美學、名譽重於生命、輕生重死等武士道中，最突出也最具特色的價值體系，於焉取得理論依據。

其實，本書係具體而微的實務書，不是只充滿武士的悲愴感，而是山本常朝借用其故藩主鍋島光茂（第二代）之口吻鉅細無遺地教導、告誡作為一個武士其應有之心態與行為等。換句話說，即係欲以本書作為武士階級之生活、行動等之指南、指針。以下稍稍節錄其中部分要義：譬如，「應知自身能力之極限」、「次日之事，前一晚即須準備好」、「凡事貴在付之行動」、「無缺點的人，只是他將它隱藏起來而已」、「面臨生與死之抉擇時，還是取死亡的好」、「不可有先入為主之見」、「輕輕考慮大事，重重考慮小事」、「將輸贏置之度外，以決死之心全力以赴」、「保持初次見面時之拘謹態度與人相交往」、「勿只以得或失做判斷」、「從事任何修行，高傲和反省兩者皆有必要」等等。

所謂武士道即是體悟死亡之道之說，是著者（山本常朝）告誡武士當面臨可死可不死之際，應毫不遲疑地選擇死亡可能性較高的一邊。著者說：「沒什麼困難，只要堅定不移地前行即可，不要考慮死是不是符合理想、有沒有價值。面對抉擇時，很難出現剛好如己所料、所盼的理想的死，或有價值的犧牲」等情形。因爲，人天性上都喜生厭死，免不了會往可以活下來的一方去設想、編造理由。

但如選擇錯誤，該死而未死，則難免被視爲膽小卑怯而丟臉出醜，這對武士來說，無異被宣判死刑。其所帶來的後果，不單只是自己終將難逃一死，無可避免地亦將連累其親友。但如不該死而死，至多被人說不正常，絕對不致招來恥辱。不管如何盤算，很明顯地可謂早死比晚死好，這是武士道中最重要的地方。朝夕經常心存死亡之覺悟的話，亦即做到「死常住我心」，就可以達到武士道中的自在境地，一生無瑕疵，當可完善家業[14]。

爲什麼會有上面的發言，是因爲著者在開宗明義第一條就感嘆：武士被問到武士道之大意爲何？幾無人能立即回答，武士未將核心價值烙印胸懷，眞是怠慢之至。那麼武士道的大意又如何？著者針對此問的回答就是上述的這一番話，也就是第二條：武士道就是體悟死亡之道。其要義概略如下：

一、其實本條可謂充滿算計，也很現實主義。其重點在告誡武士一定要懂得掌握「死得其

[14] 三島由紀夫『葉隱入門』、新潮社、平成一九年、第九八－一〇〇頁參照。

時」，如果「死得不得其時」損失就大了，因爲有可能家業因此而喪失。或留下不名譽名聲，那可就生不如死了。換言之，如死亡時機處理不好，物質與精神兩面可能同遭不測不利。所以作爲武士務必要避免。

二、本書即使在當時的佐賀藩，因一見就充滿必死、拼命等之字眼，一度曾被列爲禁書。

三、本書之所以有名，是從一九世紀末開始至二〇世紀四〇年代間，隨著日本軍國主義的盛行，最適合拿來宣傳、鼓動日本人要爲君國捐軀的好材料而得到重視。

本書雖亦曾遭受不過是些紙上的空論、老者之夢囈等之嚴厲批判，但也被視爲係武士道之聖經、論語，是研究武士道必然要探討的文獻之一。因爲，二次大戰期間的人肉炸彈、自殺飛機、神風特攻隊等瘋狂般地赴死的行爲，其理論依據、正當性之源頭可謂大都皆源自於此，影響深遠可見一斑。

四、大道寺友山『武道初心集』

作者．大道寺友山（一六三九年—一七三〇年）生於京都伏見，係江戶前、中期的兵法家。師事小幡景憲、北條氏長、山鹿素行等兵法學者。學成後受聘於月前藩、會津藩、福井藩等地教授兵法，受到各藩相當禮遇。精通甲州流兵法，儒學之造詣亦深，著書有以德川家康之事蹟、趣聞爲主所編修的『岩淵夜話』、『落穗集』。以及專門談論武士道的本書．『武道初心集』。

本書一開頭就對武士作如下之訓示：身爲武士從正月初一的早上拿起筷子開始，一直到那一年的除夕夜爲止，日日夜夜必須不斷地意識到死亡這件事，應當將其作爲武士最重要的心法。作者闡述的該是：對武士來說，最重要的事莫過於對死亡之覺悟。但這與『葉隱』中所說的「武士道就是體悟死亡之道」之用意似有相類似，爲什麼？作者說：因爲不把死亡放心上，就會有疏忽之心。就會無意間說出損人、傷人的話而招致吵架、紛爭。

另外，或是到風景名勝地、或在人群中大搖大擺，可能與不知底細的傢伙發生糾紛而喪命，玷汙主公名聲，給父母兄弟姊妹帶來大麻煩。這些都是起因於平常未將死亡浮現心頭致心生大意所招來之災禍。以上的告誡爲什麼說與『葉隱』有雷同，因爲各自所強調的所謂「死常住我心」，其出發點可謂同樣都是著眼於如何避禍。亦即時時刻刻面對死亡，才能嚴肅自己避免輕狂，才能排除慾念避免掉入陷阱，這些無非都在預防犯錯，以全武士之名聲與地位，家族之俸祿和領地。

友山還從數量上強調主公之恩，重如山深如海，一日不可或忘。主公對於即使不甚賢明的部下，還是寬宏大量以待，一視同仁地給予俸祿。在友山看來這是主公希望在緊要關頭時，部下能做到連性命都可以不顧地盡忠職守。也唯有如此方能稍報主公之隆恩於萬一。友山與他的老師．山鹿素行一樣都認爲太平盛世的武士是社會的負擔、累贅，所以一定要有所貢獻，具體而言即在於對主公的盡忠與獻身[15]。

對友山來說，武士的人生終極目標是：因爲身處太平盛世，所以得享天年（病死在榻榻米上）是珍貴而重要的。問題是要如何獲致？友山的處方是作爲武士須時時刻刻都要有死的覺悟，作爲家臣則片刻不可或忘主公之厚恩。易言之，武士將死亡陶冶、昇華，使其成爲身體的抗體一樣，隨時能抵抗、阻擋可能引導、誘惑武士犯錯的所有抗原（喜怒哀樂、酒色財氣等）。質言之，由於死亡之念盤據心頭，反而可以督促自己戰戰兢兢地生活，不致偏離正道，則全壽自當可期。易言之，係以死求生之絕學。

五、新渡戶稻造『武士道』

新渡戶稻造（一八六二年—一九三三年）、係南部藩（現岩手縣）藩士之子，札幌農校畢業後留學美國、德國的農業經濟學者，也是思想家、教育家。歸國後出任京大教授、第一高等學校校長、東京女子大學首任校長等職，亦曾任聯合國前身．國際聯盟之副秘書

【15】山本博文『武士道入門』、中経出版、二〇〇六年、第一九三頁—一九九頁參照。

長，活躍於國際舞台。但他的名聲大噪不是來自於他的專業出色或崇高的國際人地位，而是由於這本武士道的著作，遠遠蓋過他的其它業績而讓他名留青史。

武士道一書是新渡戶在一八九九年以英文完成並在美國出版，隔年（一九〇〇年）復於本國．日本出版。一九〇八年由櫻井鷗村譯成日文出版、一九三八年復由矢內原忠雄重譯出版。事隔百年的今日，依然維持在日本暢銷書排行榜中，可見其受到喜愛的程度及其影響之深遠。新渡戶本人雖亦屬武士階級，但在他九歲時，此一身分制度已被廢除，且他在青少年時代即出國留學，專業又是農業經濟。那他為什麼會撰寫武士道這本書？說來也許有點偶然，有關其契機可自該書的出版序中，整理出如下二點。

一為作客比利時已故法學大師杜布雷家中時，某日在散步途中，談到宗教的問題。「你是說貴國（日本）的學校當中沒有宗教教育！」、「沒有宗教！那道德教育要如何傳授？」對於杜布雷說出這兩句話時的吃驚與不解，新渡戶表示：一直讓他難以忘懷。此一提問讓他深感意外也無法速答。因為，自己少年時代所學到的道德教育並非學校教的。他開始探索、分析形成自身的正邪善惡觀念的各種要素，才終於察覺、發現到是來自武士道的倫理、規範。

另一為我（新渡戶）內人（美國人）常常詢問我關於日本為什麼會存在諸多遍及日本

全國之思想、風氣、習俗等緣由，亦成爲撰寫本書之直接契機。我開始試圖提供杜布雷及內人滿意的解答，然而我瞭解到，如果不解析封建制度及武士道的話，現代日本的道德觀念源頭，恐永被封存於歷史的長河中不見天日。現在提供給大家的，就是整理自我給我內人的一些回答，內容主要是來自於封建制度還盛行時的我的少年時代，其時所得到的教導與所聞[16]。

新渡戶稻造的武士道

近代日本在中日甲午戰爭（一八九四年—一八九五年）之後，湧現奉行武士道之風潮。此際所鼓吹、標榜的武士道之內涵與形貌，皆謂其係一種日本傳統的民族道德、國民倫理與規律。譬如，國家主義者．井上哲次郎認爲是如此，基督教徒的內村鑑三、植村正久、新渡戶稻造等亦持相同看法[17]。特別是新渡戶用這樣的觀點將武士道介紹予歐美後又擴及全世界。關於新渡戶所描繪的武士道，其大要簡介如下：

武士道是日本固有的道德體系，淵源來自佛教．禪學、儒教．朱子學、陽明學、神道

【16】新渡戶稻造著、矢內原忠雄譯「武士道」、岩波書店、二〇〇一年、第一一－一二頁參照。
【17】「武士道」http://ja.wikipedia.org/wiki/%E6%AD%A6%E5%A3%AB%E9%81%93

教．天皇崇拜、兵法學等。其精神修養之中心德目爲：義、勇敢．堅忍的精神、仁愛．惻隱之心、禮、誠、名譽、忠義、克己等。武士的教育最注重的是品性的養成。而思慮、知識、辯才等才能則不被重視。體魄上必須接受擊劍、弓術、柔術、馬術、槍術、兵法、書道、倫理等鍛鍊。刀是武士道的力量和勇氣的表徵，這件兇器的擁有同時也象徵著武士自身的自尊、責任、態度、忠義和名譽的賦予。美學上的素養在武士道教育中亦占著重要的作用，是形塑愛好清潔、淡泊心靈的一環[18]。

新渡戶稻造與明治期武士道

新渡戶所描繪的武士道中的武士，可謂簡直就是東方儒家所追求的最理想的人物像．君子的化身，西方騎士道中的騎士、紳士的結晶體。但實際上，正如歷史學者．津田左右吉所指摘：明治期的武士道與源平時代（一二世紀）開始到江戶時代（一七－一九世紀）爲止之武士思想是不一樣的。

因爲，明治期的武士道是心中先有外國的念頭，然後才產生日本近代性國民思想。換言之，是爲了對抗、排除來自西歐列強的強大威脅，其對應之一就是構築以天皇爲中心的

【18】新渡戶稻造著、矢內原忠雄譯『武士道』、岩波書店、二〇〇一年第一章－第一一章參照。

國家，並促使民族精神高揚，以便從事新國家建設，期維護日本獨立自主地位之鞏固。於是將明治時代之前的武士道—武士與主公（藩主、將軍）間之私關係，轉化成天皇和士兵間之公關係。武士道（大和魂）則同步轉化成軍人精神[19]。

一八八二年頒布的「軍人敕諭[20]」即其明証。後來演變成結合君國思想、國族主義，遂而被軍國主義者用來驅策、搾取國民之工具，導致日本盲目陷入萬劫不復境地。武士道因而多少遭致誤解甚或汙名化，其因素泰半源自於此。諷刺的是明治初期（一八七一年）起國家法律已正式頒布廢除武士階級，在現實社會中已不復有所謂的武士之身分與階層存在。但反過來說，或許就是因為不存在，所以更易於被恣意地選擇性操作、美化、理想

【19】船津明生「明治期の武士道についての一考察—新渡戸稲造『武士道』を中心に—」第二七頁參照。

http://www.lang.nagoya-u.ac.jp/nichigen/issue/pdf/4/4-02.pdf#search='

【20】頒布「軍人敕諭」之原由概略如下：明治一三年（一八八〇）起自由民權運動逐漸高漲，政府一面進行打壓、一面做君主立憲之準備，以作爲讓步。另擬由天皇掌握統帥權以圖維持絕對權力。亦即排除議會對軍隊的權力，並賦與軍隊係天皇親率之性質。易言之，即兵權直屬天皇之謂。其內容主要爲告誡軍人不可干政。揭示軍人五德：忠節、禮儀、武勇、信義、質素。

http://www.cc.matsuyama-u.ac.jp/~tamura/gunnjinntyokuyu.htm

化、甚或誇張、虛構[21]。

新渡戶被教導、灌輸的應就是此一體系，所以他的武士道被歸類為明治期的武士道。他撰寫本書，正如他在自序中所表明：因西洋人對日本文化有所不解、疑惑，乃提出說明。並非單純的只想究明武士道之淵源、實像等，而是心中先存在、意會著海外讀者（尤其是基督徒）。易言之，著書的立意至少帶有一方面宣揚日本文化，讓西方世界瞭解日本，消除對日本的疑惑、戒心。一方面將日本文化與諸外國文化作對比、區隔，並進而試圖確立與基督教倫理之連結、共容。如此，不但可以提升日本文化的文明度和國際能見度，而且亦易為西方世界所認知、接受。

那為什麼受武士道薰陶的日本青年．新渡戶稻造，不但成為西方宗教．基督教的虔誠信徒，且還在看似格格不入的這兩者（基督教與武士道）之間，力圖確立彼此是具相容、相通的要素。關於此點岬龍一郎認為：清教徒的精神是以樸素、節儉為尚。另以自律、自助、勤勉、正直為座右銘以培養「自我的確立（獨立人格）」，這些德目與武士道精神是有共通性的。另新渡戶稻造等基督徒在幼年時就開始被灌輸武士道，當成塑造人格的道德

【21】鈴木康史「明治期日本における武士道の創出」第五一—五二頁參照。

律。所以，只要瞭解基督徒和武士道在德目上並無矛盾之處，相通要素是存在的。特別是武家政治退場之後，精神依歸的將軍不復存在，正可以主．耶穌基督代之[22]。

那麼新渡戶將兩者加以牽連、掛勾的用意又何在？如能敘明武士道與基督教在作爲道德律之德目上是有交集、具接點的話，那武士道雖原生源頭僅來自日本一隅，但卻不是只是一區域性、偏執性文化，而是具普世價値的。此該爲新渡戶之立意與苦心所在吧！但問題是新渡戶的武士道全貌，是經明治期所美化、理想化過的，並不能代表傳統的武士道原貌。他的武士道一書最招致詬病的首推：對歷史認識粗拙、對武士道歷史特殊性的無知、強調大和民族的特殊性及其優越性、對許多武士道典籍完全未列參考文獻以及注釋的闕如等等[23]。

但就新渡戶出書目的與其學經歷來看，以上的批評或可謂未見中肯得宜。因爲，他既不是歷史學家也不是武士道方面的專家。主要係基於讓日本文化走出日本，讓西洋人走進日本文化。易言之，一方面他本人在青少年時代，即在國內開始接受西洋人的教育，後又遠渡重洋留學、工作，長期來接觸西洋人之對日觀充滿正負褒貶、曲解誤解，因此，在其

【22】岬龍一郎「現代帝王学講座　日本武士の美しい精神力」、講談社、二〇〇五年、第七二頁參照。
【23】船津明生「明治期の武士道についての一考察―新渡戸稲造『武士道』を中心に」、第二七頁參照。

內心難免有或多或少的不滿、壓抑。而藉武士道一書的問世，得以以正視聽該爲其目的之一吧！

另方面他要維護、宣揚日本文化，展示大和民族的特殊性、優越性，以爭取日本在國際社會中的國家尊嚴、文明國家的地位。從該書問世後熱賣歷久不衰、被翻成多國語言等迴響之盛況衡之，讓我們足以相信他做到了他要的，卻也留下讓那些對日本歷史文化瞭解不夠周詳之世人對武士道永遠的曲解。因爲，武士道不是只有新渡戶稻造所闡述的那個面貌。

第二節　武士的戰鬥指南

以上所介紹的武士道文獻，可謂大都偏向於武士心性之養成、如何覺悟生死、體認武士之本分、使命、職責，如何嚴守武士之價值等之心法、精要、教條、規範。以下，有別於上述文獻，擬介紹較傾向於武士在技術性（武藝、武技、武功）方面理應修爲之心法、指南等之敘述的文獻。亦即以不世出的劍術家・柳生宗矩之『兵法家傳書』、以及具傳奇性劍術高手且有劍聖美譽的・宮本武藏之『五輪書』，以此兩位之著作爲主略作探討。爲什麼只介紹劍道的論著，因爲刀劍是武士之魂，特別是在江戶時代也只有武士才可以帶刀之故。

一、柳生宗矩『兵法家傳書』

日文的兵法[24]至少有兩層意思，一爲如同我們所熟知的有關軍事方面的國家戰略或較低層次的用兵之術。另一則係指武藝、武術、劍術、劍法之意。本書內容即兼具以上兩種；前者稱大兵法、後者稱小兵法。亦即大兵法講究的是一人勝則萬民勝、天下勝。小兵法講究的則是指一對一敵我對決之際，如何方能打倒對方之技藝、技能之謂。

本書作者柳生但馬守宗矩[25]（一五七一年—一六四六年），奈良縣出身、但馬（現兵庫縣北部）守（太守、地方長官之意）是指地區性官吏之名稱。柳生宗矩才是姓名，是與宮本武藏幾乎同時代、且同負盛名的大劍客。不同的是柳生宗矩在朝、宮本武藏在野。除小說中之描述外，正史上兩人並無任何交集之記錄。以一介劍道專家，出仕德川幕府第一、二、三代將軍麾下，最終官拜諸侯（大名），宗矩之平步青雲至今仍是武人出人頭地

【24】スーパー大辞林3.0

【25】渡邊誠『禅と武士道』、ベスト新書、二〇〇八年、第五〇—五二頁參照。

的成功典範。

宗矩隨其父・宗嚴（一五二九年—一六〇六年、號石舟齋）所學習的劍法流派叫新陰流，其創派祖師・上泉信鋼最擅長的是無刀勝有刀之獨門絕技。宗矩走上飛黃騰達之路是關原之戰[26]次年（一六〇一年），接受第一代將軍・德川家康（一五四二年—一六一六年）之命令，擔任其三男・秀忠（一五七九年—一六三二年）之劍術、兵法老師，四年後秀忠成爲第二代將軍，宗矩順理成章出任將軍府的武術總教頭。

第三代將軍・家光（一六〇四年—一六五一年）在青少年時，亦入門新陰流拜宗矩爲師。而家光在一九歲（一六二三年）時即接任三代將軍，宗矩續留任總教頭。其後，不斷受家光重用，官位也不斷晉升，六二歲時任總目付（監察長）、本書亦於此時完成。六六歲時終於升任萬擔大名（諸侯），亦即成爲大和藩（現奈良縣）藩主，直至壽終，享年七六歲，一生皆處於幕府的權力核心中。

最主要的原因，係在於得到第三代將軍非常大的信任，不單劍術上，治國方面亦同樣受到倚重。譬如，治世不忘亂世等治國要諦、軍事戰略、國家政略等學問、意見，將軍都

【26】發生於一六〇〇年、豐臣秀吉死後，其子秀賴與德川家康間爭奪天下之戰。

會向其垂詢、徵詢，官位幾近位極人臣得以致之，亦實非僥倖、偶然。同時其與禪師・澤庵宗彭亦有深交，澤庵的『不動智神妙錄』幫助他完成新陰流劍法理論的體系化。亦即透過禪的修行，了悟能否達致最上層劍法的境界是在於心，而不在手腳。

進履橋

本書由「進履橋」、「殺人刀」、「活人劍」等三部所構成[27]。進履橋章名之命名，是取自張良與黃石公間互動之故事。主要是記述有關新陰流的勢法（形式）之目錄。分序、破、急三式，各式有九招，總計二七招，但對於招式，書中並無詳細的解說。因此，必須透過師徒的對練，方能功夫在身。本章最大的旨意在「輸贏在心」。譬如，「刀尖上的勝負繫於心」、「心是驅使手腳發揮功能之本」。因之，刀劍上真正的勝負與其說是技藝，不如說是心膽、心力。推而言之，決定兵法、兵家成敗的也是由心[28]。

【27】「兵法家伝書」 檢索日：二〇一二年八月一日。
http://ja.wikipedia.org/wiki/%E5%85%B5%E6%B3%95%E5%AE%B6%E4%BC%9D%E6%9B%B8

【28】山本博文『日本人の心 武士道入門』、中經出版、二〇〇六年、第一三八頁參照。

殺人刀

柳生宗矩認爲弓矢、刀劍等武器皆屬凶器，絕非良善之物。且天有好生之德，殺人是萬萬不得已的事，而且其目的是爲了殺一人之惡，可造福萬民。在此前提下，要想治惡，就得功夫在身，亦即劍術高明。否則，如技藝不精，將反被惡人所殺。因此，不可不講究兵法、劍術、劍法。所謂的殺人刀其意在此[29]。

活人劍

與殺人刀相同，活人劍亦旨在傳達兵法、劍術之奧義。重點在於對敵時自身所取之位置，稱之爲「水月」。這是禪宗用語，意思是映在水中的月亮。如果針對水中的月亮，既使進行去捉、去撈、去砍、去刺等之動作，對眞正的月亮來說，通通都沒有意義吧！換言之，無論採取什麼作爲都絕對無效。與敵對峙時，要站在如同水月的位置，那敵人無論對你進行怎麼樣的攻擊，都不會有效果。接著是重視一刀斃命之絕招。出刀時，第一刀是見敵之機，第二刀是緊接著抓住其機加以打擊。沒有冗長，沒有複雜、沒有纏鬥[30]

【29】同上、第一四〇頁參照。

【30】同上、第一四二—一四四頁參照。

最後、也是最高境界則是「無刀之卷」。所謂無刀是指即使自己未持刀亦能勝敵之謂。奪敵之刀，再予以反擊是新陰流創派之祖的獨門絕技。但眞正的無刀其目的不在奪刀。而是如果敵人擔心刀會被奪，因而心中掛意、懼怕，那敵人就不敢近身來對我進行砍殺、攻擊，敵人的刀就變成無用之刀，無用武餘地之刀，亦可謂成了廢刀。如此一來，我方自然也就得勝了。無刀的最深層經典奧義是：與敵的距離長的話，不用擔心會被敵刀砍殺到，相反的，也奪不了敵人的刀。

關鍵是要不畏懼對手的刀，必須處於在他的刀可及之處。也就是說，要先有被殺而後取敵之覺悟。無刀是新陰流的絕學、絕詣，身段架勢、場位、遠近、身手靈活度、武器操作嫻熟度等，再再都是相當深奧的武藝，必須透過不斷的鑽研。更須師兄弟間相互指導、練習、切磋琢磨，以及心志的鍛鍊、建設，實戰中方能有所發揮[31]。

以上係本書的梗概，下面擬引用一段柳生宗矩自身的說明來結束本小節。『此卷上下を、殺人刀、活人剣と名付たる心は、人を殺す刀、却而人をいかすつるぎ也とは、夫乱たる世には、故なき者多死する也。乱たる世を治めむ爲に、殺人刀を用て、已治まる時

【31】同上、第一四二－一四五頁參照。

は、殺人刀即活人剣ならずや。ここを以て名付くる所也（將此卷分上下命名爲殺人刀與活人劍之用意：何以殺人之刀卻反稱之爲活人之劍。蓋處亂世之中，無辜而死者多。爲治亂世遂用殺人刀，果眞因此而取得太平之世的話，那殺人刀不就完完全全成了活人劍？命名緣由之理在此）[32]』

何以殺人刀卻稱之爲活人劍，係因人世間常有少數惡人的興風作浪，製造出亂世，而芸芸眾生就得遭受燒殺劫掠、生靈塗炭。爲止亂世只好以殺人刀（武器・兵法）去對付惡人，如能讓惡人死於刀下，則眾生無辜民眾，即可免於死傷（回歸太平）。所以，殺人刀就是活人劍。不是爲了殺人而是爲了活人，始訴之殺戮。換言之，殺一惡人，反能救上無數生民。此之謂殺人刀即活人劍之眞意也。

問題是你要對付惡人，此時你的武藝或用兵之道，就得一定要勝過敵人，否則反被消滅。所以，才有上位者須考究兵法，在下位者則須講究劍術功夫之必要。唯有講究劍法、考究兵法，如此方有能力可治惡人，以安天下。作爲將軍的兵法、劍術的指導、諮詢老師，在宏觀上他告訴將軍治國平天下之要義，在微觀上他讓將軍有一定程度的武技在身。

【32】引用自 佐江眾一『剣と禅のこころ』、株式會社新潮館、二〇〇九年、第五〇頁。

柳生宗矩對德川幕府第一、二、三代將軍的貢獻、價値、作用等，可謂都總結在他一生的心血結晶-『兵法家傳書』的這本著作中。

二、宮本武藏『五輪書』

宮本武藏（一五八四年－一六四五年）是江戶初期，一位多才多藝、允文允武，而又富傳奇性之人物，既是劍客、兵法家、又是水墨畫家、書法、雕刻家。特別是所留下的水墨畫作品，都被指定為國家重要文化財。（有關宮本武藏個人事蹟，請參閱第五章第二節註釋。）宮本曾自述於一三歲起至二八、九歲之期間，前後大大小小與各路劍道高手比武過招約有六〇餘次，一次也沒有失敗過。三〇歲後收山，潛心研究劍術心法，並結合禪學，終達致「劍禪一如[33]」境界。

六〇歲時開始整理、著作五輪書，一年多後體力明顯衰退，六二歲逝世之前勉力完成初稿交與弟子・寺尾孫之承。因之，五輪書傳世係經由弟子之手，且親筆原稿毀於大火，坊間亦出現不同版本，遂有五輪書到底是他本人之著作或是其弟子在他身故後，依據他平素的口頭教誨及文字筆記等資料匯整、記述而成之議。無論如何五輪書可謂就是凝聚宮本

[33] 澤庵宗彭禪師所著『不動智神妙錄』中提到：劍道的登峰造極與禪的無念無想境界是相同的。

一生與人格殺、決鬥、實戰、了悟等的心血結晶。

五輪書在日本就如同孫子兵法在中土一般，穩占兵書的權威地位。它的核心要義，一言以蔽之，可謂全在如何求勝、取勝、制勝之道。換言之，五輪書講究的是在個人對個人、乃至於團隊對團隊的戰鬥中，如何殺敵、克敵之戰法。不是在告誡武士分辨生死、更不是武士精神修養之教本，直接了當露骨地說，就是在教武士殺人的技術。簡言之，在敵我對峙時、競逐中，如何打倒敵人，讓自己存活下來才是武士的本分。因爲，如此對自己個人也好、對主君也好、對藩國也好都有好處。

所謂五輪書之主題[34]，單刀直入地說就是在處理殺人此一「至高惡」的問題。他將此一問題非抽象化，亦即不是只停留在觀念或語言上。而是如何制勝、如何打殺敵人之技術論的具體而微的分析、考究。在此前提下，武道不再只是精神主義、劍也不是只被當成戀物而已。所以說，宮本武藏的五輪書，可以說是一種實用主義、實踐主義思想之具現化，更是日本近代合理主義萌芽的象徵。因此，在日本思想發展史中，宮本作爲一個思想家，亦應占有一席之地。

---

[34] 五輪書研究會「五輪書解題」參照。檢索日：二〇一二年八月五日。http://www.geocities.jp/themusasi2g/gorin/g00.html

所以，企業界，管理學界也注意到向五輪書取經。譬如，一九八二年美國蘭盾公司翻譯出版「五輪書」，闡明從中學習、開發競爭戰術，並稱它是二〇世紀日本式經營管理的秘笈，日本經營管理的眞正藝術。造成一時盛況，亦被視爲對哈佛大學MBA的挑戰[35]。在商場如戰場，競爭就是戰爭之氛圍的推波助瀾下，五輪書的競爭戰術，一時與來自『孫子兵法』的戰略、『戰爭論』的決策、『君王論』的方略等富於啓示、啓發商戰特色的經典名著相齊名。

所謂五輪書，其書名並非宮本武藏本人之命名，而是明治（一八六八年）之後，才逐漸形成一般化。之前有或稱「五卷之書」、「兵書五卷」、「地水火風空之五卷」、「兵法得道書」等各種稱謂。被稱爲五輪書，主要係因該書每卷卷首皆冠有地之卷、水之卷、火之卷、風之卷、空之卷等五種名稱，這樣的稱謂安排，明顯地可能是模傚自佛教（密宗）的五輪塔（地、水、火、風、空）之意涵，後人因襲之而得名。以下擬逐卷略作探討。

[35] 宮本武藏著、李津譯『五輪書：日本管理的眞正藝術』、狠角舍文化、二〇〇七年、內容簡介・序參照。檢索日：二〇一二年八月五日。http://www.books.com.tw/exep/prod/booksfile.php?item=0010356103。

地之卷

本卷係一般劍法之通盤描述，謂劍法有如工匠之技藝，須因人而善加利用。一定要注意工具（刀劍）的保養，謹記工欲善其事，必先利其器之道理，務必擔保其利。二天一流（使用二刀，又稱雙刀流），最初就要訓練雙手各握長刀、短刀，即使死亡也不可放開武器。但以下的情況不適宜雙手握刀：騎馬在崎嶇、坎坷不平的道路、山路，在沼澤、泥濘的地段，在人群擁擠之處奔跑時等。而且，要用隻手握刀去砍倒敵人也很難，必須用雙手時就得用雙手。單手使刀是理想，必須學會它。訓練雙刀的目的是：使用雙刀到運用自如雖然很難，但只是起頭難而已。熟練之後，就會曉得發揮雙刀操作之妙處。

本卷除以上技術性之教導外，尚有如下對武士之理想要求：治而不忘亂，國之本也。武士要能文武皆精，方合乎武士之道。須戒除修練之障礙，要防範視界外之敵人、先體認各行業之用，方有劍法實際之用、必備洞察力、識別力等。

水之卷

水性亦虛亦實，擊水時水很弱，但水擊物時，又力大無窮。水無一定形狀，隨容器而異。心如水性，則能隨大、小、方、圓、長、短等之事物變化。深海、湖泊、寒潭、溝渠等之水，水質容有不一，但皆具共通之理，此即為變化中不變之道[36]。在本卷中，對使劍人之姿勢、著眼處、腳法、架勢、長刀操作等皆有解說。

用刀招式有「無念無相の打ち（無念無相的出刀）」、「流水の打ち（流水似的出刀）」、「紅葉の打ち（紅葉般的出刀）」。所謂「無念無相の打ち」，意謂臨敵欲相互砍殺之際，要迅即出手攻進去。「流水の打ち」，則是指當敵人欲退或欲躲閃之際，一定要堅定衝向近身出刀。「紅葉の打ち」，則是要將敵人的長刀打落[37]。

獨自一人面對多數敵人之際，則把人群當成魚群，要如同追逐魚群般，一個一個的砍殺[38]。本卷著

二天一流（雙刀流）招式之一

[36]同前揭注第三四。
[37]山本博文『日本人の心　武士道　入門』、中經出版、二〇〇六年、第一百五三—一五四頁參照。
[38]佐江眾一『剣と禅のこころ』、株式會社新潮社、二〇〇九年、第八四頁參照。

重在一對一長刀使用上之武技的解說[39]。

火之卷

為了制勝，在實戰上如何善用戰術運用，與敵人的討價還價、爾虞我詐等有關格鬥技法之發揮與應用，係本篇之要諦。同時其主旨亦在教導自個人戰貫穿至團體戰之戰法。本篇開宗明義即言明：要認定作戰如火。所以，討論作戰勝負之篇就命名為火之卷。亦即戰鬥要烈如火、凶猛如火之意。二天一流的格鬥技就是要一展開攻擊就要如火般一發不可收拾地燃燒、一切破壞殆盡、徹底地殲滅一切。

水形態可以自由自在，火的形態一樣可變幻自在。火隨風可忽大忽小，同樣作戰也隨人數可大可小。因此在作戰上，也可以如同火隨風可大可小一樣，一個人與一個人對戰，一萬人與一萬人對戰，其道理都是相同的。本卷除上面所列原則性之外，尚有敵我之場位、三種機先、站在敵人立場看問題（料敵）、洞察敵勢、變換山海（敵人以為我是山，就把自己變成海，反之，亦同）、我是將、敵是卒，亦即在將士須知兵卒的原則下，如能做到把敵人當成部屬、也就是說對敵人的瞭解如同對自己的部下的瞭解一般。依此心態，

【39】渡邊誠『禅と武士道』、ベスト新書、二〇〇八年、第一〇二頁參照。

就能自由自在地操縱敵人就像操縱自己的部屬一樣。其他尚有激敵、誘敵等技術性勝敵之招式的教導和解說。

風之卷

本篇以評論其他派別的兵法（劍道）爲主，將之在風之卷呈現。風意味著流派，包含傳統的、現代的、以及劍術的體系。一定要瞭解他流派的劍道，否則就無法確切分辨我們自身的二天一流劍道。只有洞悉他人、他流派，方能更精準地掌握自身的風格。亦即把他者當負面教材，來矯正自身避免犯錯，走進歧路。

本卷將他流派的劍術分九個項目加以分析、批判，將各流派之缺點、偏差等指正出來。譬如，針對使用大長刀的流派、強力長刀的流派、小長刀的流派，以及長刀的招式太多、長刀的架勢、著眼處、腳法、速度、準度、深層與表面等各派的風格、樣式、作法等進行講評、告誡。

綜觀以上之諸流派，有的偏向武器之長、有的重視武器之短、有的崇尚粗暴力強、有的講究細膩零碎等不一而足，從各派別的入門到堂奧，這些在武藏的眼裡，都不是正道。因爲，諸流派中有可能是以教授武藝渡世維持生計，所以，會把招式或武器（刀劍）弄得花俏、美觀，而將之當作賣點，其實那都不可能成爲眞實可用，這些就是在武藏眼裡被判定爲偏失的地方。

武藏自稱自身的二天一流，在長刀使用上，既無基本功亦無絕技、絕招之分，在架勢上步法上也沒有終極的秘傳。有的是以一顆平常的心，體悟長刀的功能，此方爲劍道之眞諦關鍵。

空之卷

本卷只有前文，未見如前面數卷有詳細的本文說明。可猜想撰寫到此卷時，武藏已重病纏身，未能照預定如期完成即謝世。武藏對空的描述，就字義上有諸多難以理解之處。其大義概爲：凡是無形、不可知者可謂之空，空是無，知有無之所以，即是空。不明事理亦謂之空，但此空不是眞正的空，只是茫然迷惑之心而已。茫然迷惑是空，但確非眞正的空。眞正的空是：萬里一空。亦即，心中的烏雲消散、一塵不染、精神處空明狀態。

唯有達到空明之境界，臨敵時始能自由無礙，不爲本身思維、情感所惑、不爲對方行止所蔽、不爲週遭環境所迷，而能適切地針對全盤動靜之變化，如實地進行反應。這就是武藏所指的空，此一心境與劍禪一如的無想無念該是相一致。申言之，空者，似無實有、似有實無。所以，它是無始亦無終、無內亦無外。

換言之，空之強調、要求的是在此一境界，理應具備如下心法：有拳招、劍招卻不爲拳招、劍招所縛，有規則、規範卻不爲規則、規範所限，有兵書、兵法卻要忘記兵書、兵法，有方法，有規律卻不拘泥於方法、規律。簡言之，既入乎其內、復出乎其外，行雲流水、自然天成，可爲其寫照[40]。

如何獲得以上所描述之空的境界，武藏的處方是：「心意二つの心を磨き、観見二つの眼を研ぎ（磨練心意二心、鍛鍊觀見二眼）」。心分心與意、眼分觀與見。心與意二心、觀與見二眼等所指爲何？心是本體、意爲作用。可再區分成心與心意的心，心就是吾人平常的心，心意的心則是包含產生意識、無意識乃至於超越意識作用的心。簡言之，二心一爲我們平常的心，一爲超意識的心。如同我們說空，有日常生活當中慣用的空，也有佛教教義中所指稱的空一般。

至於觀見二眼則是：吾人對特定對象的認識謂之見。亦即，見可說是我們用我們的肉眼去識別分辨事物時的動作。觀則是非對象性的認識。換言之，用心眼、天眼去洞察、穿

【40】同上、參照。

透、感知事事物物者謂之觀。武藏表示：作爲武士必須朝夕不懈地鍛鍊心意二心、觀見二眼，使心中無任何陰霾、迷惘，自然能出現晴空萬里、亦即心清如水、心靜如鏡之心境。簡言之，就是如同達到「坐水月道場、修空華萬行」之境，方爲武藏所謂的眞實的空。

小　結

武士道的文獻大別可粗分成：一對武士之精神、心性、職責、人生觀等進行規範之典籍，其中至少含家訓、教條、專書等著作。山鹿素行的『山鹿語類』、山本常朝的『葉隱』、大道寺友山的『武道初心集』等爲其典型。另一爲兵書、兵法、作戰、戰鬥技能之指南等類的典籍。柳生宗矩的『兵法家傳書』、宮本武藏的『五輪書』等爲其代表。

上述兩類文獻如同學科與術科之別，已略作介紹，以『葉隱』爲代表的典籍所呈現的可謂皆針對武士之思想、本分、職責、素養、權利義務等作界定，並進行告誡、要求和教導，而形成一套規範體系。惟新渡戶稻造所揭示的武士道，不只是在日本國內，連國際社會也是最風行、最廣爲人知。遺憾的是它所介紹的武士道，實在是與傳統的武士道有所差異，可謂是被美化的武士道。換言之，係與史實有所出入。

有關教導武士如何提升作戰、戰鬥的能力方面的武士道典籍，則以最負盛名、最具權威的、日本史上不世出的兩位劍道名家—柳生宗矩、宮本武藏各自之著作爲主進行探討。柳生著重在刀要見血，必須要能發揮活人之功用方才有意義。否則，殺人只是殺人的話，是完全違反「天有好生之德」之天理。武藏則是一切擺在求勝，爲了制勝，要機關算盡、要處心積慮、可以不顧一切，就是要取得最後的勝利，才是他的終極哲學。兩人共通的是：武道上能否爐火純青、登峰造極，端視心靈的修爲能否獲致劍禪如一、亦或萬里空明之心境如何而定。

宮本武藏與佐佐木小次郎決鬥巖流島想像圖。

第三章　武士道之時代別

前章係透過小幡景憲的『甲陽軍鑑』、山鹿素行的『山鹿語類』、山本常朝的『葉隱』、大道寺友山的『武道初心集』、新渡戶稻造的『武士道』、柳生宗矩的『兵法家傳書』、宮本武藏的『五輪書』等有關武士道論述之代表性文獻，藉由他們各自對武士道的闡述，已將武士道之內涵和體系略作探討。但這些文獻當中以最早的『甲陽軍鑑』來說，其所敘述的人物之歷史背景，也只不過是戰國時代（一四六七年—一五七三年）的後期。但武士的出現係自平安朝後期（一〇世紀初—一二世紀末）開始，因之，對武士道的探究亦應追溯至其時。惟武士道規範的明朗化、體系化、法理化等的形成，乃肇始自一二世紀末由源賴朝所建立的鎌倉幕府時代。其後，武士道內涵隨時代變遷而改變。因之，為究明武士道之原貌，亦即各時代之特徵和特色，以下乃以中世、近世、近代（明治期）作區隔，分別進行探討、呈現，以還原、明確武士道各時代之面相。

第一節　中世的武士道

武士由平安後期開始出現、形成、至一二世紀不但確立成社會新階層（原先在律令制下只有天皇、貴族、平民）、且壯大到此一階層的頭領可以直接建立政權管理國家。在中世雖尚無武士道這三個字之說法、但武士階層之價值體系、中心思想、倫理規範之內涵，並與上下左右階層間之互動到底如何？以下試略作探討。

日本的中世包含鎌倉、室町、戰國、安土桃山等時代。期間大約從一二世紀末到一六世紀末。前已提過中世時期尚無所謂的武士道之說法、但相當於武士道之體系在當時被稱爲弓矢（弓箭）之道或弓馬之道、甚或坂東（關東）武者之習等。所謂弓矢（弓箭、弓馬）之道、指的是武藝、武道、以及武士應遵守之規範之謂。就此可以明顯地看出，此時對武士的要求與其行動準則，尚全著重在作爲戰鬥者之身分上[1]。

一、鎌倉時代

日本歷史上，於一二世紀末平安朝結束後，開啓長達七百年的軍人建政（幕府）時代。可謂完全體現馬上得天下、槍桿子出政權的實力原理。因此、中世的武士道精神係建基於「競爭原理[2]」。亦即「御恩（來自將軍包含領地、地位等的賞賜」與「奉公（武士

[1] 久米邦武「鎌倉時代の武士道」
http://www5a.biglobe.ne.jp/~hampton/read002.htm

[2] 「武士道の原理」
http://www.t3.rim.or.jp/boogie/e407.htm

對將軍的盡忠、效勞）」之權利義務結構上，其具體化落實在「御成敗式目（或稱貞永式目係鎌倉時代的基本法典。成敗是懲罰，式目是條文之意，貞永是年號）」、「北條重時家訓」等法規範或先人訓示中。

競爭原理

所謂的競爭原理是：在武士的世界中、主從關係的建立是取決於戰場上的成敗輸贏。亦即以力量對決之勝負輸贏結果，界定主從上下之位階。在上位者當然不能只靠腕力、自立性和責任感也不可或缺。且越高位者越重。沒有自立性和責任感不可能在優生劣敗的競爭當中存活下來。在競爭中產生位階之原理內建在中世的武士道體系。戰國時代的下剋上現象的盛行即其明證和寫照。太平時代的江戶時代，部下對主上所進行的禁閉、禁足措施亦皆出於此原理。

御恩・奉公

「御恩」與「奉公」則是武士社會中最重要之結構，是維繫主從關係健全不可或缺之存在。主公施予部下、追隨者恩惠（主要為領地、官職）謂之「御恩」。部下、追隨者對主公則以效命、盡忠職守以報謂之「奉公」。幕府時代將軍是武士的代表、擁有廣大的土地、將軍對他的御家人（向將軍宣誓忠誠並與將軍訂有主從關係的武士、是將軍最一等親的部下）不但認証其世代傳來之領地的擁有權、還可依新戰功恩賞新領地。御家人在戰時則率全族爲將軍而戰、平時則負起警備天皇所在地的京都或將軍所在地的鎌倉之安全。鎌倉時代武士道的主要規範內涵可謂都圍繞在戰鬥、犧牲（死傷）、恩賞的循環當中。

奉公當中有積極面和消極面之分。在戰鬥中立下戰功屬積極面、戰死則屬消極面。恩賞當然依貢獻度行賞。換言之、不管何種奉公都有酬報、特別是戰死者之子孫必然得到應有之報賞。這套倫理讓戰鬥者・武士，不但可無後顧之憂、還促使戰鬥者奮不顧身，勇往直前趕赴沙場。爲主公絕對不會白白死傷的保障、保証付出與回饋的平衡係鎌倉時代武士道的核心價值結構。

爲天皇、爲主君（將軍）無條件、無代價的犧牲是近世、近代的武士道。中世武士道的主軸是有條件、有目的的。例如：可從「一所（生）懸命」、「いざ鎌倉（一旦鎌倉有事）」這兩句成語所蘊涵之意義來解讀其所顯示的主從關係之緊密性[3]。日語的「一生懸命」係由「一所懸命」衍生、演化而來，其意皆爲拼命、使盡全力之謂。「一所懸命」的「所」指的是土地、也就是說武士的領地。字面上的意義是說自己的命就懸掛在這塊土

【3】鎌倉幕府・鎌倉武士・武士の起源・莊園・武士の姿。
http://www.geocities.jp/widetown/jishuu/jishuu016.htm

地上，也就是說地在人在、地失人亡之意。亦即與這塊土地共生死。換言之，領地的得與失關係著武士的存與亡。所以確保賴以維生的土地當然要拼命、盡心盡力。而領地自何而來、來自主公的恩賜。相對的爲主公效命方能保住領地。主公不保、領地必然不保。

「いざ鎌倉」則指鎌倉（以將軍爲首的政府《幕府》之所在地・現神奈川縣）如發生大事，各地的武士都會、都要迅速趕往救援、效命。意思是說武士的身家性命與鎌倉幕府的存亡相連繫，保護鎌倉幕府・主公，就是保護自身的身家性命。亦即身爲武士，主公的安危絕不能置身事外。此時代的主從關係、完全處於利害一致的命運共同體中。鎌倉時代武士的特徵爲什麼是忠誠與勇猛、其源即來自於此。

御成敗式目・貞永式目

鎌倉幕府成立後約三〇年發生「承久之亂[4]」。平定後原存在於主從之間的一些心照不宣或約定俗成的規範、慣習、前例或與朝廷的律令典章有所扞格的部分規定、常易導致曖昧、混亂。亦即鎌倉時代開始，國家社會有二套權力運作體系。一爲既存的、掌握權威

[4] 一二二一年、後鳥羽上皇出兵討伐鎌倉幕府失敗、此次動亂因年號爲承久故稱承久之亂。其係出於朝廷不滿權力被幕府分割、意圖奪還。未料失利，朝廷自此反而陷於幕府之管控下。
http://ja.wikipedia.org/wiki/%E6%89%BF%E4%B9%85%E3%81%AE%E4%B9%B1

的以天皇爲中心的朝廷；一爲新興的、掌握實權的以將軍爲中心的幕府。當社會中發生利益衝突、訴訟等糾紛時，在評斷、裁決上容易產生齟齬確實不便。當時的最高權力者幕府執權・北條泰時乃召集相關幹部、於一二三二年完成「御成敗式目（評斷是非所依據的條文、項目）」的制定。亦即將鎌倉時代的武士道（主從關係）化約爲成文法、變成統治、管理國家、社會的法規範、原理原則。

「御成敗式目」全五一條（之後有再追加）、主要係規定地方首長之權責、領地繼承、土地占有、謀反、殺人殺傷、毀謗、暴力等之對應與處理。專門針對主（將軍）從（御家人・家臣・武士）關係的權利義務而規定的是第七、八條，兩條對強化主從關係產生很大作用。譬如、嚴格規定不准買賣恩賜的領地。只要擁有領地武士就要負起戰時、平時對將軍的奉仕。一旦將領地脫手、義務感自然淡泊甚或消失、且有買賣的話，必導致武士人數的減少。如此一來、對將軍來說、賴以鞏固政權的軍事性、經濟性基礎都將遭受威脅、侵蝕，肯定造成土從關係的鬆動。因此，領土買賣的禁止，制約、防止了主從關係的崩解[5]。

【5】アレキサンダーベネット（Alexander Bennett）『武士の精神とその歩み—武士道の社会思想史的考察—』、思文閣出版、二〇〇九年、第三六頁參照。

北條重時家訓

「北條重時家訓[6]」係由「六波羅（京都市內地名）殿御家訓」、「極樂寺殿御消息」兩部分構成。前者係北條重時擔任京都地區執政官時期、後者是北條重時自官場隱退出家後各所留下對子孫的訓示。家訓整體上是告誡身爲武士須奉公、正直、謙虛、慈悲、平等、且要留意社會觀感。並強調須對主公絕對忠誠及公平無私的處事。譬如其中提到「不可佩帶會遭人妒忌的大長刀或顯眼的甲冑」、「不管有多令人髮直的事也絕不可殺人。不要在生氣時做處分的決定。等心平氣和時再治以相應的罪」、「不可坐高處伸長腿高談闊論、往遠處吐痰、張大口吃東西、打瞌睡、伸舌頭等不雅之行爲」、「出門前要仔細整裝、出門後絕不允許」、「宴席當中即使不經意也不可講下流的話，即便是開玩笑事後也會被暗地責罵」、主張「一夫一妻」制等等。家訓可謂涵蓋從爲政者的修養到日常生活的個人基本教養。也反映北條重時個人虔誠的佛教信仰及富於自立心、質實剛健的東國（關東）武士風格。本家訓爲最早的武士家訓、正可藉此一窺中世武士道之一斑。

【6】「北条家の人々」、「北条重時とは」　檢索日：二〇一〇年一〇月一三日。
http://homepage2.nifty.com/Hokuto/kaisetu/hito/sigetoki.htm http://d.hatena.ne.jp/keyword/%CB%CC%BE%F2%BD %C5%BB%FE

惜名・輕死

鎌倉時代的武士道除建基在上對下的恩賜、恩義＝「御恩」和下對上的效忠、效勞＝「奉公」，以物質面的報酬爲媒介的權利義務（主從）關係外、在精神面則爲「惜名（追求美譽、珍惜名聲）」[7]。爲什麼？建立勇猛、善戰、敢死的好名聲、在戰場上可先聲奪人讓敵人喪膽，以博得更大的戰功。戰後可自主公取得更多的恩賞。易言之、名聲與自身的出人頭地是一直線相連結的。其背後支撐的還是現實利益。

另外、在戰場中死亡是共有的、不分主從的，也就形成主從同在一條船上的生死與共之命運共同體意識。武士透過時刻面對生死存亡之境遇，而強烈體認到生存的意義。活要活得像武士、死也要死得像武士。部下要展現對主公的絕對忠誠，其極限就是以死亡的形式和風格來表現。因此、如有二心或怯戰的武士就被冠以「弓矢の疵（戰鬥者的汙點）」、「当家の恥辱（本家族的奇恥大辱）」。

在戰場中武士面對死亡，心頭只在意自己一生以來，有無損於自身的名譽，不要在臨死時有失武士之體面、行儀，希望自己能有好的名聲流傳後世。「死の後の名こそ惜し

【7】小澤富夫『武士　行動の美学』、玉川大學出版部、一九九四年、第九－一三頁參照。

けれ（格外重視死後之名）」之價値體系當中的武士，臨死時如有不愼、不雅，其汙點將永留後世，折損一生名譽。他們認爲名雖空泛但卻不朽[8]。正因爲重視死後美名所以在戰場上不致以畏畏縮縮、且爲博得好名聲會不顧生命危險、勇猛善戰。所以亦衍生「死をいさぎよしとする（死要死得光明磊落、潔白灑脫、乾淨俐落的死、死得乾脆）」之死亡美學。因爲，如果死得不漂亮、不光明正大、而拖泥帶水的話，自然得不到好評價，當然難以有好名聲流傳後世。重名譽的結果連帶也產生敢死輕生的價値觀，此亦爲鎌倉武士道內涵之一。

二、室町時代

鎌倉幕府於一三三三年被足利尊氏打倒，結束約一五〇年之政權。足利尊氏於一三三八年樹立自己的政權，在京都成立室町幕府，歷史的腳步由鎌倉跨進室町時代。室町幕府在一五七三年始被織田信長所消滅，其間雖長達約兩個半世紀，但實際上室町幕府在應仁之亂（一四六七年）後即無力化而進入戰國時代。也就是說幕府的權力掌握大約僅維持一世紀多。此期間的武士道主要還是沿襲前時代（鎌倉）的基本體系、同時也一方面

[8] 相良亨『武士道』、塙書房、一九六八年、第六三—六四頁參照。

往戰國時代的武士道變質、變遷。

文武兩道

室町幕府成立後、武士倫理・武士道出現了變化。將軍強調武家社會的先規前例、禮儀規範、制度習慣的重要性。注重樸素、正義、明確上級者與下級者間的互動形式和作法。室町時代的武士道體系可大分爲二：

一、爲武藝鍛鍊（弓馬之道）。

二、爲日常生活層次的進退應對。

相對於鎌倉時代的武士與朝廷貴族保持一定的距離對比，室町時代的武士社會則與朝廷貴族相互融合。一方面維持仍以武力爲後盾的武家政治，一方面也追求貴族的精緻優雅文化素養。簡言之、此時期武士道的特徵是文武兩道合一[9]。

室町幕府創始者足利尊氏在他的遺書（等持院殿御遺書）第一三條中、敘明理想的武士是：文武兩道如車之二輪不兼備無以渡人。戰場用武、治世用文。要取得文與武的平衡、武強化體魄、文培養思惟敏銳。

【9】同前揭註五、第三八―三九頁參照。

建武式目

室町幕府的第一代將軍・足利尊氏的出身家世、沒能像鎌倉幕府第一代將軍・源賴朝那樣擁有顯赫的家世（出自清和天皇的後代）。因之，要君臨與他具相同身分的武將得另樹立一套典範。足利尊氏爲確立自身的統治正當性與權威，遂於室町幕府成立之前的一三三六年，以幕僚針對將軍的諮詢作答覆的方式，公布新政府的施政基本方針・「建武式目[10]（建武是年號、式目是法條）」。

本規範有一七條，大要如下：幕府設於京都。經世濟國之道的興衰在於爲政的良窳。勵行節儉、排除賄賂。強調禮節、信義。禁止女性、僧侶的干政。晉用官職的基準。金融、商業的流通。京都治安的恢復等等的規定和要求。與鎌倉幕府的「御成敗式目（貞永式目）」的充滿現實主義相對照，本法則著重在高揭爲政的理想。言明爲政旨在遵循正道、創造國泰民安，不在家世的權威與否。極力轉移自身出身不高之弱點的意味清晰可見。

由「建武式目」中所宣示的需整治賄賂、干政、提倡節儉、重視禮節、講信義的施政

【10】建武式目　檢索日：二〇一一年五月十六日。
http://www.page.sannet.ne.jp/gutoku2/kenmusikimoku1a.html

重點來看，當時的武士階層可謂已相當腐化。難怪有正面挑戰幕府的武將、有雖不直接與幕府衝突但也不配合幕政的武將、有表面敷衍卻全力在營造私人王國的武將。原來的武士道逐漸喪失其舊有的倫理觀，逐步往唯實力、實利是問爲取向的風氣移行。亦即戰國時代的「下剋上」武士道的出現和盛行。

一五世紀中期後，武家（幕府）貴族的腐化更加明顯。譬如、以讒言、賄賂有名的伊勢貞親[11]給他兒子的家訓中，其中除對武士應具備社會責任感作訓誡之外、其中亦充滿如何打通關節、巴結奉承、送禮、懷柔那些對自己的功名利祿之取得會有幫助的關鍵性人物等的社交術。此等人物位居幕府要津、代表室町幕府的墮落、時代淪落成群雄割據的戰國時代也就不足爲怪了[12]。

【11】一四六〇年出任室町幕府的政務機關執事、任期中爆發應仁之亂（一四六七年）、其後即進入戰國時代、因之被評爲惡吏，係引起天下大亂的罪魁禍首之一。此係致其子貞宗的家訓．「爲愚息教訓」其要點如下。一、要敬拜神佛　二、主從關係要徹底公私分明　三、要勤修武藝　四、要嚴守日常禮儀規範。伊勢貞親家訓與鎌倉時代的北條重時家訓被後世並列爲兩大武家家訓。

【12】同前揭註八、第一六一二一一頁。

今川狀・竹馬抄

室町幕府初期的武將，曾任九州探題（九州地區的執政官）的今川了俊（俗名貞世），留給其弟的家訓・「今川狀[13]（約作於一四一二年）」中、開宗明義即揭示：「不知文道的話、武道終不能取得勝利」。將文武兩道合一當成武士的基本概念。今川狀後世（江戶時代）把它當成私塾小學的教科書及習字帖、是封建時代最暢銷的書籍之一。

與第三代將軍足利義滿同時代、曾任四次幕府管領（輔佐將軍、幕府之第一要職）、也是斯波家族全盛期的締造者・斯波義將於一三八三年爲子孫留下「竹馬抄[14]」家訓。其中提到：雖不可怕死、但輕易的死反成汙名。該死時不死亦會後悔。作爲武士，武術的精進、修爲是基本。此本領的高低關係著整個家族的興衰、發展。其次要心存慈悲、並擁有解讀人心的能力才算是優秀的武士。亦即練武之外、更要修心養性始可成爲一位健全的武士。

綜上、室町時代之武士道內涵、其主軸可謂鎖定在文武兼備、文武兩道合一之基礎上。問題是這些理想、要求，對武家貴族、中下層武士之落實度如何？室町幕府的式微來

【13】今川狀（原文のまま）　http://www2.tokai.or.jp/marco/imakawa/imajyo.htm

【14】竹馬抄　http://ja.wikipedia.org/wiki/%E7%AB%B9%E9%A6%AC%E6%8A%84

自武家貴族的腐化，與此時代的武士道的變質變化互為因果。

三、戰國時代

日本歷史當中、也有一段期間如中土春秋戰國時代的亂世一樣、天下未能歸於一統，形成群雄割據的局面。日本史家對戰國時代自何時始何時止之區分、尚有不同見解和爭論、有力的說法有兩套：

一、為自應仁之亂（一四六七年）始、至織田信長將室町幕府末代將軍・足利義昭驅逐（一五七三年）為終的大約百年期間。

二、為自明應政變（一四九三年）起至豐臣秀吉將後北條氏直降伏（一五九〇年）為止的大約百年期間。

不管哪套說法、期間都大約一個世紀。此期間在日本歷史上是由中世過渡到近世的中介期，也就是從室町幕府更迭為江戶幕府之緩衝期。至於何以造成天下大亂、群雄割據的主因，無非源自當時的權力中樞室町幕府的幕政不彰，而造成號令不動，有以致之。以下擬透過此時代之武士倫理、價值體系來探討此期間的武士道。

下剋上

在提倡文武合一的氛圍下，室町幕府的貴族層到了一五世紀，儀禮性秩序更加完備，禮儀規範也更加精緻化，但其背後卻橫行、盛行汲汲營營於私利之追求的行爲。進入戰國時代（一五世紀中期以降），武家社會赤裸裸地以暴力進行私利追求的行動更加表面化，亦即原來武家社會的倫理秩序，易言之，以世襲的出身家世構成主從關係之規制瓦解，出現以實力（含武術技能、兵略智略、人格、領導統御）爲依歸，肆無忌憚地進行包括對自己的上司在內的巧取豪奪之現象蔓延謂之下剋上。這現象一言以蔽之、就是否定舊有的權威與秩序。亦即下位者無視主從關係之倫理而憑恃實力強行對上位者政變奪權。簡言之、有實力的家臣將原來的主公打倒取而代之，或逕自離去投靠不同陣營而與主公爲敵。這些前世代絕對之禁忌，應嚴守之倫理，亂世時變成稀鬆平常之事。

但靠「下剋上」占上位者，難保不會被下位者再以「下剋上」拉下來。那到底維持高位、保住地位於不墜的哲學是什麼？「文武合一」也。換句話說、「下剋上」的剋星是「文武合一」。前已提過武是武藝武略，文是道義性、領導能力、個人魅力。兩者兼備才能安穩地享有爭取而來的名與利。爲何要「文武合一」？譬如、在戰場上武藝高強能殺敵制勝，布陣用兵亦知奇正，但如果人格方面有問題，如不可信賴等、或仲裁時徇私。對部下獎懲，賞罰不公。只關心蓄個人家財不顧部下福祉的話，那自然會被淘汰。所以、領導者最終依恃的還是回歸到「文武合一」。

另外重武勇、貫徹意志、知恥等亦是戰國時代價値觀的特徵。武勇就是戰鬥的本領要高強，方能通過戰場上的考驗存活下來。知恥是不做卑怯的事，也就是維護自身之名譽。但是，部下看破主公手腳而對其背叛一事，被認爲是自身意志的貫徹所以並不覺可恥，這是戰國武士之實態之一[15]。

爲什麼會產生下剋上現象、其背景爲何[16]？可能要上溯到鎌倉幕府被消滅的主因，即「御恩」和「奉公」未能取得平衡。主公有事、家臣效命（含軍事行動）其所有經費是由家臣自行負擔，家臣期待的是事後的恩賞以便彌補耗損。但後期的鎌倉幕府已無新領地可資恩賞，所以勢力小、地位低的家臣（下級武士）難免沒落。加上以土地、農業爲主的經濟形態逐漸轉變成貨幣經濟。領地小的武士更加不利，其沒落也更爲加速。導致到了戰國

【15】萬屋滿載「戦国時代の武士道」　檢索日：二〇一一年五月二二日。
http://194116410.at.webry.info/201103/article_1.html
【16】「武士道の歴史—武士の成り立ち—」　檢索日：二〇一一年五月二日。
http://www.geocities.co.jp/Berkeley/3776/bushido.html

時代時，原本以土地爲媒介而形成主從關係的倫理規範失靈、失效。

在社會秩序崩潰，貨幣經濟興起的侵蝕下，沒落的武士同時喪失領主（無土地）地位與統治階級身分。這類武士數量日益增多。他們在自我救濟、求生、求利等動機下，誰給生活（恩賞）就跟誰走，只要有銀兩就給效忠，否則免談。「有乳便是娘」的現實主義迷漫。所以他們自然會去投靠更大、更有力的領主。領主之間相互兼併、各據一方，攻防不斷。

亂世時淪落爲「傭兵」的沒落武士。是以江湖一匹郎之姿態出現的新的戰鬥者。在不是殺人就是被殺的無常環境中，如還想要出人頭地，除實力之外再無別物。亂世中、社會飄浮、迷漫的雖是暴力與殘酷的「下剋上」氛圍，但此時期的武士道，其基底潛流的、特別是領導者自身依然還是「文武合一」的價值。譬如，送鹽給敵人[17]的故事，後世學者稱

【17】這裡的送並非贈送而是對敵人解除鹽禁之意。一五六九年武田信玄被關東（面對太平洋）的今川氏眞與北條氏康兩陣營聯合施予鹽禁。一樣是武田信玄宿敵的上杉謙信（領地面臨日本海）聞悉後、非但未同步還命令部下以平常價格運鹽給武田信玄（領地在內陸區）。上杉表示：與信玄所爭者，在弓箭（戰鬥）而非米鹽。此軼事（傳言美談）被江戶時代的陽明學者・賴山陽（一七八一年—一八三二年）大加讚譽稱：禁鹽是卑劣之行、武士之恥。想要禁鹽弱化敵方之舉，就是深怕對方之證據。即使打贏了，也是勝之不武。檢索日：二〇一一年五月三日。http://www.atami-sun.com/yoita/ituwa.htm

讚、民間也口耳相傳數百年，雖未能在正史上找到証實，但也可視爲一種象徵。

輕推測重證據

下剋上之外，戰國時代的武士道尚有一切以眞實爲依歸的精神。亦即，對人誠實且以率眞之態度待人，被認爲是重要美德。實際上指的是要有勘破生死，直言不諱的家臣，相對的也要有虛懷若谷且如實地接受建言的主公。隨時有死亡之覺悟的武士，在戰鬥等場合中，不會去好騖虛榮也不會像生意人般把利益擺第一。

這些對經常處於臨戰、實戰的武士來說，根本沒有意義。有意義的是在戰場中能拼命不畏死[18]。注重事實不講虛飾的精神的延伸，就是爲了要能識破敵方的技倆。其對策就是排除推測、推量，強調眞實、證據的觀念的發揚。你死我活的鬥爭中、運用謀略是常態。如何不被謀略迷惑、玩弄、陷入陷阱、那就是一切基於事實作判斷再採取行動。

戰國武將之一的朝倉宗滴表示：說武者（武士）是狗也好、畜生也好，戰勝才是根本。依此即可想像戰國時代是如何地厚黑和血腥。也正因爲在如此冷嚴、肅殺的戰亂中，才能做到最嚴格的自我要求、自我訓練、自我磨練。一分一厘不虛不假地以自己的眞實面

【18】同前揭註五、第四五—四六頁參照。

貌與自己相面對[19]。不興嬌飾該是戰國時代武士道的特色之一。

分國法

戰國時代的大名（諸侯），亦即形成群雄割據之主體性人物。他們否定莊園公有（不承認是屬於朝廷或幕府所管），自行在各自割據的領國內進行土地調查、認證、行使徵稅權、軍事指揮權、裁判權等，對人民和土地作一元化的管控。諸侯們無視朝廷和幕府、各在其轄區內樹立起公權力。此公權力的法源就是各諸侯自行制定的「家法（諸侯世家之法）」原屬私法，但因效力擴及整個領國之領域而具公法性質，各領國之家法遂統稱分國法[20]。它是各領國內的最高規範，連諸侯自身亦得遵守。主要涵蓋有對寺廟、商工業、交通、村落、家臣團、民眾、債權債務等之管理與規範[21]。

---

[19]同前揭註八、第三〇—四〇頁參照。

[20]朝廷、幕府皆式微的情況下，各地諸侯各自制定適用於自己領國內之法律，因戰國時代領國是複數存在，故這些領國的個別法律統稱謂之分國法。有記錄且較著名的分國法列舉如下：朝倉敏景一七箇條又稱朝倉孝景條條、今川假名目錄、大內家壁書、甲州法度或稱甲州法度之次第、相良氏法度、塵芥集、新加制式、早雲寺殿廿一箇條、長宗我部元親百箇條、結城家法度、六角氏式目、大友義長條條等。

[21]分國法　關聯概念
http://afro.s268.xrea.com/cgi-bin/concept.cgi?mode=text&title=%95%AA%8D%91%96%40

這些分國法與武士道到底有何關聯？我們從分國法當中，可以擷取到一些當時的武士道之一鱗半爪？以下試略作探討。戰國期的武士有他充滿殺伐、橫暴、炎涼、苛刻、壓榨的一面。但戰國大名卻也是第一級的文化人。他們重視學問、藝術、宗教、過著豐富的精神生活。綜合各領國之分國法（各諸侯世家之家法）要旨，可多少理出如下的這個時代的武士像。

穿著不難看就好、不可華麗。職務需依才能、忠誠度而定，不可只因服務淵源已深即予任用。要傾聽自國人民的聲音、對百姓細緻地用心是很要緊的。雖身爲武士，學問亦不可偏廢。即使身爲武士，也一定要對神佛禮拜。雖身處亂世、「義」、「信」、「禮」等仍須重視。

將上面的要求稍作歸納整理的話、其大義該爲注重樸素、學問、道德、用人唯才、關心民瘼等。以上之訓誡散見在早雲寺殿廿一箇條、朝倉孝景條條、武田信玄家訓、北條氏綱遺狀、朝倉宗滴話記、毛利元就遺誡一四箇條等家法中[22]。顯示亂世中的武士道除有凶

【22】森一郎「戦国時代の『家訓』に見る武士のあり方」、自由主義史観研究会公式サイト。檢索日：二〇一一年五月十六日。http://www.jiyushikan.org/jugyo/jugyo54.html

殘的黑暗面之外、尚有它注重人性光明的一面。

小結

日本的中世是從鎌倉、經室町、戰國到安土桃山時代。期間約自一二世紀末到一六世紀末長達四百餘年，此期間天皇是權威性的存在，將軍（武士）掌握軍政大權。雖尚無武士道之稱謂、但武家社會的倫理規範還是有的。鎌倉時代是御恩對奉公的結構，形成家臣向主公效忠。室町時代武家社會開始吸收朝廷貴族文化，而較注重、講究禮儀文化，亦即興起所謂文武兩道之指向。戰國時代因中央政府式微沒落，以世家、家世爲主軸規範社會秩序的倫理體系失靈。一切以實力爲依歸的現實主義抬頭，社會上下階層的移動、輪替，主要係依憑實力而有所謂的下剋上現象的橫行。到了安土桃山時代（約自一五七〇年代至世紀末的三〇年間），兵農被徹底地分離，農民翻身成爲戰鬥者的機緣被切斷。武士道的演化又進入新的階段。

第二節　近世的武士道

中世末期的戰國、安土桃山時代隨著豐臣秀吉的過世（一五九八年）走入終焉。之後德川家康崛起，開創長達二百六十餘年的江戶時代（或稱德川時代）。這江戶時代就整個涵蓋日本的近世期。德川家康在一六〇〇年的「関ヶ原の戦い（關原之戰．現岐阜縣不破郡）」一役戰勝豐臣秀賴（豐臣秀吉之子）陣營取得天下。一六〇三年於江戶（現東京[23]）建立幕府。復於一六一四年冬與隔年夏季的兩次戰役中，將原豐臣秀吉陣營之勢力完全消滅。後又實施鎖國政策直至一八五三年美國海軍提督裴利率軍叩關，引起一連串尊皇攘夷、開國、倒幕等之動盪，導致江戶幕府的瓦解而進入天皇親政的明治時代爲止，其間實有二百餘年間之太平盛世。此期間的武士道又是如何？談論之前先簡述一下江戶幕府期的社會背景與武士身分性質之轉變。

一、武士由戰鬥者轉化為士大夫

江戶幕府的第一代將軍德川家康鑑於戰國期的天下大亂、紛爭不斷，因而如何除去戰亂的因子，乃成爲其政權能否永續的課題。他本人及其後繼者不斷制度化一些可以嵌制、弱化大名（各藩藩主．諸侯）謀反的機制。例如，要求各藩整修寺廟、神社，實施鎖

[23] 明治政府於一八六九年將首都自京都遷往江戶、遂將江戶改稱東京。

國[24]政策、規定參覲輪替制[25]、嚴明士農工商賤民等階級劃分及其世襲制、採用朱子學爲官學、將農民與土地綁在一起的農民土地一體化等政策措施。

以上的作爲無非著眼於一方面阻絕各藩的壯大，一方面增加各藩的財政負擔以消耗實力，始不致有餘力可向幕府進行挑戰或謀反等之動作。整修寺廟神社、參覲制的執行旨在削弱各藩財力、鎖國制之實施則除意在隔絕各藩與海外之接觸機會外，同時亦可減少各藩之財政收入，以便幕府自身獨占與海外貿易之機會和利益。倡導朱子學則在鞏固其江山地位，並徹底化階級制及階級世襲[26]。

土地綁住農民等措施則在阻斷社會階級上下移動的機會及其帶來的不穩定度，而避免

[24]自一六三九年後全國僅長崎港在幕府的主導下可與荷蘭、中國、朝鮮進行貿易接觸，是唯一的對外窗口。幕府同時也禁止日本人出航海外。此制度持續至一八五三年。

[25]日文爲參勤交代，原非硬性要求，但第三代將軍德川家光於一六三五年修改武家諸法度，規定各藩主（大名）須隔年親自駐留將軍府所在地．江戶一年，其妻子兒女則永久住在江戶，以作爲藩主回領地時之人質等明文化後正式制度化。亦即藩主如今年在自己的領地，則明年需駐留江戶。藩主在江戶和領地之間輪番駐留。每次大隊人馬往來於領地和將軍府之間的旅費及在江戶之駐紮費，各藩爲此幾乎耗盡財力，至一八六二年起幕府式微下，方未再被履行。

[26]江戶時代之士農工商賤民階級劃分，原則上皆爲世襲，除非以養子、養女之方式進行過繼，方有可能作階級變動，否則，父母是農民，子女亦爲農民。其他階級亦同。

社會的動態化以利於管理。戰國期的動亂，其最大主因在於武士也好、農民也好皆以農村爲基地，且農民可以成爲戰鬥者．武士。換句話說，農村是動亂的武力來源與溫床，德川幕府沿襲豐臣秀吉之兵農分離政策，將武士完全抽離農村也完全切斷農民翻身成爲武士之機會。

在江戶幕府一切著眼於如何始可易於維持、確保德川家天下的安定與永恆之思惟背景下，江戶時代果然平穩地持續二百五十餘年之久。特別是原爲戰鬥者之武士，在太平盛世中可謂無用武之地，在幕府政策誘導、限制和要求不可動用暴力之情形下，遂逐步由戰士轉變爲士大夫，是爲武士身分性質之最大改變。此時期的武士道又如何？

二、朱子學：五倫．五常．名分論

朱子學於一三世紀即傳入日本，對日本歷史發展之影響，至少有以下諸點，茲將概要列舉如次：

一、一四世紀南北朝時代（一三三六年—一三九二年）[27]被重視後、至江戶時代（一六〇

[27]後醍醐天皇受朱子學中的「尊王（天皇）貶霸（幕府將軍）」思想影響而力圖親政，遂向掌握實權的將軍發動奪權鬥爭之建武（年號）親政運動，但不到三年即被室町幕府第一代將軍足利尊氏所瓦解。尊氏在京都另

三年—一八六八年）初期開始，朱子學即被奉為官學、正學。

二、德川幕府三大直系近親藩之一的水戶藩第二代藩主德川光圀（一六二八年—一七〇〇年）自一六五七年即致力編纂「大日本史」，但修史卻反讓德川家統治天下之舉失去正統性，而促使「大政奉還」較易被實現[28]。

三、幕末動盪期（一八五三年—一八六八年）成為尊王倒幕攘夷運動中的中心思想[29]。

立持明院統的親王為天皇（光明）是為北朝。奪權失敗的後醍醐天皇逃到京都南方的吉野，另立朝廷是為南朝（大覺寺統）。日本同時存在南北兩個朝廷、兩個天皇的對立時期持續一甲子。一三九二年，後龜山天皇回京都後，完成合一結束分立。

【28】德川光圀．民間另稱水戶黃門。係水戶（現茨城縣中部）藩第二代藩主。少年時品性不甚端正，一六四五年讀史記「伯夷．叔齊」傳深受感動，反省後發憤向學。心醉於朱子學，而立志編纂史書。其於一六五七年模仿史記並以朱子的正統論為基軸開始著手進行編纂「大日本史」。整個編纂事業由水戶藩代代相傳，至一九〇六年始大功告成，全三九七卷二二六冊，費時二五〇年。其用心與目的無非強調正統、正史，旨在可讓歷史上的亂臣賊子無所遁形。德川幕府末代將軍德川慶喜係水戶藩出身，正統論的耳濡目染下難免受影響。一八六七年相對於倒幕派，幕府的勢力原本還處於優勢，但他可能不想在歷史上留下惡名昭彰的亂臣賊子之名，卻恭順地將大政奉還明治天皇，結束長達兩個半世紀多的德川政權。此事或可謂成為當初德川幕府家編纂大日本史時的一個諷刺結局。

【29】朱子的大義名分論下，正統的國家權力重心應在天皇而非將軍。這是幕末志士們間的最大共識。其結果就是德川幕府的終結，明治天皇親政的出現。

四、一八九〇年明治天皇頒布的「教育敕語[30]」中的意識形態等之養成、建立，係根基於朱子學[31]。

由上可知朱子學對日影響深遠廣大之一斑。而德川幕府何以將朱子學定位、確立為官學？當然是為德川家統治上的方便與地位的穩固不動而設想的。由此，朱子學也就構成近世武士道之主成分。

三、武家諸法度：存心持敬

武家是指以將軍為核心的整個武士體系、階層、階級。武家諸法度是日本近世・江戶時代最主要也最重要的法律。江戶初期制定後，其後雖經幾次修訂。但皆離不開對整個武士階級之規制，亦可視為部分武士道之明文化。基本的架構係由江戶初期朱子學泰斗林羅山（一五八三年—一六五七年）起草，羅山依據理氣二元論認為：理是萬物存在的本源，

【30】「教育敕語」中揭示的德目是：孝行、友愛、夫婦和睦、朋友有信、謙遜、博愛、修學就業、啓發知能、培養高尚人格、熱心公益、遵法、義勇。可謂皆來自朱子所強調的五倫、五常、三綱。

【31】朱子学が日本の歴史に与えた影響について　檢索日：二〇一一年六月一〇日。http://www2.airnet.ne.jp/shibucho/shusigaku.html

氣是構成萬物的物質。理（天理）是「上下定分之理」。承天之道就是接受天尊、地卑。如同天地有高低，於人則君尊臣卑。

人世間須分上下次序，定禮儀法度，以治理人心。所以，無上下之分別則無以治國。亦即如同天地自然界中有高低上下之差異一般，人類社會中，如無上下尊卑之差別則無以明倫理。將上下定分之理，客觀而具體化地規範出來，所呈現的就是禮（禮節）。因此，順應天理而生就是在君臣、父子、夫婦、長幼、朋友等五倫的上下關係之間辨明並服從禮之節制。此一將封建秩序正當化之價值體系，可讓江戶幕府在社會治理上獲得正面的加持，才是江戶幕府將朱子學奉為官學之主因，亦成為武士道之主流。

此時代的武士道心法之一就是：「存心持敬」。「敬」是謹慎之意。武士為避免沉溺於自私自利，不可無戒慎恐懼之心。必要抑制慾望、謹慎言行、時時留心、留意須與天理共一體。「敬」形之於外則為禮，禮就是遵守父義、母慈、兄友、弟恭、子孝之義。心中持敬（謹慎）則存心（天理．本性）明晰，自然可中規中矩地順守禮儀。

朱子學的此套理論，剛好符合須培養高貴的人格、情操及高度重視名譽的近世武士階層之需，在共感、共鳴之下，完全被接受成為德川時代武士道之主流[32]。例如，「武士は

---

[32] 江戶儒學—朱子學派　檢索日：二〇一一年六月四日。http://www.geocities.co.jp/HiTeens/8761/japan11.htm

食わねど高楊枝[33]（武士雖餓肚皮，嘴裡卻高高插著牙籤。意爲：因爲要體面，即使生活困苦，也得裝闊綽，打腫臉充胖子。整句話大意概爲：武士之自尊心極高之意。）」等。

下面簡單介紹「武家（武士）諸法度」法條內容之部分大要

一、須勤學、勤練學問、武藝。

二、不可集合大批人等飲酒作樂。

三、身分低微者不可隨便乘坐轎子。

四、顯示身分上下不同的服裝或裝飾物，不可弄錯。

五、諸侯要晉用能人以行善政、等等。

四、山鹿素行：士道

山鹿素行（一六二二—一六八五年）是林羅山的弟子，亦屬朱子學派，係確立江戶

【33】楊枝是牙籤之意。高楊枝是表示大剌剌地剔牙。近世江戶期的中下級武士只是受薪階級，生活相當拮据，可算是貧窮一族。但自尊心特別高，既使是餓肚皮，也要裝得像飽食終日。本俗語用在形容死要面子或硬撐體面之人物或場景。也反映當時武士階級雖物質生活困乏，但在武士道的訓練、規範下，精神面還能守住清貧，不致於敢無法無天地營私舞弊。

期武士新道德觀的第一人。前已提過他依據朱子的本分（職分）論表示：從武士轉化為治者（士大夫、為政者）的武士，因不事生產，所以一切行止必須成為庶民的表率、典範，否則豈不變成米蟲。作為武士不能沒有此種體認和自覺。作為武士其具體修為的第一階段是：養氣、分辨義理、安於命、嚴守清廉正直、慎風度、振士氣。第二階段是：盡忠孝、依仁義、詳事物、廣學文等。武士必須體現這些道德與教養。

之外他還表示：人的心態必以有形反映於身外，那就是威儀＝行為舉止。所以，素行一一規定武士在日常生活當中，如何顯示威儀的型式，確立下他將武士塑造成社會教化之典範的思想。並嚴禁切腹或殉死，同時他也主張：既使主公是昏君，臣下仍然應盡忠義才是美德。以下節錄一段他的訓誡：「身雖被生擒猶不可率爾捨命，勿為一時憤怒、羞恥感、欲追求清白等，而要死得爽快就捨命，均非忠臣之道[34]」。

素行的士道、道德律，從江戶初期到中期完全居於支配性地位，強烈地影響當時的

【34】源了圓『德川思想小史』所收「山鹿語錄」、中公新書、第八二頁。元祿赤穗事件が浮き彫りにした德川幕藩体制の二重構造　檢索日：二〇一一年五月二十二日。
http://kousyoublog.jp/?eid=2555

武士階級。特別是在他的「武教小學[35]」中從武士的起居、行住坐臥、到衣食住等，巨細無遺地指南、明確地解說，成為武士道教育的教科書，亦成為江戶期武士道精神的基本聖典。

五、陽明學：即知即行

陽明學在江戶初期即傳入日本，早期之代表學者有中江藤樹、熊澤蕃山，中期為三輪執齋、幕末維新期則是佐藤一齋、大鹽平八郎等。陽明學被引進初期並無朱子學般受重視及盛行。但自江戶後期開始至明治期反成顯學，深受改革志士所信奉並成為他們的中心信仰（意識形態）。陽明學與近世期武士道之關聯，簡略敘述如次。

武士對陽明學之認知，最普遍的大約可歸納如下：對自身所信仰之道，如不付之行動

【35】本書係弟子將山鹿素行授課的概要記錄下來集結而成。其大要如下：「武士要體認職分，時時思考什麼是正義。以誠奉仕主公、父母，結交良友、正確教育子女。早起整裝，保持平心靜氣。有閒暇時要練武、讀書。要謹言、行動時須遵守禮節。質樸儉約、勿暴飲暴食、節制色慾。金錢方面的進與出要確實考察是否符合道與義。辨明男女之分，以道與義相待，建立健康的夫婦關係」等。與庶民道德不同的是：武士須分辨職分。其職分為何？無農工商無以成社會，武士依靠他們供養。武士為什麼有必要存在？就是為了要盡遵守、確立世間倫理秩序，武士階級方有存在意義。所以，武士必須時時思考正義，其用意在此。

的話，則與任何正義均牽扯不上關係。特別是對眼前之惡，一定要能挺身而出，亦即見義勇爲。良心的價値在於將心中所信，付之行動方才具意義。良心如果無實際行動伴隨，只是停留在思考的階段，就完全不具任何存在價値。思是動之始，動是思之終，有思有動，亦即有思考、有執行才算整個人格、心路的完成、完善。思考與執行是表裡一體，不可分離。

武士所信奉的陽明學就是此種型式的知行合一．即知即行。江戶時代，陽明學雖未如朱子學般獲得官學之地位。但事實上，對於武士之人生態度，武士道相當重視務實與言行一致之風，其根源概係來自陽明學之影響，實難以否定。所以，更有人指稱陽明學係所有日本人在學問上的心海羅盤。是武士愛惜羽毛、去銅臭、守清貧，營造清高品味生活之精神支柱。既使是掌管、主宰官學運作的幕府當中，亦有爲數眾多的大臣信奉著陽明學。不僅如此，陽明學甚至流傳、普及於民間。因之，稱陽明學成就了日本人具躬行實踐，不事天馬行空之心志，亦不爲過[36]。

【36】長尾剛『武士道の源流　陽明学がわかる本』、PHP研究所、二〇〇四年、第一四—一八頁參照。

六、貴死輕生哲學

日本的近世是武士道開始被規劃整理成爲一套倫理體系之時期。從武士的起居應對、行住坐臥等外在之行爲禮儀，到面對上下關係、生存之道、生死觀等內心世界，可謂全面涵蓋武士之思惟行動之規範．武士道，皆一一出現。譬如，完稿於一六二二年的『三河物語』、一六六五年的『山鹿語錄』、一七一六年的『葉隱』、與『葉隱』差不多同時期完稿的『武道初心集』等武士道之典籍。

這些武士道的教科書之共通點是：強調絕對的忠誠、並鼓勵、要求積極、樂觀、從容地面對、選擇、趨近死亡。以下試引用其中最強烈、最著名、最具代表性的『葉隱』與『武道初心集』兩書中有關告誡武士之文句：

葉隱：「武士道と云ふは死ぬ事と見つけたり（聞書第二）；試譯：所謂武士道就是體悟死亡之道」、「朝毎に懈怠なく死して置くべし（聞書第一一）；試譯：每天早上應先備好可死之志不可懈怠」。

武道初心集：「武士たるものは、正月元日の餅を祝うからと箸を取り初めてから其の年の大晦日の夕に到る迄、日々夜々死を常に心に留めるという事を以て、本意の第一とするべきである（試譯：武士從新年元旦第一餐拿起筷子，到除夕的年夜飯，應日日夜夜以死常住我心，當衷心第一要事」。

葉隱和武道初心集這兩部典籍都完成於一八世紀初期，當時已完全進入儒家式的文治社會，過去向主公表示忠義象徵的殉死也已明令禁止（禁令載於一六八三年所改訂的武家諸法度中），武士階級雖隨時可佩帶長短刀，但卻連吵架鬥毆都被禁止（喧嘩兩成敗法：肇事兩造都有罪都須受罰），更不用說拔刀動武（違者沒收家產或抄家《開除武士資格、戶籍》）。

換句話說，江戶時代初期之後，武士賴以存在的武不被需要，被需要的是儒家的士道。所以，兩位作者（葉隱：山本常朝、武道初心集：大道寺友山）可謂皆對過去懷抱鄉愁。因爲，相對於過去的主公與部屬間同在戰場上出生入死，所培養出來的命運共同體意識而建立的上下間的「情誼的一體感（肝膽相照、生死與共）」之武士道形貌不同，新的武士道樣態是強調作爲治者一分子的儒家士大夫身段，重視的是治國的學問道德、方策。質言之，時代已從馬上得天下，過渡到不能以馬上治天下的時代。

葉隱著者的武士道即是體悟死亡之道的激烈見解的背後是：他是藩主小時候的同學，長大後成爲藩主身邊的侍臣。其對主公的忠誠已是一種近似戀愛感情，有這種感情的存在，在日本並不像基督教國家般的否定。部下對主公忠誠之情形，還經常以暗戀來比喻、形容。但此種忠誠與上代那種在戰場上培養出來的忠誠，實爲似是而非。此種忠誠的產生與其說來自實戰經驗，不如說是由於藩主死後，他因不能殉死，所以遁世隱居。這樣的一位初老的老人的空想、理想化的發言而已[37]。

葉隱一書中所揭示的擁抱死亡的武士道，與當時所提倡的主流武士道．儒家士道，存在相當的距離。既使在本藩（鍋島藩）內亦被列爲禁書。但「死亡之道」一節卻莫名其妙地流行，一提到武士道的話，就是葉隱，一提葉隱就是「武士道就是死亡之道」。一般幾乎都把這一句話曲解、解釋成武士道核心。特別是日本在中日甲午戰爭勝利，二〇世紀初頭之後，被當成大和魂的象徵。於是爲神國、爲天皇光榮的犧牲是一種死亡美學，輕易地被八紘一宇（世界一家）之野心家、軍國主義者所利用、宣揚、洗腦。二次大戰敗戰前的神風特攻隊等的玉碎、自裁的舉動，其理論依據概係來自此種武士道的影響亦爲事實。所以，戰後，曾有一段期間葉隱被誤認爲：係屬軍國主義書籍而被定爲禁書。

其實所謂「武士道即是體悟死亡之道」一語，重心不在死亡，而是強調千萬不可錯過死亡時機。因爲，適時的死與不該活而活，其結局差異太大了。譬如，不該活而活的話，

【37】武士道の歴史（下）－近世の武士道－　檢索日：二〇一一年五月二十六日。
http://www.geocities.co.jp/Berkeley/3776/bushido_.html

不但會遭受不名譽，甚至家業、家祿可能也不保，如再被追究責任等之類的話，終究亦難逃一死。因此必須在平時就得參透隨時可死之覺悟，並研究、判斷如何掌握死亡時機。因爲，好的死亡時機，稍縱即逝。所以，不可不察。質言之，體悟死亡之道，對武士的名與利之維護與確保，關係極其密切。所以，對該如何掌握適時、適切、適當之死亡時機的用心，謂之如同鑽研一門學問般亦無不可。如此解讀當更接近原意。

七、單向的上下關係

武士階級的確立期係自鎌倉時代開始，其時首領（主公、上層武士）與部屬（追隨者、中、下層武士）間的權利、義務關係是雙向性的。亦即恩賞與效忠是對等的。換句話說，有功就有賞、有賞就要有功。此套模式（武士道）經室町、戰國，隨時代之變遷或有出現一些差異，但基本上可謂依然維持原架構。可是到了近世的江戶期就有了大改變，亦即，下對上無條件奉獻之武士道新倫理體系，成立了。

德川幕府在一六一六年之後，就完全掌握政局，進入太平時代，武士幾再無機會可建立戰功。換言之，德川幕府已無征討對象，自無再取得新領地之餘地。所以，既使部屬有功勳，將軍也不可能賜予新的恩賞（領地）。於是領導層遂發展出一套新價值觀模式。亦即「對主公效忠並非衝著想要得到恩賞，所以，效忠而沒有恩賞可得，是理所當然的」。

此套理論（武士道）主要還是源自山鹿素行依據儒家士道（五倫、五常、本分論等）所倡導出來的。因此，相當明顯地，近世武士道被注入儒家道德規範。幕末期的山岡鐵舟（一八三六年－一八八八年），在其著書中表示：「武士道是儒教、神道教、佛教融合下的產物」之說可爲明証[38]。江戶時代的武士是集榮譽、特權於一身，但卻也伴隨著重大責任。亦即如前所述非農，非工、非商且無須戰鬥的武士，其所以還存在的理由，就在於履行對主公效忠及人倫教化方面，須爲民表率之故。

近世期的武士階級之上下間之互賴關係係由雙向轉爲單向。爲何形成此一趨勢，其中一大原因爲武士之功能性、需要性變化的現實問題。亦即在太平時代，將軍已無須仰賴武士出生入死地爲他東征西討，所需要的只是作爲統治階層一分子的官僚、士大夫身分而已。江戶初期之外，上自將軍、諸侯，下至庶民全籠罩在「知足安分」之教化下。加上，武士身分是世襲制，所以安於本分，守住家祿變成第一要務，下對上單向之奉獻遂告成

---

[38] 武士道の歷史　檢索日：二〇一一年六月二〇日。
http://www.7key.jp/data/bushido/history.html

型[39]。

八、近世武士道象徵・赤穗四十七士

江戶時代是武士的成熟期，如上面所介紹的，有朱子學、陽明學、武家諸法度、貴死輕生哲學、嚴謹的上下關係等體系之存在。以下擬介紹的赤穗浪士事件，雖發生於一八世紀初，卻是近世期武士道典範之縮影，亦即可作爲具現上述近世期武士道特性之實例。事件至今已過了三百多年，仍被後世津津樂道（另稱忠臣藏或四十七義士），不斷地被當作電影、電視、歌舞伎、淨琉璃[40]、連續劇、舞台劇、小說等之題材，不斷地被重複上演，不斷地被描寫，同樣的也不斷地受到大眾的歡迎、喜愛，可謂最爲家喻戶曉的武士道故事。

事件始末

一七〇一年四月二十一日在江戶城（現皇居）松之長廊中，播磨赤穗城主（藩主）淺

【39】武士道の歴史（下）—近世の武士道—檢索日：二〇一一年六月二十一日。
http://www.geocities.co.jp/Berkeley/3776/bushido_.html

【40】最初是以說書的形式演出，後來加上三味線的伴奏，以及木偶的操作的一種屬古典藝能之戲劇。

野長矩，突然對時任高家肝煎[41]的吉良義央揮刀，使其受傷。江戶城本殿內，是最高權力者．將軍的辦公居所，本就規定不准帶武器、動用武器、從事鬥毆等暴力行爲。淺野不但帶刀更拔刀砍殺吉良，形成加害者．淺野長矩，被害者．吉良義央。雖法律上也有規定，凡是吵架鬥毆都適用「喧嘩兩成敗（糾紛之當事者兩造皆須受到懲罰。成敗係指懲罰之意）」之法。亦即，本法規定挑釁者也好、不得已也好、凡是鬧事、滋事，不管是主動或被動都同樣有罪，都同樣要受罰之謂。

但幕府認爲淺野的犯罪，是連時空關係都搞不清楚，遂判定只不過是淺野單純的犯罪行爲而已，所以未引用「喧嘩兩成敗」法。幕府當日立即做出處置，命令淺野長矩於黃昏時刻切腹自殺。而吉良義央卻完全沒事。淺野是四萬五千擔的大名（諸侯），時年三五歲。吉良雖是名門，但至多也不過是領四千擔俸祿的旗本[42]而已，時年六〇歲。淺野不但

【41】江戶時代之職稱，類似禮賓司司長。專司代理天皇、將軍參拜各該之祖先、接待敕使（天皇派遣之使者）、或當幕府使者派往朝廷等工作。室町時代（一三三六年—一五七三年）以來代代世襲之高家有：吉良、武田、畠山、織田、六角等世家。俸祿不高，但官位極高。等同準大名（諸侯），職掌爲專司幕府之禮儀、典禮等工作。

【42】從中世到近世武士階層當中的一種身分。江戶時代的旗本，屬將軍直屬的家臣團。家臣團的構成是大名、旗本、御家人。因此，旗本的地位低於大名，卻高於御家人。其俸祿未滿一萬擔，可參加將軍出席的儀禮，亦

切腹身亡，其領地被沒收，世家也被廢，眞是名符其實的家破人亡。

至於淺野與吉良爲何會起衝突？兩者都分別接受幕府的簡單尋問。淺野僅答以：「雖對上無絲毫之不滿，但個人之遺恨是有，遂以一己之宿意，忘卻前後，一心只圖除去，以致刃傷。事已至此，不管受到何種責罰，均無以申辯」。淺野自覺本身已無辯白、辯解之餘地，事情原委未做觸及，吞向肚中，也帶進墳墓。吉良則答稱：「不記得有任何得罪淺野之處，看似全是他的精神錯亂，且本人已是一介老人，談何結怨，萬無丁點印象」[43]。

從當事者兩造的答問，皆無法確切掌握眞相之緣由，外界的猜測大多傾向於：淺野的動機雖不明，但有可能是因吉良（職掌禮賓司之事宜）在淺野負責接待朝廷敕使時，留一手而未給予適當的資訊，導致淺野出醜、丟臉，憤而行兇。否則，何以甘冒大不韙，走向毀滅之路。另吉良爲何會對淺野不夠配合，則可能是淺野付給吉良之謝禮，有所不足或不夠豐厚之故。總之，不管如何所有這些傳言，都不出臆測之境。

可親自直接面見將軍。領地雖不大但亦具領主身分。

【43】高橋富雄『武士道の歴史【全3巻】2』、新人物往來社、昭和六一年、第一八六頁－一八七頁參照。

復仇之行

事件來得太以突然，淺野的家臣、家眷、部屬等全藩上下都頓失依憑，走投無路。也認爲幕府處置不公，偏袒吉良。所以就淺野家來說，吉良家等於是陷害淺野家的仇敵。於是淺野家臣當中分爲兩派，一派以堀部武庸爲首、主張立即爲主公報仇雪恨，亦即所謂的激進派。另一派則以家老（藩內首席重臣，主宰藩政，統括藩內諸事務）大石良雄爲首、主張先隱忍再設法中興淺野世家，徐圖復仇。

但隔年（一七〇二年）七月，故藩主淺野長矩之弟淺野大學，被安置於廣島淺野本家，意味幕府已不可能批准淺野家恢復原職。因此，再興之計畫可謂已完全遭到封殺，重起爐灶之所有希望趨於破滅。眼看復興無望，造成眾多家臣（全藩約一五〇名）紛紛離去，而斷了大石良雄等中興赤穗之夢[44]。至此，無論是激進派或溫和派，已再無選擇。換言之，只得兩派合流，共同朝向爲亡君復仇之路前進。

赤穗藩再起無望之後，取吉良義央首級以慰亡君在天之靈，成爲浪士（一般泛指無所

【44】田原嗣郎「赤穗浪士」、日本大百科全書、小學館、檢索日：二〇一三年四月五日。http://100.yahoo.co.jp/detail/%E8%B5%A4%E7%A9%82%E6%B5%AA%E5%A3%AB%EF%BC%88%E6%9 7% A5% E6%9C%AC%E5%8F%B2%EF%BC%89/

屬、無職業之武士，此處指赤穗藩亡君之舊部屬）們生存的意義、心願和目標。在大石良雄的領導下，經過隱密、綿密的策畫，報仇計畫於一七〇三年一月三〇日遂行。闖入吉良宅第係於一月三〇日（舊曆十二月十四日）拂曉，由家老・大石良雄率領舊藩士四十七名（實際爲四十六名，途中寺坂信行一人，據說是受命回領地，報告此次復仇事件之詳情而未自首），通稱赤穗四十七士。

浪士們事前得悉吉良在邸內辦茶會的消息，而確定吉良未遠出。眾藩士皆覺此爲報仇的好時機，遂決定當晚拂曉之前，乘大雪紛飛之際，侵入吉良官邸，發動奇襲。浪士們成功進入吉良官邸後，他們費了好長的時間仍未能找到吉良本人，大家都非常焦急、緊張。因爲，天一亮、事態一暴露、幕府一知道，整個計畫將變成泡影。終於吉良被發現，在驗明正身後，被除下首級，獻於故藩主・淺野長矩之墓前（位於現東京高輪之泉岳寺），藩士們終替主公報了家破人亡之大仇。

復仇成功、祭拜亡君之後，大石良雄帶同全員四十六名，主動向幕府治安單位負責人自首。幕府暫將他們分散至四位（細川、久松、毛利、水野）大名（諸侯）的官邸處接受看管。雖名爲看管，但諸侯們對他們可相當禮遇。在幕府經過一定期間的調查議論之後，再加以審判。就結論來說，全員皆被命令切腹自殺，亦即宣布執行死刑。自襲擊吉良官邸後，經過約一個半月多，此事件總算告一段落。

二重主從關係

江戶時代的權力結構是極其嚴謹的幕藩體制。幕就是以將軍爲頂點的中央政府．幕府，藩就是以藩主（大名）爲頂點的地方政府．藩。幕藩形成中央、地方政府併行、上下隸屬關係之存在。亦即，所謂幕藩體制的權力二重結構是也。而以天皇爲頂點的朝廷，只能算是擁有權威，難以納入幕藩體制內之權力運作。

對武士來說，第一效忠對象當然就是直屬的藩主，其次是藩主的上司．將軍。亦即，將軍↓大名，大名↓家臣的所謂二重主從關係結構。就四十七士來說，捨身替主公報仇、洩憤、爲主公討回公道、洗刷恥辱，自屬義行。但幕府何以判處他們極刑。問題是此一義行如與終極效忠對象．將軍，造成對立、甚或敵對，則同樣的行爲也變成非義。

在幕府看來，他們的義行無疑地係屬違法亂紀之舉。是計畫性的殺人，犯上之行爲。因爲，幕府認定本事件吉良義央只是單純的被害者，淺野長矩則是完全的加害者。自無所謂的復仇、冤屈、恥辱之存在。但報仇事件發生之後，幕府也並非全無斟酌，譬如，對四十七士沒有使用斬首，死後也允許埋葬、造墓，算是做了一定程度的考量。至於針對吉良家，事件發生當初雖未直接適用「喧嘩兩成敗」之法條，但報仇行動事件之後，吉良累世世襲之官位、俸祿、領地等也全被沒收、革除、斷絕。

四十七士死後，後人皆以義人、義士稱頌，讚揚者具壓倒性多數。如，近松門左衛門的『碁盤太平記』、竹田出雲的『假名手本忠臣藏』等以本事件爲題材之文藝作品數量相當多，但也許這些作者不具武士身分，或只注意大名→家臣間關係，而忽略了將軍→大名，大名→家臣之二重主從結構。所以，批判四十七士之學者，如，太宰春台、佐藤直方等，算是極其少數。

一面倒的肯定四十七士爲主公報仇的忠義表現，而疏於注視在幕藩體制下的核心問題。亦即，二重主從結構關係裡的「義」，到底爲何物？換言之，當爲主公盡忠盡義之舉，抵觸了更高層次價値體系之運作和存在，如幕府本身之組織、制度等，忠義也就變質、變形。這是江戶時代身爲家臣之宿命-處在可能被二重結構所撕裂的風險中[45]。

幕府與浪士

討伐吉良義央成功後，對四十七士來說，事情就算圓滿結束了嗎？不，毋寧是另一番鬥爭的開始。如果是的話，他們就該在亡君的墓前，於獻祭完吉良首級之後，集體切腹自

【45】高橋富雄『武士道の歴史二』、全三卷、新人物往來社、昭和六十一年、一四二頁、參照。

殺，追隨亡君於九泉之下。『葉隱』書中，針對本案之評論指出：果眞在故藩主墓前全體自絕的話，那眞是太完美無瑕了。自純粹的報仇角度來看，那樣做的確更爲符應武士道美學。

但是，四十七士之作爲，不僅僅只是止於爲主公報仇洩憤而已。換言之，他們要表明不是出於私怨，而是履行武士理該踐行之道—爲主申冤。在此行動得到幕府的公認、正當化之後，此復仇始告終結。亦即，爲犧牲於官府政治運作下的亡君報仇一事，如未能得到來自官府的正認，事件不能算是了結，所以他們還不能死，這是大石良雄等藩士所訴求之立場，也是未在墓前自絕之原因。也就是說，他們必須超越侷限於赤穗藩主與藩士間之主從關係界限之武士道。

申言之，主公含恨而死，對方卻高官照當逍遙自在。其因在於主公竟然於殿中禁地，做出絕不被容許的又拔刀又傷人之舉，被當成犯了國法，而爲國法所制裁，而非爲吉良義央所害。現在，四十七士爲舊藩主復仇，縱然不是針對國法，卻難以擺脫與國法爲敵之窘境。因爲，依江戶時代的律法，武士個人進行報復、復仇是合法、無罪。但本案四十七士是有罪，因爲，任何人無幕府的調動兵馬之命令或許可，絕對不可在都城中動用武力。而赤穗藩士四十七名，擅自集結私鬥殺人，對幕府來說是不忠也不義，當然要受國法所制裁[46]。

所以，斬殺吉良雖實爲替主公報仇，但帳面上無可避免地一定要記上觸犯國法。就官府來說，明知他們的忠義，也不得不判他們死罪。也就是說，爲撫平主公之遺恨，四十七士必然得陷入與體制爲敵之困境。換言之，赤穗藩的藩士爲赤穗藩的藩主復仇是屬於個人的武士道。斬殺吉良義央就是以私害公，所以，無形中構成與官府・國法對峙之態勢。亦即，與天下國家爲敵，四十七士的死變成是必然的。

義與不義

本案最大的焦點在於四十七士既是義士，爲什麼要將他們處死。既接受國法制裁，就成了罪人，那義士又從何而來。既是義士又要受死，對此矛盾眞難以理解。能夠解開此一矛盾的是：爲撫慰含恨自裁而死的主公在天之靈，而進行刺殺主公之仇敵吉良，這雖從個人武士道出發，但所遂行、完成的卻是視復仇爲天經地義的天下武士道。四十七士未在主公墓前自盡，自首後對官府在言詞上雖極盡謙卑，但內心卻向官府做最大的抗議、吶喊和

【46】荒賀源外「忠臣蔵の謎と眞実」 雜学・事件の検証 檢索日：二〇一三年四月十六日。
http://ashigarutai.com/rekishikan_cyushingura.html

挑戰。

他們一方面表示：願受法律制裁，一方面也無言卻強力地向官府要求須循法律，給予他們復仇行爲應有的正當性。亦即，在法理的形式上他們是罪人，但自作爲一個武士所不可或缺、必須具備的武士道精神角度衡之，他們是義士。後者（義士）之評價，不只在民間，可謂在官府上下幾乎都擁有接近定論之共識。譬如，幕府指派負責看管四十七士的四個藩主（細川、久松、毛利、水野），他們咸認能接受四十七士託管是件榮耀的差事，對待原本是犯人的四十七士形同貴賓，但幕府對此竟也默認，毫不怪責，即是明證。

判決之始末

四十七士夜襲吉良邸宅至被命令切腹，中間相隔近約兩個月。判決終於底定，其過程到底如何？首先，來看看幕府對四十七士之判決文：「主人の仇討と申し立て、徒党を致し、上野宅へ押し込み、飛道具など持参、上野を討ったのは、公儀を恐れず、重重不届きである。よって切腹を申し付ける（申言係爲主公報仇，糾結黨徒，私自備帶雲梯等工具闖入吉良義央宅邸，斬殺吉良一事，分明目無法紀，嚴重違法亂紀。依此，命令切腹）」[47]。

短短的兩行判決文，不但決定四十七士的生死、名譽，也解決幕府陷入兩難（對四十七士是義士亦或罪人待之）之困境。同時也鞏固幕府之威信，更維護武士道健全之發展。此一判決，可能是四十七士，幕府，武士道倫理等三方都可以獲致妥協的最大公約數。亦即，一方面可兼顧各方需求，另方面又較能爲各方所接受。其到底是如何辦到的。以下，有關其中過程擬試略作探討。

對赤穗浪士事件、最直接、最有影響的意見或主張，至少有林鳳岡的「復仇論」、荻生徂徠的「擬律書」、日光門主公辨法親王的『德川實紀』等三種主張。

林鳳岡「復仇論」

林鳳岡[48]係江戶時代前期、中期之儒學者，官拜大學頭（相當於今日之教育部長），

【47】高橋富雄『武士道の歴史【全3巻】2』、新人物往來社、昭和六一年、第一九七頁引用、參照。

【48】林鳳岡（一六四五年—一七三二年）名信篤、字直民、號鳳岡。江戶時代前期・中期之儒學者。第五代將軍・德川綱吉之文治政治的推進者、功勞者之一。江戶時代的最高學府・湯島聖堂學問所（之後的昌平坂學問所）之最高負責人。任官從五代將軍開始，經六代家宣、七代家繼、至八代吉宗時歿。編纂『武德大成記』、著書『鳳岡學士集』等。對儒學之振興貢獻極大。

他對本件之意見大要如下：復仇之義見於禮記，亦可見於周官、春秋傳。就四十七士之心志而論，他們臥薪嘗膽爲報不共戴天之仇，明證深曉忍辱偷生非武士之道。但如就法而論，違法者必誅。因彼等雖曰繼承亡君遺志，然與天下之法爲敵之罪不可免。執而誅之，示於後世，所以明國家之典。二者雖不同，卻可並行而不悖[49]。

林鳳岡之見解可謂係典型的恩威並行之體制論。前已述及，爲主公報仇是忠。但犯天下之法實爲不義，罪行確鑿。所以，一方面承認其義行，一方面依法施予懲罰之外，別無他途。這就是他的所謂「二者不同，並行不悖」之道理。林鳳岡之立論，僅點出兩者可以平行，但未能明示二者合而爲一之道。終究不出於常識之論。

徂徠擬律書

荻生徂徠[50]的「徂徠擬律書」中，有關本件之論述，其概要簡略如下：義是求己自身

【49】高橋富雄『武士道の歴史【全3巻】2』、新人物往來社、昭和六一年、第一九八頁引用參照。

【50】荻生徂徠（一六六六年－一七二八年），江戶中期的儒學者、思想家、文獻學者。對朱子學批判相當辛辣，稱朱子學係「植基於臆測，不過是一種虛妄之說」。開發、確立解讀中國古典之方法論．『古文辭學』。著書：『論語徵』、『學則』、『答問書』。曾任第八代將軍．德川吉宗之政治顧問。赤穗事件中，與同情派的林鳳岡、室鳩巢、淺見絅齋等之態度不同，主張須命四十七士切腹。

光明磊落之道，法爲天下之規矩。以禮制心，以義制事。今，四十七士爲其主報仇，係武士知恥之表現。就求己光明磊落之點觀之，本件雖可謂之義，然如僅限其黨，畢竟不出個人私論。本件之緣由，本是淺野長矩不顧身在殿中，卻刀傷吉良遂而被處極刑，吉良也就因此成爲四十七士之仇敵。然四十七士未經官府允許大動干戈，卻難容於法。現判定四十七士之罪，如以武士之禮，處切腹之刑的話，上杉家[51]之期望亦不致落空，四十七士亦能守住忠義，如此方爲公論。如以私論害公論，從今而後，天下之法，豈能再爲天下之法。

以上之荻生徂徠之論述可整理如次：四十七士之報仇行爲，既使是武士追求光明磊落之道，但也僅限於其黨徒之義，係屬私論。屬天下之規矩的法，就是公論。以私論害公論，絕不能容許。所以，四十七士復仇之義，被當作私道定位於天下公法之下。因此，對待四十七士，理該「以武士之禮，命其切腹」、並可使「彼等不失爲忠義之士」，另方面

【51】上杉綱憲，係出羽米澤藩（現山形縣、秋田縣一帶）第四代藩主，領地有十五萬擔，屬大藩之一。被四十七士所斬殺的吉良義央係其親生父親，他讓自己的次男・義周，也就是吉良義央的孫子，又回來繼承祖父的地位・高家肝煎（禮賓司）。如此，二重、三重的關係，上杉家與吉良家，等於是一家，分也分不清。所以，荻生徂徠才有所謂的，如讓四十七士切腹死，對上杉家也能交代之語。

也可顧及上杉家之情面，亦顯示「官府之特別恩典」。

徂徠與林鳳岡所主張的「報仇的武士道」和「不得不加以處罰的法理」，此兩者是可以「並行而不悖」之見解有何差別？換言之，林鳳岡認爲兩者是對等的。而徂徠卻把武士道之報仇置於公法之下，明顯地公法高高在上，武士道低低在下。這是徂徠與鳳岡的不同。就正式的判決令而言，的確可以用徂徠的理論來解釋。但是徂徠的說法，不合當時社會一般所能接受的判決。將四十七士報仇的武士道，定義爲只是爲其黨徒之私，係屬爲一己之潔白、磊落之義的意見，相信四十七士內心定難信服，更遑論回應當時之輿論。就幕府本身，應只承認他的形式邏輯，實質邏輯，反而採用林鳳岡的武士道與法理並行之論述。

日光門主說

當時的將軍德川綱吉爲此案件，如何方得以獲致公允結果甚感苦惱。遂請教日光門主公辦法親王[52]，請其就本案表示意見。親王的見解大致如下：四十七士費盡苦心，終於達

【52】公辦法親王，江戶時代的天台宗僧侶，後西天皇的第六皇子・貴宮秀憲親王，以皇族身分出家。成爲僧侶後受封爲法親王。世稱：公辦法親王（一六六九年－一七一六年），別名：日光門主。同時管理毘沙門堂（京都市）、上野寬永寺（東京都內）與日光輪王寺・東照宮（栃木縣），並任天台宗座主（天台宗的最高僧）

到報了亡君之仇的目的。在此世上應再無遺留任何憾事。事到如今，即使再求赦免其死，如此忠義之士，當不致事二君。與其可能玷污彼等之餘生，不如在這當口，依彼等所願以彰武士之道。如賜其死，彼等之心志，當得以完遂。官府之公法得以扶正，天下之公論得以成就[53]。

親王之要義可約略如次：承認四十七士之忠義，以完善武士之道。因基於武士之道賜彼等切腹，所以命彼等切腹，反可視爲係讚揚彼等之義行。以上係日光門主之所見。如此之見解，很明顯地是武士道第一，官府法理第二。名譽是武士道的核心價値、重於生命。爲了維護武士道之名譽，而賜彼等切腹。等於對武士道賦予最高的敬意，官府法理既使有不捨，也只得含淚、忍痛執行。

與荻生徂徠的法理第一，武士道第二適好成相反。就徂徠之角度，命彼等切腹是爲了讓他們伏法，出發點不在爲了完善武士道。也超越林鳳岡的二者（武士道與官府公法）並行不悖之說。因爲，鳳岡無法兩者合而爲一，門主卻將四十七士之心志、天下武士道、冷嚴不可侵犯的衙門．幕府公法等，一體成型地串連、融合在一起。

等，係高僧中的高僧，亦爲有名的書法家。受到綱吉將軍的高度信任。

【53】高橋富雄『武士道の歴史【全3巻】2』、新人物往来社、昭和六一年、第二〇〇頁—二〇一頁參照。

日光門主之主張，也是最符合當時之社會輿論。社會一般之觀感認爲：四十七士之作爲，如此忠義，縱然夠不到褒獎表揚，但絕對不該與一般犯人一樣，以黨徒之罪處置。市井甚有主張，因彼等之忠義而應免其罪。據說將軍聽聞親王以上之說，即表相當服膺，官府方針就此定調。相對於徂徠「擬律論」中的道貌岸然、違反人之常情、一味地高舉森冷之公論。相對地，門主的立論是自情理出發，歸結於武士道至高無上價値・名譽之維護，最後再涉及國法，可謂周圓融通、公私兼具之論。

門主果然不愧爲一代宗師，其所見的確呈現氣宇軒昂氣象，這同時也是幕府無法掩蓋的眞情。亦即，有意赦免他們，但卻無法避免可能反而破壞他們的忠義。如同門主所耽心的：存活下來，難免被世俗之塵所污染。所以，未替他們求命，以便讓他們的盡忠之志，可以流芳百世[54]。而『葉隱』書中對武士諄諄告誡：當武士身處可死、可不死之際，不要三心兩意，還是要選擇早死爲是。這就是武士道美學的眞諦。因爲，短而燦爛才符合武士道死生之美學。

就幕府來說，重視他們的名譽，遵循武士之道，賜彼等以死，反可成全、成就他們的

【54】四十七士物語「綱吉と公弁法親王の会談」　檢索日：二〇一三年四月十九日。
http://yururi.aikotoba.jp/samurai/retsuden/kouben.html

武士之道。當然，也因他們的死，天下之法亦得以伸張。四十七士是日本三百年來家喻戶曉的武士道．忠臣故事，也是近世武士道典範之具現、結晶。整個事件反映家臣對主公之忠義，而這忠義正是用生命來展現。

爲替主公報仇雪恨、同時也是爲他們自己失去工作而洩憤（因爲自己所屬的藩被革了）、也對幕府處置不公（吉良沒有受到懲罰）表示不滿。令人印象深刻、欽服的是：爲了不要引起吉良家對他們可能採取報復行動之戒心、戒備，帶頭的家老．大石良雄於再起無望至發動夜襲之間，還裝瘋賣傻、表現意氣消沉，故意流連花街、酒色。原來，武士追求他們極致美學，除了用生命來塗布之外，也展現令人難以想像、捉摸的柔軟的一面。

小結

近世期之社會，係由中世末期之戰亂轉爲太平之世。在此背景之下，武士之使命、任務由軍人轉爲官僚。基於此變化，武士道之內涵自亦相應成立新體系。主流係以朱子學中的「五倫」、「五常」、職分（本分）論爲主軸之道德倫理規範。其次爲至江戶後期起備受重視的陽明學中的「知行合一」、「即知即行」之實踐哲學體系。再來是鍋島藩（即佐賀藩）退隱藩士．山本常朝（一六五九年—一七二一年）所倡導的「武士道就是體悟死亡之道」、以及越前藩（現福井縣中部）兵法家．大道寺友山（一六三九年—一七三〇年）

的「元旦的早餐起至除夕的晚餐止，時時刻刻都要有可死的決心」之訓誡。

亦即武士要完善盡忠職守，方能維繫美名、家祿、家業。其最佳捷徑就是要覺悟、信奉所謂的「貴死賤生」、「擁抱死亡」之觀念。如此，當可避免犯下不名譽之過錯，反可爲己保住名聲、爲子孫留下家祿、家業。換言之，是把死亡的位階壓低，卻把盡忠、保住美名、留下家祿的位階拉高。在死亡與忠誠、名譽等相衝突時，毫無猶豫的餘地，死亡應是第一優先該考慮的抉擇。總之，近世期的武士道精華與架構，係山鹿素行以朱子學爲淵源、範本的士道論、陽明學的即知即行哲學、山本常朝、大道寺友山等所倡導的重死輕生等之價值體系。赤穗浪士的爲主報仇，就是將上述武士道的抽象規範、理論等具象化，讓武士道脫離空理空論之境地。

赤穗浪士夜襲吉良宅第想像圖。

第三節　近代的武士道

日本的近代是指江戶幕府第一五代將軍德川慶喜將全國軍政大權歸還天皇（大政奉還）而結束二六〇餘年之德川家政權之後的時代；亦即其後成立的明治新政府恢復天皇親政、施行中央集權，強力掌控全國並全力展開一連串新國政以迄二戰結束之時期。時間上一般以明治元年（一八六八年）作爲分界點。換句話說，明治元年之前是近世，其後直至終戰則是近代。明治時代開始後，一系列的新政上路，其中與武士相關的政策是一八七一年實施的「四民平等」。此政策之旨意在徹底地瓦解身分世襲制。亦即廢除封建時代士農工商賤民等之身分制，實現全民平等，再無階級之分。政策施行後果然不出數年即達到除皇族之外，身分再也不能世襲而眞正落實全民平等。

質言之，不但法定上武士階級在一八七一年即被消滅，現實上自近代初期開始，武士階層已不復存在。可是，明治期的武士道比起其他時代，其興盛、澎湃之程度，只有過之而無不及。無武士階級卻充滿武士道精神，其實情究竟如何？明治時代開始經大正至昭和初期（自一八六八年-一九四五年）的大約不到一世紀之間，何以武士道之倫理、道德、精神等瀰漫、高漲，其背景、脈絡擬先略作探討。

一、國家危機與國威宣揚

西歐國家在一五世紀開始大航海之後，海權國家陸續登場，西力東漸亦隨之現實化。其結果之一就是亞洲國家在西方列強的自我中心主義底下，幾乎全被殖民地化。其中弱小國家不用說，連歷史上的泱泱大帝國亦難逃被殖民噩夢。譬如，印度、中國等。在東方國家紛紛淪爲殖民地的大浪潮中，直接衝擊日本的是一八五三年美國海軍提督斐利（Matthew Calbraith Perry）率艦隊向日本直接叩關要求開國通商，接著日本復於一八五八年與美、英、法、俄、荷蘭等五國簽下不平等條約。

當時日本已鎖國兩百餘年，這些衝擊如同在油中投下起爆劑，在日本國內引起一連串國家興革之連鎖反應。加上眼看隔壁的清朝（中國）老大哥在與列強對抗之際，出現形同以卵擊石之窘境和敗象，遂遭致割地、賠款，更讓日本有志之士憂心如焚，深深體認其國家正面臨存亡絕續危機。因之，全國志士興起大變革之決心和行動風起雲湧。明治維新就在此種國家危機意識澎湃之氛圍下產生。其後，如何可免於陷入被殖民地化及如何可早日解除不平等條約之束縛，成爲日本之國家課題。

對此，明治政府開出來的處方就是舉國一致團結在天皇之下，朝向富國強兵之路邁進。其具體的作法之一就是：從典章制度開始到食衣住行育樂的全面性歐化。譬如，聘請西洋教師、技師、成立內閣、開設議會、制定憲法、設立陸軍、海軍、穿洋服、吃牛肉、住洋房、造鐵路、公路、引進西方教育制度、跳西洋舞蹈等。

但在精神面則高度灌輸、宣揚神國精神與思想，將天皇神格化等。換言之，於物質面則積極而徹底地西洋化。精神、思想面則將日本全面性地神國化、神聖化、優越化。質言之，亦即神國爲體，歐化爲用。因此，在被殖民危機與不平等條約解除後，八紘一宇（天下成一家）之皇國思想不但陰魂不散，更變本加厲，繼而轉化爲對外進行擴張、侵略、征服行動時之正當性依憑。

譬如，一九世紀末至二〇世紀中期的大約半世紀期間，日本之對外重大征戰等事件即有：發動中日甲午戰爭、日俄戰爭、日韓合併、參加第一次世界大戰、成立僞滿州國、退出國際聯盟、發動中日戰爭、鼓吹大東亞共榮圈、於亞洲主戰第二次世界大戰等。前已提及近代已無武士階級存在，何以仍繼續有武士道之發展？簡言之，其實是與日本之近代對外態度與行動是分不開的。

二、被創造的傳統

赫布茲巴穆（Eric John Ernest Hobsbawm）在『被創造的傳統』[55]（The Invention of Tradition）一書中論証：在近代國家當中，很多被認定爲是「傳統」的東西，其實可以說都是在最近始被創造出來的，但卻也都稱是基於古老的傳統。所謂「被創造的傳統」是指在最近的時代當中始被編造、建構的，在形式上已被制度化的「傳統」或被確立下來的時期，有些短淺到連日期都可以被特定的「傳統」皆是。

相對於自然形成的傳統，被創造的當然是屬人工化的傳統。譬如，國旗、國歌、國家性祭典、紀念日、儀禮、英雄偶像、甚至於意識形態等。多數的這種「傳統」講極端一點是被編造或捏造出來的，其所以要說是來自傳統，是希望傳統爲它鍍金以加重其權威。

這些被儀禮化、制度化的象徵總避免不了與國家相掛勾。譬如，國家主義、愛國主義、民族主義等。不同的國家、依不同的目的，將各式各樣的傳統創造出來。創造傳統的

【55】赫布茲巴穆(Eric John Ernest Hobsbawm)一九一七年生，英國歷史學家，原英國共產黨員。劍橋大學博士、倫敦大學教授。『被創造的傳統（The Invention of Tradition ,Co-edited with Terence Ranger ,Cambridge University Press ,1983）』日文版：エリック・ホブズボーム著、前川啓治・梶景昭譯、『創られた伝統』（紀伊國屋，一九九二年）

積極性來自於這些被創造的傳統可以爲當時的國家、社會、執政者等之需要提供服務、貢獻[56]。

赫布茲巴穆分析歐洲於一八七〇年至一九一四年之間，大量製造許多「虛構的傳統」。而產生這些「傳統」的背景是：在當時社會急速傾向社會產業化之情況下，國民彼此之間的一體感、連帶感、認同感、命運共同體意識等之醞釀和鞏固上，都讓爲政者感到不安、缺乏自信。爲引導全體國民、往安定的社會前進，或爲達成某種特定目的，統治階層苦心積慮探求、試行各類方策，其結果就是出現大量這種「人工化傳統」。換句話說，是爲了人心的安定、社會的穩定、國家的進步，或特定目的之達成，「傳統」就被製造出來了。

因爲，近代人處於原有的各種、各類的價值、習慣、觀念、儀式等都遭遇激烈衝擊、變化的近代社會，人們的心靈難免會出現空洞，疏離、迷惘，爲塡補、撫平這些缺口、傷口，必然需要取得某些精神上的平衡、慰藉或替代。赫布茲巴穆論述：存在這樣的需求和

【56】鈴木康史「明治期日本における武士道の創出」、筑波大學體育科學系紀要二四、二〇〇一年。檢索日：二〇一一年七月三日。http://www.tulips.tsukuba.ac.jp/limedio/dlam/M50/M509115/5.pdf

功能，就是爲什麼「傳統」會被編造的原由。

被揑造的「傳統」的特徵是：依據一連串的儀禮性、象徵性行爲之反復，將特定之價值和規範灌輸、植入人心，且聲稱那些「傳統」都具有一脈相傳的連續性與來自悠久的歷史的連綿性。其實被隱喩與過去的「傳統」有所交集的論述亦全係虛構的[57]。準此，日本又是如何？此期間（一八七〇年—一九一四年）的日本正好也是近代國家的形成期。

近代期的日本一方面要對內確立國民國家（民族國家），二方面對外也要抵禦外侮以免被殖民地化、三方面更要國威遠播以提升國家地位（對外擴張）。於是圍繞近代天皇制的各種各類的「傳統」遂而產出。誇張、渲染要爲皇國、爲天皇效死、效忠的標語、口號、論述等紛紛出籠。山本常朝的『葉隱』中的：「武士道就是體悟死亡之道」，新渡戶稻造的『武士道』中的：高潔的武士道精神，正是這樣被宣傳成係具古色蒼然的大和魂、

【57】「伝統」の多くは最近創られたという画期的な論文集、二〇〇七年十二月二十五日　檢索日：二〇一一年七月十二日。
http://www.amazon.co.jp/%E5%89%B5%E3%82%89%E3%82%8C%E3%81%9F%E4%BC %9D%E7%B5%B1-%E6%96%87%E5%8C%96%E4%BA%BA%E9%A1%9E%E5%AD%A6%E5%8F%A2%E6%9B%B8-%E3%82%A8%E3%83%AA%E3%83%83%E3%82%AF-%E3%83%9B%E3%83%96%E3%83%96%E 3%82%BA%E3%83%9C%E3%83%BC%E3%82%A6%E3%83%A0/dp/4314005726

大和民族特有、且源遠流長的歷史「傳統」。那麼近代武士道的內涵到底如何？以下擬試略作探討。

三、軍人敕諭：軍人五德

一八八二年以明治天皇名義所頒布的「軍人敕諭」文長約有兩千七百字，前文揭示天皇係全軍之大元帥，意謂統帥權在天皇身上，係軍令系統的頂點。本文則明示軍人五德：忠節（忠貞）、禮儀、武勇、信義、質素（樸素）。後文則敘明須以誠心遵守、並落實以上諸訓誡。

「軍人敕諭」的頒布早於帝國憲法，且係天皇直接授予軍人。特別是忠貞的項目中有「勿為政論（政治言論）所惑，不受政治拘束」等之敘述。此節本意在於告誡軍人不可介入政治。但其後反為軍方曲解為軍方可獨立於政治，不受政府、政治家拘束，而成為軍國主義者，未必聽命於政府之依據之一。

「軍人敕諭」的前身係一八七八年以參謀本部長的名義公布的「軍人訓誡」，將其中的德目重加整理並予以補充後，再以天皇名義發布者即為「軍人敕諭」。旨在構築、建制天皇制軍隊的完成，故其主軸置於要求、強調軍人須對天皇絕對的忠誠與服從，所以忠貞擺第一。二次大戰末期，軍人瘋狂式地爲天皇無條件捐軀之行爲準則，可謂源自於此。

「軍人敕諭」之目的，亦在培養軍人精神，因之，頒布後即被當成軍人精神教育之根本。幕府時代武士效忠之對象，係下級對上級。如藩士對藩主，各藩主對將軍。其最終投射的集結點是將軍，而非天皇。但維新後，「軍人訓誡」或「軍人敕諭」頒布之用心，可謂皆在確立天皇係全國各界唯一效忠的焦點所在。

明治政府成立後，武士之處境如日落西山，繼一八七一年的廢除武士之身分世襲制（四民平等）之後、復於一八七三年實施徵兵令，變成平民亦可擔負保家衛國之軍人角色，但在此之前只有武士方可成爲軍人。亦即軍制往國民皆兵推進，原係屬武士階級特權的軍事任務，武士已無法獨占而被剝奪。封建時代的武士人口約占全民的五%[58]，徵兵制施行的結果，實質上變成全軍皆爲武士。換句話說，「軍人敕諭」中的忠貞、禮儀、武勇、信義、質素等之德目，自然也就變成帝國軍隊之軍人魂（近代武士道）主成分之一。

【58】田村貞雄「明治維新と武士道」、飛耳長目四六號。二〇〇五年三月十五日、檢索日：二〇一一年六月二十二日。
http://members2.jcom.home.ne.jp/mgrmhosw/bushido.htm

四、教育敕語的十二德目

「教育敕語」於一八九〇年以明治天皇名義頒予教育界，除適用於日本全國外，其後並擴及於朝鮮、台灣等殖民地，成爲全國學生修身、道德教育的根本規範。其中敘明國民的忠孝心是「國體的精華」、亦是「教育的淵源」。內容大要除概以五倫、五常爲本之外，再附以須謙遜、熱心公益、遵守法律等林林總總共列了十二項德目[59]。

令人印象深刻的反而是最後的第十二項：設有遭逢國難，須爲皇國效力，此爲國運永世昌隆之道。此說法不禁令人想起日本自一九世紀末開始，明明是對外發動征戰，政府卻說是國難。原來「教育敕語」中早已設定好可以如此利用、驅策、搾取國民之路徑。

發布「教育敕語」之背景，係明治天皇本身對道德教育高度關心，且政府高層亦感當時之教育方針太過偏於知識之傳授，而出現要求應往重視國民道德心之培養方向修正的聲音。此爲當時製作、公布「教育敕語」之主因。而「教育敕語」整體確實過度偏向國家中心主義，完全未提及日本國民在國際社會中之角色、任務等。一九二五年的治安維持法制

【59】十二德目：一、孝養父母。二、友愛兄弟。三、夫婦相和。四、朋友互信。五、恭儉持己。六、博愛眾人。七、修學習業。八、啓發智能。九、成就德器、十、公益世務。十一、珍重國憲、遵守國法。十二、一旦有事、義勇奉公。

定、施行後，將「教育敕語」當成是國民教育的思想基礎而被神聖化。繼而一九三八年的國家總動員法發布後，爲取得對所有人、事、物等之全面性支配態勢之正當化，軍國主義者甚至背離「教育敕語」之本意，將之當成軍國主義教典而大加利用。

亦即將對外侵略戰爭倒置爲共赴國難。將「教育敕語」中的德目轉化爲係忠君愛國之思想、表現和典範。軍人敕諭與教育敕語都是來自天皇之訓誡、呼籲與激勵。在兩者併用之下，事實上變成幾乎全民都接受忠君愛國思想之洗腦，其結果如同全民都成爲武士（有武士之實，無武士之名）。易言之，武士由幕府時代的五％、隨著日本帝國對外擴張行動遂行之需要，發展成幾乎百分百的國民都是武士。如果要說什麼是近代的武士道，忠君愛國思想自然成爲其主軸。幕府時代亦有忠君愛國之強調，所不同的是封建時期是忠於各自之主公、領地。而近代則完全指向天皇、日本帝國。

質言之，軍國主義利用天皇當招牌宣傳、廣告，以遂行其稱霸天下。在軟（天皇的訓示）硬（治安維持法、國家總動員法等之管控）兼施下而把國民大眾，驅策、催眠成人人皆是武士。因此，近代（戰前）所顯示的武士道特色之一是：當時的國民（武士）一方面對來自國家、政府的個人權利（自由權、參政權、社會權等）限制不表或不敢、不能表異議。另方面對國家、政府之要求則表示恭順並誓言絕對忠誠。

五、新渡戶稻造：武士道

本文所指的日本近代武士道，在時間上大約涵蓋明治、大正、昭和初期，亦即自明治元年的一八六八年起至一九四五年的二戰結束爲止。一般對此期間的所謂的武士道之認識，幾乎都以新渡戶稻造著作的『武士道』一書中所描繪的形象爲印象。加上『軍人敕諭』是把武士道精神轉化爲軍人精神，『教育敕語』則將武士道精神當成國民道德予以發揚、普及、而加以利用[60]。如此，武士道實質上就變成全民的道德倫理。

以上之倡導因皆源於明治期，所以，此期間有時又稱明治武士道。而將明治武士道發揮得淋漓盡致的時期是昭和初期。所謂明治期的武士道，前已提過其實此時期已無武士階級之存在，加上新渡戶稻造又未參照史實，但可能正因如此反可讓他只要借用傳統之名，即可自由自在地揮灑。這就是爲什麼近代的武士道，被譏爲只是新渡戶稻造所創造出來的武士道。

武士道的研究學者、專家或日本史家，大概都可接受如下之評語：新渡戶稻造所著之『武士道』一書，雖爲近代武士道論之代表，但其只不過是新渡戶稻造個人架空、忽

【60】常藤健「武士道概念の歴史的変遷に関する研究－古代から現代まで－」檢索日：二〇一一年七月十六日。http://www.waseda.jp/sports/supoka/research/sotsuron2009/1K06B144.pdf

視武士道史實之產物。亦即主要係依據他個人來自長輩或口耳相傳等之日本傳統倫理道德教化，經他加以整理、美化、理想化、系統化後所呈現的。講極端一點，是被他編造出來的倫理體系。所以此時期的武士道是與大和魂、日本精神、明治精神、國家主義等分不開的。

那麼新渡戶稻造的武士道爲何？前面章節已有敘述，現再將其核心重複如下：新渡戶稻造所描繪的武士道中的武士，可謂簡直就是東方儒家所追求的最理想的人物像・君子的化身，西方騎士道中的騎士、紳士的結晶體。

但新渡戶稻造的武士道論，可謂完全無視平安時代以降，以迄明治維新爲止之武士道變遷。武士道大體上可以一七世紀（江戶時代前與後）爲界，粗分爲一七世紀之前和之後兩類型。前一種是自平安時代後期（一〇世紀）起至安土桃山時代（一六世紀後期）爲止。此期間至少有所謂武士「一生不換七位主公不算武士[61]」之說法。因之，挑選、變換

[61] 藤堂高虎（一五五六年－一六三〇年）稱「武士たるもの七度主君を変えねば武士とは言えぬ（一生不換七次主公，不算武士）」。其係戰國時代至江戶時代初期之武將、伊勢津藩藩主。江戶時代開始強調不易、不事二主之儒家士道普及之後，在歷史小說、戲劇等方面常被當成「變節漢」「走狗」而被否定。但江戶時代的士道盛行之前，家臣們依是否可獲得與自身之貢獻度相符合、相對等之報酬而選擇所要追隨之主公，係武士司空見慣理所當然之舉。變換多少次主公，與不忠、人格卑鄙並無相關連。

主公如同鳳凰擇良木而棲般沒有那麼多負面，可謂係屬家常便飯之事並非萬惡不赦。站在主公立場看待此事當然是一種背叛，站在屬下立場則是本身有權利選擇理想的追隨者（主公）。此事之是非功過如何姑且不論，想說的是武士爲追求自身之功名利祿，更換新主在傳統上是稀鬆平常之事。

一七世紀之後指的是江戶時代的武士道。此時代有長達兩個半世紀之久的太平盛世之故，武士變成如同被拔掉牙的老虎，爲維持家業、家祿，只能像隻家貓一樣溫訓地聽命於上級。因爲太平時代武士無用武之地，力量無從發揮所以完全居於被動，實質上其功能被轉化爲只是一個受薪階級的官僚。此時代的中下級武士，現實上如同奴隸般是很卑微、卑屈的。

近代之前的這兩種類型，一爲挺起胸膛，強而有力的中世期之武士像。但大都以「有乳便是娘」之現實主義傾向去選擇、決定自認是理想的追隨者（主公）多。換言之，有英姿煥發的一面，也有輕易地背叛主人、笑裡藏刀、卑劣的一面。另一爲失去戰鬥員身分，轉化爲官僚體系一員的近世期武士像。態度戰戰兢兢、唯命是從之外，也有奴隸般對上級恭順的一面。到底何種類型才是武士的模範？後人該頌揚何種武士道？

新渡戸稻造所介紹、描繪的武士道體系幾乎都是忠貞、正義、誠實、謙虛、樸實、正直、高尚、廉潔的典範。可是平安時代後期之後的武士道史實是充滿武士在戰鬥中未能光明正大的臨戰，而是耍詐、欺瞞、偷襲，背叛主公、態度傲慢、生活奢侈等。所以歷史學家指新渡戶的武士道論係屬虛構之理在此。因爲，他只憑他自己的想像，且只取光明面，然後說這是武士道、大和魂。一般人既不知他忽視史實，現實上又已無武士可資印證，也就全盤接受他的說法。結果是適時地爲近代日本國家主義者、軍國主義者，提供強而有力的理論基礎和依據，以利於驅策日本國民。

六、『葉隱』：「武士道就是體悟死亡之道」

但傳統的武士的實像如何？現透過『葉隱（聞七-三一）』一窺其冰山的一角。「在隅田川（位於東京都東部）上有一武士租船納涼。其時有一莽夫擅自上船而被武士將之殺害。武士對船夫說：把屍體埋了，我會給錢。船夫依言在河灘埋妥後，武士復將船夫殺害後離開」。這樣的處置，對武士來說最俐落，因變成無頭公案，也就無任何糾葛上身。莽夫有可能是武士的敵對人馬，武士也許因不願自己藩內的內鬨爲德川幕府所悉，而被迫採取此等措置。但對無端被捲入的船夫、船夫家人來說情何以堪！所以傳統武士殘酷、醜陋的一面，是如此地令人心寒。

『葉隱』書中淳淳告誡、曉諭武士：「武士道就是體悟死亡之道」，但現實上卻將人命視如草芥、螻蟻，可能改成「武士道即殺人之道」當更爲貼切！『葉隱』的著者是佐賀藩（或稱鍋島藩，現九州北部）藩士山本常朝。該藩原爲龍造寺氏之領地，因內紛而爲現藩主・鍋島氏所簒。對家臣來說，如在戰國時代可伺機另覓更有力、有利之新主，但時代已是德川家穩如泰山般地掌握天下，留下的唯有死心蹋地地向鍋島氏效忠之路。否則一有動搖，適好予幕府廢藩之絕佳理由和機會。果眞如此，『葉隱』著者當然亦難逃淪爲一介浪人（無業遊民）。

爲今之計，向鍋島氏宣誓絕對忠誠之外，再無出人頭地之路。這就是『葉隱』闡明要對鍋島氏盡忠的出發點[62]。其實，著者的「武士道即體悟死亡之道」之論調，連在本藩內都被認爲深具危險，不被接受而列爲禁書。亦即『葉隱』一書在當時是鮮爲人知的。著者使用強烈的字眼、極端的比喻和邏輯，強調武士須勘破生死。二次大戰中日本陷入戰局不利之際，這句「武士道即體悟死亡之道」幾乎被斷章取義式的單獨抽調出來，並被奉爲係武士道之精髓，成爲金科玉律，爲國家主義者、軍國主義者操控純樸、熱血青年，以遂行

【62】山本博文『葉隱の武士道—誤解された「死狂ひ」の思想—』、PHP新書、二〇〇一年第一二六—一三八頁參照。

彼等野心時，提供最佳之魔咒。

與新渡戶稻造的『武士道』相同，山本常朝的『葉隱』書中的「武士道就是體悟死亡之道」在二次大戰之前與戰間期，帝國政府將對天皇的絕對忠誠，推進、轉化為國民道德及意識形態，軍人則義無反顧地為皇國捐軀。軍人敕諭、新渡戶稻造的『武士道』、山本常朝的『葉隱』等所提示的倫理、規範，都被當成傳統武士道的一部分，這些對當時想稱霸天下的野心家來說，無異皆為適時、適切的最佳材料。

小結

近代（明治期）之武士道對二〇世紀的日本影響最為深遠。其因之一係此期間已無武士階級存在，反讓有心者（國家主義者等）更易於利用武士道來遂行其野心（對外擴張）。之外，明治維新前後，對外遭逢被殖民危機，對內則面對士族反亂。再再都需要團結力量以克服內外困局。號稱萬世一系的天皇，是唯一可以跨越官民、派閥、區域等之界限。執政者深諳如要應付內外危機，抬出天皇是整合全國上下、集結大小力量最佳之利器。

一八七七年之後日本國內之內亂完全終熄，在中央集權下，日本帝國其後一路邁開腳步，衝向富國強兵。一八八二年的軍人敕諭中的忠貞、禮儀、武勇、信義、質素（樸素），一八九〇年的教育敕語中以五倫、五常爲主軸的十二項德目、一九〇〇年新渡戶稻造的『武士道』中的高潔的武士道倫理、規範與精神、以及昭和初期起特意揭示、宣揚一八世紀初期問世的『葉隱』中的一節：「武士道就是體悟死亡之道」等之要素，構成明治期武士道之架構和內涵。

明治期以降的國家主義者、對外擴張的野心家、迷信武力的軍國主義者，以天皇爲中心且將之作爲媒介，號召全國人民無論在精神上、物質上皆應爲天皇犧牲、奉獻。其中心思想的形塑就是來自天皇的昭示，以及號稱傳統的武士道．大和魂、或日本精神。二戰末期軍民間的視死如歸，就是這些教化的具現。但這些所謂傳統的倫理道德規範，衡之史實其實是有所出入，且相當偏差的。

依赫布茲巴穆所提示的概念、理論，其實是執政者爲達到某些目的而刻意編造出來的。明治期武士道之出現，新渡戶稻造雖未必爲迎合統治層（新渡戶稻造其實亦屬廣泛之統治階層）之意圖而著作，卻正好吻合赫布茲巴穆所提示之概念。所以，明治期的武士道可以說是人爲創造成分多，而非眞正淵源於歷史傳統是可以肯定的。

以上係武士道之時代別相貌，亦即從文獻上以及歷史發展之縱深爲軸，依不同的時代面向進行探討。換言之，即在呈現武士道在時間長河上之變遷和形象。以下擬試摸索武士道與切腹、佛教（禪宗）、儒教（儒學）、神道教等之關連性。易言之，亦即試圖探查武士道哲學思惟內涵之深層源流，俾利吾人明確掌握武士道完整之樣貌、特徵等。

第四章　武士道與切腹

前已述及一提到武士或武士道，總難免讓人聯想到切腹自殺。爲何如此，究竟其因何在？以下擬試略作探討，首先，先就切腹的歷史稍作說明。就武士道的切腹有記載可考者是「保元物語[1]」中所描述的「源爲朝[2]」。根據該書所述：源爲朝的切腹自殺是在嘉應二年（一一七〇年）四月、時年三二歲。「向近逼而來的敵方軍艦射出所擅長的強弩之後，轉進屋內，背靠樑柱，立姿自行剖開腸肚」。這是保元物語中所描繪的源爲朝生命終點之場景。被認爲係武士以切腹自殺身亡的第一人。當然，之前非武士身分者使用同樣手法自殺者，當亦不乏人在，只是本文未能多予申論。

保元物語問世的時代，係屬鎌倉幕府之前期，如眾所知，其時之日本係源氏所建立的天下，著者對當朝的源氏、或多或少可能存在，縱令是針對歷史人物（特別是屬源氏家族）也會有幾分賦予尊重或忌諱。因之，在描述源氏武將在戰場上之表現，對其英勇難免

【1】約問世於鎌倉時代（一一九二年－一三三三年）前期，共三卷，作者、成立年代皆不詳。係以描繪源爲朝在「保元之亂（一一五六年之朝廷內鬥）」中之勇猛、勇功爲中心之軍旅故事，亦係軍中傳記文學的先河，爲和漢混合文體，對後世文字影響頗大。

【2】一一三九年－一一七〇年。平安時代末期之武將、源爲義之八男、被譽爲世上無雙之弓矢達人。身高二一〇公分、容貌魁偉、勇猛剛強、威風八面。保元之亂時擁護崇德天皇陣營失敗後，被流放於伊豆大島（現屬東京都），後復成伊豆諸島之土霸王而再遭追討，遂切腹自盡，被認爲係武士以切腹自我了斷的史上第一人。

流於誇張、對其稱讚亦難免流於溢美。但不管如何源為朝的切腹之舉，確是開武士切腹自殺之先河[3]。

第一節　最痛苦的自殺方式

佛教有言所謂的四苦八苦[4]，死亡之苦即是其中之一，所以其痛苦程度之深當無疑義。於是得一好死、不得好死等語，遂成爲一般人企求之福報或詛咒他人之呪語。對於死亡之苦，自然死另當別論，如談到自殺的話，如何減少死時的痛苦，該爲當事者進行類別選項時重大考量因素之一吧！但切復自殺卻恰恰與減輕死亡時之痛苦程度和縮短痛苦時間長度之願望相反。六月寒的銳利刀鋒自行刺入無骨無筋軟如海綿的腹部，再橫切或縱切繼而劃開，然後血如泉湧、血流如注，但卻不會立刻斷氣、絕命。必須忍受無邊無際的痛苦。

【3】大隈三好『切腹的歷史』、雄山閣出版、平成七年發行、第一六－一七頁參照。

【4】四苦是指：生老病死。八苦是指前述的四苦再加上愛別離苦、怨憎會苦、求不得苦、五陰盛苦等合計共爲八苦。所謂四苦八苦亦有泛指人生所有一切苦之意。

一般形容生理、心理上的最痛和最苦時，有所謂的猶如「斷腸之痛」、「有如刀割」等之說法。切腹就是名符其實的「斷腸」「刀割」。由這些話語，不難想像切腹之痛苦程度。加上血腥氣味、血淋淋的現場，其慘不忍睹之狀實亦不難想像。但武士爲何要選擇此一最痛苦的自殺方式？一言以蔽之。如此方足以展現武士之所以爲武士也。

一、為何選擇切開腹部

首先，先來釋明爲什麼武士要選擇腹部作了斷生命的部位，以下擬引用新渡戶稻造在『武士道[5]』書中，關於爲什麼要選擇切開腹部的經典名言。「私は己の魂が宿るところを開いて、その状態をお見せする。それが汚れているか、潔白であるか、とくと貴方の目で確かめよ（我將我自己的靈魂居處敞開，讓你看看它的樣子。是潔白？還是齷齪？用你的尊眼好好檢視！）」。這是針對爲什麼武士要選擇切腹之緣由的最簡要的說明。換言之，武士認爲腹部是魂魄、心志、良知、良能之所在。所以，當武士需要表明、表示負責、盡忠、贖罪、歉疚、眞誠之際，或爲上司、同儕犧牲，或爲証明本身之清白、磊落，或爲維護自身名譽就會以選擇切腹來明志。亦即，生命的根本源頭就在腹部，武士以展現

[5] 新渡戸稲造著、岬龍一郎譯『武士道』、PHP研究所、二〇〇三年、第二四頁引用。

靈魂原鄉來作終極的盡責、告白或表白，就是切腹。

此處再引用一下新渡戶的『武士道[6]』書中敘述。「名誉が失われたとき、死ぬことは救い、死は不名誉からの確かな隠れ家（失去名譽時，死就是得救。死是遭遇不名譽之際最好的避風港）」。因之，對武士來說，死並非悲慘的結局，而是一種昇華與解脫。

二、武士之所以為武士

前已述及爲什麼稱切腹爲最痛苦的自絕手段，主要是因爲切腹在肉體上的痛苦程度及時間長度上，相較於其他方法、方式，譬如，自刎、自縊、投水、跳崖、服毒等可謂多又久。且切腹是公開在眾目睽睽之下進行，其肅殺、冷酷、血腥、苦楚等再再都難以令人正視。武士爲何要選擇如此辛苦的死法，簡言之，正因如此方足以顯示武士之勇氣、決心、氣力、武勇與了悟之氣概與心境。

所以，不管是哪一時代的武士，對於有可能陷入被譏爲膽小、卑怯、懦弱等嫌疑之舉或危疑之境時，都是武士極力意欲避開的。因爲，作爲一個武士最不能承受、容認的是不名譽之類的標籤，是比死還要可怕、可憎的。所以，爲具現武士之所以爲武士，進行切腹

【6】同前注。

自然足可不言而喻地充分展現武士可以勇敢的死，磊落的死，乾淨俐落的死；也就輕易地可以去除卑怯等不名譽之標籤。因之，切腹即使是最痛苦的死法，也只能甘之如飴[7]。

所以武士必須自幼不斷透過肉體上與心性上，兩面同時長期嚴格而無間之鍛鍊、磨練與錘煉。譬如，武士的小孩在兒童、青少年時代，經常特意被帶往死刑場看驗屍，臨場時臉色即使是一點點也不可以改變。回到家，用紅梅干的果汁淋上白飯，讓飯染上血的顏色，叫小孩要大口吃到飽。目的在爲了驅趕掉內心深處的恐怖之念。另外有叫「練膽」的功課，如一個人走夜路、上亂葬崗、夜間到墳墓場或去沾梟首者屍體的黏液拿回家等之訓練[8]。

另在冰冷的冬天，則赤腳走路或沖洗冷水澡等。武道方面則劍術、柔術、弓矢槍法等武藝免不了皆須有一定程度的修爲在身。心性上則鑽研儒學、佛學、修禪打坐、信奉神道教等。沒有此種內在和外在的淬煉、苦修，是絕對無法達致當面臨最痛苦的死亡，可以淡然冷靜、無由驚怖之境界。且可以不慌不忙、行儀如常地從容自我利刃加身、果敢了斷生

【7】大隈三好『切腹的歷史』、雄山閣出版、平成七年、第一七—二八頁參照。

【8】渡邊誠『禅と武士道』、ベスト新書、二〇〇八、第四七頁（原出：小泉八雲『心—日本の内面生活の暗示と影響』、平井呈一譯、岩波文庫）參照。

命[9]。

歷史上中土武人、戰士、英雄等自戕，典型上採取的大多是自刎。這可能是秘密且在一瞬之間去進行，自然較難顯現當他們面對臨終有什麼深刻的哲理、信仰、實踐等之理念在支撐。而武士在切腹場上的行動和能力之呈現，就是武士道在武士身上鐫刻下的斧鑿痕跡。武士道蘊涵對武士之薰陶、滲透、冶鍊就在於此。

第二節　尊嚴的死

自殺的定義，如果只是「用自己的手或意志結束自己的生命」的話，那切腹確實是自殺。但切腹絕非單純的自殺，而是一種死罪的懲罰。但此一懲罰還保有對武士的優待、禮遇。換言之，武士犯了某種過錯或如前所述可能爲了贖罪、避免不名譽、肩負責任等而必須付出生命的代價時，於是就面臨如何結束生命。如同樣都是犯了死罪，一爲平民，一爲武士的話，平民自然毫無疑問地是被斬首，而武士則有權利被賦予切腹，而免於被斬首。

【9】大久保喬樹『日本文化論の系譜—武士道から甘えの構造まで—』、中公新書、二〇〇三年、第二三—二六頁參照。

易言之，切腹是武士的特權之一。

武士爲享有此一特權雖帶來肉體上相當痛苦的死，卻能爲武士保有尊嚴、維持名譽，並展現武士的勇武、凜然與悲壯。武士和平民同樣犯了死罪，執行上雖然基本上都要處死，但過程和方式不同。所以切腹不能單純只解釋成是自殺或處刑之理在此。換言之，對武士來說，切腹是光榮的自殺、有尊嚴的受刑。在中土對官員（統治階層）的賜死一般是命其吞金、服毒等。在日本武家政權建立（一二世紀）之後，對官員的賜死就是命其切腹。

一、慣例化

平安末期開始出現武士以切腹結束生命，此舉遂而形成慣例。但切腹的理由，經中世至近世初期爲止的大約四百年間之演化，除有某些例外之外，全皆係緣於因身陷俘虜，武士爲避免被敵方斬首，自行先自我了斷之一種自決行爲而已，尙無光榮或尊嚴之死的評價存在。近世初期之後，切腹由慣例而儀式化，但眞正完整地被規制化約在一八世紀的享保年間（一七一六年—一七三六年），亦即其後切腹儀式制度化成形，並作爲官方對武士執行死刑之方式，約維持一世紀半，直至一八七三年始被廢止。而切腹的理由不單只是爲了被俘虜，而是有如前述會因負責、盡忠、名譽、爲主公殉死等，而變得更加複雜化。

特別是殉死，可謂扭曲了切腹的嚴肅性。譬如，殉死在室町時代就有發生，到了江戶初期演變成一種流行、一種美德。換言之，殉死的近臣可以得到好名聲之外，更有其子孫可能因此而獲得加官晉爵之機會[10]——如允許殉死者的遺族可以承繼家業或俸祿加給等。反之，未殉死之近臣則有可能陷入見人抬不起頭來之虞。

殉死的切腹大約可分爲追腹或供（伴隨）腹、義腹、論腹、商腹等[11]可謂種類繁多。江戶初期切腹殉死盛行，主公一過世，近臣們可謂爭先恐後地趕赴殉死也不爲過，其程度達到幕府必須制定法律予以扼止，一六六三年的「殉死禁令[12]」就是明証，可想而知當時

【10】加來耕三監修　岸祐二著『図解雑学　武士道』ナツメ出版社、二〇〇六年、第五〇頁參照。

【11】追隨主公之後切腹殉死的謂之「追腹」或「供（伴隨）腹」。眞正向主公表示盡忠義、忠誠而切腹的謂之「義腹」。因爲某人殉死自己亦非得殉死不可之理由下而切腹的謂之「論腹」。抱著殉死可以爲子孫謀榮華富貴的切腹謂之「商腹」。但歷史上，不承認有商腹的事實存在，因爲沒有殉死的子孫因此而飛黃騰達的記錄。http://ja.wikipedia.org/wiki/%E6%AE%89%E6%AD%BB

【12】寛文三年（一六六三年）江戶幕府公布「武家諸法度（當時的法律全書」之際，附帶也宣示殉死之禁。一六六八年宇都宮藩主奥平忠昌死亡，有近臣爲此殉死，新藩主奥平昌能馬上受到幕府減俸二萬擔，封地被迫換到更偏僻的山形縣之處分，且殉死者的遺子被處以斬首之罪。如此嚴厲的處分之後，殉死者始漸漸消聲匿跡。一六八三年在「武家諸法度」中將殉死者之禁的條文正式納入。此際幕政從武治往文治移行。正値進

切腹殉死者絡繹於途之盛況。其所帶來的弊害就是造成無謂的犧牲、無端喪失優秀賢能之士。使得繼位者難以在短時間內無縫接軌地推動政務。

二、儀式化

一八世紀初期，切腹作爲執行武士死刑之方法經定型後，其制式化作爲隨即登場。切腹之人稱切腹人。從事陪伴切腹人，待其切腹後將其頭顱砍下，並呈請檢視（驗屍）官相驗等工作者，稱介錯（日文之意爲照顧、幫忙）人。是協助切腹現場順暢運作的靈魂人物。近世初期之前無配置介錯人。切腹人切腹後，必須忍受直至斷氣爲止的煎熬，其慘不忍睹不難想像。亦曾有切腹人拖至翌日始斷氣之記載，其間掙扎、翻滾，滿屋血漬，可見悽慘壯烈之狀。儀式化後，切腹人可以選定自己最親密、最信賴的友人但必須是劍道高手（一刀即可砍下頭顱）當介錯人。介錯人的職責就是讓切腹人減少肉體上痛苦掙扎的程度和長度。因此，介錯人必須能一刀下去，即可適切地砍斷切腹人的頭顱方才適任。但最高段的介錯人是不會將頭完全斬斷，而是在頭顱與身體之間刻意保留一層皮，始不致讓頭與

入第四代家綱、第五代綱吉的治世期，同時也是傳統的武士道轉化爲儒家式的士道的醞釀、形成期。下村效編『日本史小百科』、東京堂出版、平成五年、第一九二頁參照。

身完全分家。

介錯人的原意本為避免切腹人之首級落入敵方之手所採行之措施。制式化後介錯人通常會配置正副二人，亦有三人的情形。三人的話，砍頭的是大介錯。將盛有切腹用短小的四方小台座端至切腹人面前的是添介錯或稱助介錯，亦即助理介錯。最後將切腹人首級送請檢視官驗証的稱小介錯等三角色。至於切腹的場所，如屬具諸侯（藩主・大名）身分等上級武士的話，是在看管人[13]的官邸內或宅第內進行。比諸侯身分稍低者之切腹場所則設於看管人家裡的庭院之前。身分再低下的話，則直接在監獄中執行。兵卒與庶民之切腹則不被允許。

切腹有分「一文字、二文字、三文字、十文字、立腹、鎌腹、扇腹[14]」等的切法。主要是指短刀的使用方式而言。另有屬心態方面的切腹的種類，如「無念腹、蔭腹、詰

【13】武士犯了罪在未執行前，幕府會將犯罪武士交給某諸侯看管並將之監禁於其宅邸中。

【14】在腹部以一字型剖開謂之一文字。在腹部先於肚臍以下以一字型剖開後再於肚臍以上與第一道傷口平行復切一道傷口謂之二文字。三文字則是二文字之後再橫切第三刀，在腹部共有三條平行傷口之謂。十文字則是在腹部縱橫作十字型之切腹。亦即，第一刀先橫切之後，第二刀再從心窩處縱切至肚臍以下謂之。立腹係站立切腹之謂。鎌腹則係指庶民使用鎌刀（割草農具）進行切腹之謂。扇腹係以扇子代替短刀進行切腹之謂；實際上扇子當然不可能刺入腹部，不過是以扇子當短刀做個切腹樣子的動作，介錯人當即揮刀斬下其頭，完成切腹儀式。

腹[15]」等。

第三節　現場・實例

以下擬邊介紹實例邊呈現切腹現場之儀式及其過程。一八六八年（明治元年）二月四日的神戶（現神戶市）事件[16]和同年三月八日的堺（現關西空港附近）事件[17]。日本於一

---

[15]此處所列皆係指爲什麼要切腹的理由；所謂無念腹係指在憤恨、遺憾、懊悔等意念下走上切腹之路之謂。切腹並不只限於男性，女性亦不稀奇。女性如在被男人背叛或妒火如焚的情況下的切腹，就是百分百的無念腹。蔭腹則是指臣下對主公的一種諫言方式，亦即在自家切腹並將傷口包紮後，登城求見主公，進行死諫之謂。主要是戲劇中對忠臣的描述與表現手法。詰腹是指本人並無意切腹，而是被周圍勉勉強強逼上切腹之謂。大限三好『切腹の歴史』、雄山閣出版、平成七年、第九九－一〇四頁參照。

[16]一八六八年二月四日下午一點鐘左右，備前（現岡山縣）藩的士兵隊伍正要通過神戶市三宮神社前，住在附近的法國水兵二名想要穿越隊伍，這在日本人看來，連法律上（武家諸法度）都有規定的，是非常失禮的舉動。見此情形的第三砲兵隊長・瀧善三郎持槍予以制止，因語言不通，對強行要穿越的法國水兵，善三郎使用槍械而讓兩人負輕傷。接著又對剛好在隔壁街踏查外國人居留預定地的歐美諸國公使作水平射擊，不知是不是沒有殺意而只是威嚇或是訓練不足，幸好都未打中，完全沒人傷亡。事後，西洋各國嚴重抗議，一時發展成外國軍隊占領神戶市中心之事態。最後爲事件的解決，遂以瀧善三郎之切腹做收拾而落幕。
http://ja.wikipedia.org/wiki/%E7%A5%9E%E6%88%B8%E4%BA%8B%E4%BB%B6

八五四年開國之後，復於一八五八年與英米俄法荷蘭等五國簽定不平等條約。西洋列強開始派遣駐日外交使節、職員，同時商人、僑民等亦開始居留日本，當時他們也都享有治外法權。這兩事件都是因爲外國（西洋）人在日本居留時所發生的異文化摩擦和衝突的典型事例。且很湊巧，事件發生的時機剛好是江戶（德川）幕府與明治新政府政權更替、轉移的過渡與銜接期。

【17】一八六八年三月八日下午三時，法國軍艦爲迎接其領事等駐外人員而開進堺港（大阪府中南部），一方面進行測量，一方面有數十名水兵上岸逛街。黃昏時土佐藩警備隊長箕浦豬之吉（第八隊長）、西村佐平次（第六隊長）等命令這些逛街的法國水兵回他們的軍艦，但因語言不通，無法溝通。導致藩兵有意把法國水兵帶走，而水兵當然不服想要逃跑，遂發生衝突。最終是藩兵開槍射殺或推落灣內讓其溺死等，法國水兵共有一一名犧牲。事件後四天，法國公使向日方提出包含肇事者的處死刑、對法方謝罪、賠償等在內的抗議書。明治政府不得已於三月十五日答應賠償美金一五萬以及開槍者的死刑等所有法方的要求。亦即箕浦、西村等四名的指揮官負起責任處予死刑外，另選一六名隊員共二〇名同判死刑。土佐藩警備隊員們原主張堺港並非對外開港之港口，外國船艦本不該進港。所以發生衝突的「非」，其責任不在警備隊。後經高層說服同意爲國犧牲。三月十六日大阪裁判所宣判後，隨即於堺市的妙國寺進行切腹儀式。此事件讓西方人對日方警備的野蠻行徑感到相當震驚、震撼。因爲不是逮捕而是隨便就開槍射殺外國人。
http://ja.wikipedia.org/wiki/%E5%A0%BA%E4%BA%8B%E4%BB%B6

切腹儀式之一。

一、外國人監視下的一人切腹・神戶事件

發生神戶事件之後，由瀧善三郎（武士）以切腹負責，我們來看看當時的場景。『我們（七人的法國使節團）由日方的檢視官引導，進入寺院的正廳，切腹的儀式就要在這裡舉行，其嚴肅莊嚴的光景令人難忘。（省略）正面佛壇之前，設有較地板高出三、四寸的座位，謂之高座。那裡鋪著美麗又潔淨的榻榻米，其上覆蓋以紅色毛氈。隔著適度的間距擺著高高的燭臺散發出暈黃的光芒，照亮全場。

日方檢視官七人坐於高座的左側，我們（法方）七人坐於高座的右側，其他並無旁人。在肅殺和不安的氛圍中過了數分鐘。不久，三二歲散發高貴氣質的偉丈夫・瀧善三郎、今日的切腹人靜靜地走進場，身穿和服的正式禮服。由一個介錯人和三名披著金色刺繡上衣的官吏陪同。之後瀧善三郎由介錯人陪同，緩緩地走向日方檢視官，二人極其莊重地向檢視官鞠躬行禮，再走向我們，同樣非常莊重的行禮鞠躬。雙方的檢視官都很嚴謹的予以答禮。

接著切腹人可謂正氣凜然、威風堂堂地上了高座，先在佛壇前二次鞠躬敬禮後，就背對佛壇跪坐在紅色毛氈上，介錯人則蹲立於其左側。其時，陪伴進來的三位官員中的一人，捧著三方（平時拜神佛時盛供品用的四方形小台座，三面留孔故稱三方。切腹時切腹

用短刀之刀鋒，部分以白紙包捲好後，置於此小台座之上，該匕首長約九寸半，鋭利無比）往前，向切腹人敬禮後交予切腹人。切腹人恭恭敬敬地接過三方，高舉於頭頂後置放於身前。

切腹人再度深深鞠躬後，朗聲說道：「在下一人愚蠢地犯下錯誤，在神戶命令部下對外國人開槍，即使外國人已要逃跑，還下令開槍。在下在此爲該事件負起責任，進行切腹。對列席的諸位、檢視官等的辛勞致上歉意」。切腹人講這些話時，從聲音上可以感知些許切腹人痛苦告白的激動與躊躇，但在態度和表情方面，則絲毫未顯現。

說完話後，再度一鞠躬，然後退下上衣，赤裸上半身。依慣例慎重地將退下的上衣兩袖各壓在兩邊膝蓋底下，以免向後仰翻呈現不雅的死狀。因爲，有身分且了不起的武士，其死亡姿勢一定要向前傾俯。善三郎以緩慢但鎮定的手勢，慎重地拿起眼前的短刀，以一種宛如關愛的眼神看著這把短刀，一瞬之間，顯現心思彷彿馳騁於終極覺悟之鄉一般。

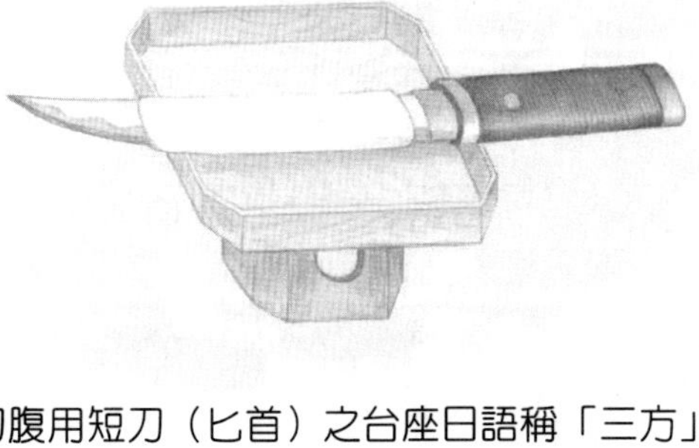

盛切腹用短刀（匕首）之台座日語稱「三方」。

下一瞬間，善三郎將短刀深深地刺入左腹下，緩緩地往右拉移。接著刀尖變換方向，稍稍往上拉切。其間的動作隨著無以倫比、無以名狀的疼痛，表情卻一無變化。接著將短刀抽出，身體稍向前傾伸出頸項的時候，臉上始掠過一抹苦楚的表情，但完全沒有發出聲音。於是，蹲立在旁注視著整個情況進展的介錯人站立起來，長刀高舉，白光一閃，只聽見鈍物落地的聲音，頭與身體分了家。

堂內陷入死寂，只有哆哆噴血的響聲打破沉寂。一瞬之前，彬彬有禮的偉丈夫、漢子、勇者，頓成天人永隔。死生一瞬，不忍卒睹的無常景光，眞是令人毛骨悚然。介錯人深深一禮，用預先準備好的白紙擦拭刀身後走下臺。沾滿血跡的短刀，作爲已執刑的証據，愼重、嚴整地被送走。不久，日方的兩位檢視官離開座位，走向我們表示：瀧善三郎處刑的儀式已順利執行並完成見證，儀式到此結束。於是，我們離開寺廟。」[18]

二、遠播國際的集體切復・堺事件

以上是神戶事件的執行現場過程，下面是同年三月的堺事件。兩場切腹不同的是：神

[18] 譯自實錄・切腹http://ikuji.g.ribbon.to/seppuku.htm以及新渡戶稻造著　岬龍一郎譯『武士道』、PHP研究所、二〇〇三年、第一一六頁—一二〇頁

戶事件的切腹人只一人，堺事件卻有二〇人。當執行到第一一人時，見證者之一的法方軍艦艦長·Dupetit-Thouars向日方的外事局法官·五代才助要求中止切腹之執行。因之，就結果來說，實際上有九人因此而得救，免於以切腹被處死。爲什麼要求中止？一說爲：時已暮色蒼茫，艦長怕在回返艦上途中被襲擊而要求提早結束，以便天黑前回到艦上。

另一說爲根據艦長本人的日記表示：當然也有摻雜對武士抱持同情的念頭，但實際上是體悟到以這種方式的處刑，不要說無法達到我（法）方所希望的造成對日本武士的警戒（不可加害外國人），反而是助長將這些武士英雄化。所以，當切腹者達到與法方所犧牲的水兵人數同樣是一一人時就要求中斷。這是艦長的自白。

執行集體切腹的當天，其現場警備由熊本藩、廣島藩擔任，明治政府外國事務總裁山科宮以及國內要人、還有廣島、熊本、土佐等藩的高官亦立會；法方則是駐日公使·羅修爲代表。堺事件與神戶事件的切腹現場，皆同樣採制式化切腹儀式。所不同的是堺事件的切腹人表現得更爲激烈。

譬如，『第一個切腹的是箕浦豬之吉隊長，他怒髮衝冠面對法國人大叫：「法國佬！我痛很你們！老子不是爲你們而死，而是爲我皇國。我死了，還要七次輪迴轉生，來殺你們。今日且讓你們見識一下我日本男兒的切腹！」於是將匕首反手深深刺入左腹，先往下切約三寸後再往右迴拉後，再往上切開約三寸後停手。腹部血如泉湧，箕浦還伸手進腹內，欲將自己的腸肚掏出拋向列隊的法國水兵。目睹此景的介錯人．馬淵桃太郎感到驚慌，急忙地就要斬下箕浦的頭。但因不夠鎮定的關係，只砍到箕浦的頸項上部，所以，切腹人還對介錯人安慰說：怎麼啦！心靜！心靜！介錯人再度下刀，這次雖深入氣管，但頸部僅往前傾斜，未能落下。切腹人再大叫：還沒死，再砍！再砍！介錯人再下第三刀，好不容易終於砍斷。讓法國人看得心驚膽戰、五味雜陳、坐立難安。

第二位切腹的是西村左平次隊長，他從容自若，面帶微笑進行切腹。但心急的介錯人卻在西村尚未完成整個切腹過程時就揮刀，讓西村的頭顱彈到五公尺之外。相對於前一位介錯人的不及（用了三刀），後一位則是過之（提早用刀、暴衝）。同樣都是不是一流的介錯人。可見切腹現場心定（精神力）修爲的有無是無可遁形的。就這樣，一個接著一個切腹。切到第一一個人之後，感到極端不舒服（厭惡、噁心、反胃）的法國駐日公使．羅修，連招呼都未打就率同隨行人員離開。剩下九人，仍想繼續進行切腹，但因法方見證人已離開。在無見證人的情況下，是不能進行切腹的，這九人遂免於被犧牲…[19]』等之記

【19】山本博文『日本人の心　武士道入門』、中經出版、二〇〇六年、第三九頁參照。

載。

由於此集體切腹事件的慘烈之狀，大大地被引介於國際社會，是切腹讓外國人認識並留下深刻印象的契機，同時也震驚世界。在日本國內，則有森鷗外、大岡昇平、司馬遼太郎等有名的作家，將之作爲小說題材，廣爲散佈流傳，也使得此切腹事件更加轟動。

三、乃木希典的切腹

乃木希典[20]大將夫妻兩人的切腹自殺被歸類爲係對明治天皇的殉死。因爲遺書上表明，且是在明治天皇舉行葬禮的當天晚上，大約是出殯的號音一響的時候，他們夫妻就在自家客廳殉死。他們殉死離殉死禁令發布（一六六三年）已過了二世紀半，離武士身

【20】一八四九年十二月二十五日—一九一二年九月十三日。武士出身，軍人、曾留學德國，後一路升任至陸軍大將。一八九六年—一八九八年曾任台灣總督。日俄戰爭（一九〇四年—一九〇五年）之際，擔任第三軍司令官，指揮旅順圍城大戰、參加奉天（瀋陽）會戰等。特別是圍攻旅順之役，長達五個月又犧牲約五萬五千名的士兵。引起各界對他個人能力相當大的質疑和非議，皆因獲明治天皇的信任、理解，得免於被後調或更迭。他僅有的二名男兒：長男．勝典、次男．保典，皆於日俄戰爭開戰後同一年各戰死於金州南山與二〇三高地。曾感懷因兒子戰死沙場，反讓他有臉見江東父老。一九〇七年起直至殉死，出任隸屬於宮內廳之教育機構．學習院院長，該院招收之學生對象僅限皇族、華（貴）族等出身者之子女，該校戰後改爲私立學校。

分廢止（一八七一年）與切腹制度廢止（一八七三年）大約將近有半世紀之久。所以，乃木夫妻的殉死，引起相當廣泛的討論，其中所論見仁見智，但可謂毀譽參半、褒貶不一。

以下擬先根據當時赴現場進行檢視的警察醫・岩田凡平的報告書來呈現乃木夫妻的切腹現場。『大正元年（一九一二年）九月十三日下午七點四〇分左右，乃木夫妻在其居所的二樓客廳懸掛明治天皇肖像處，進行切腹。乃木穿著陸軍大禮服，以跪姿進行切腹。推測其係先以軍刀在腹部作十字型剖切，後再將軍刀刀柄立於兩膝間，自行將前頸部按上刀尖再用力下壓，氣管、食道、頸部動脈、靜脈等全數被刺穿、切斷而當場絕命。他的左臉朝下，右腳伸直，左腳彎曲，俯伏在地板上。夫人（靜子）則幾乎與乃木大將同時進行自殺。他身穿最正式的禮服，使用護身的短劍插入心臟，兩膝彎曲、額頭貼在坐墊臉朝下趴在地板上。夫妻的

乃木希典大將著軍禮服之姿。

遺體旁各留有軍刀和短劍的刀鞘以及滿地的血漬[21]』。

乃木大將留下二封遺書以及辭世的詩文等。現場一切顯得如此俐落而井然，可謂有計畫地、心境平和地，卻也再再顯示其赴死之決心紋風不動。對於為什麼要切腹殉死？乃木大將在遺書[22]中寫到：惶恐追隨皇上之後，其罪不可謂不重。然明治一〇年之役[23]的軍旗被奪之恥，其後雖屢屢亟思得一死所，惟苦無時機。苟活至今，復蒙皇恩浩蕩，然日漸年邁之軀，可效命之日亦所剩無多。今般追隨皇上，實誠惶誠恐之至。

乃木大將特別受到明治天皇的恩寵和厚待是大家一般都清楚的事情。從明治一〇年（一八七七年）的軍旗被奪，日俄戰爭（一九〇四年）在旅順與俄軍攻防之際，攻陷時間之長、官兵死傷人數之慘重等都超出預期，皆因明治天皇的庇護得免於被究責。後出任學

【21】大隈三好『切腹の歴史』、雄山閣出版、平成七年、第二五三－二五四頁參照。

【22】同上、第二五四頁參照。

【23】發生於一八七七年，是幕末以來最大規模的內戰，也是最後一次的內戰，史稱西南戰爭。源於西鄉隆盛一派與大久保利通為首的一派間的權力鬥爭，藉一八七三年征韓論的意見相左，西鄉一派被逼下野。朝政由表面上主張內政優先的大久保一派掌握，其後諸種施策對士族造成不利，不滿。這些士族遂集結擁西鄉舉兵而爆發內戰。結果西鄉一派不敵政府軍失敗，西鄉切腹自盡。餘黨被弭平。翌年大久保亦被石川縣島田一郎、島根縣淺田壽篤等士族聯合下暗殺身亡。西鄉與大久保同為維新三傑之一。

習院院長一職，亦全出於明治天皇的安排。我們來看一下日俄戰爭後，乃木出於自責欲向天皇求死，當時他與明治天皇的一段對話。『乃木：爲了向旅順之役大量的死傷官兵表示歉疚、贖罪，臣想以切腹明志。天皇未回話。乃木欲告退，被叫住。天皇：卿欲以切腹告罪之衷情，朕了然於胸。然，現非卿可死之時，如眞想死，可在朕離開人世之後行之』[24]。

對乃木來說，年輕時軍旗被奪之恥、近期旅順之役的自責等早該赴死，惟深蒙皇恩未便強行，此次大帝駕崩實爲不二良機。他細心籌劃，以防洩漏。當天早上還穿大禮服上朝，拍攝紀念照，出席青少年活動等。中午夫妻兩人還與夫人之大姊一起用餐。一切可謂都是爲了能安靜、堅定地赴死的煙幕。

對於乃木大將殉死之是非或其作爲軍事將領在運籌帷幄、指揮作戰等能力方面如何云云等。如前所述，各因角度不同，對其功過、明暗之評斷可謂呈現兩極。特別是日俄戰爭時負責攻陷旅順一役，其耗時之久與傷亡之慘重，最被議論紛紜。但對於他的崇高人格，可謂謹嚴與素樸的代名詞，則較無爭議。還有他的律己、忠勤愛國、身教言教，即使是他

【24】土佐の怪異譚・1「乃木希典の殉死」檢索日：二〇一二年四月二十一日。
http://www.geocities.jp/kyoketu/frame611.html

的反對者，亦無不賦予一定程度的尊敬。

日俄戰爭時失去（戰死）僅有的兩名子嗣、不聚私財、躬耕而樂等，說他是最後的古典武士該不為過吧！他們夫妻的葬禮於殉死五天後舉行，約有超過一〇萬民眾自動參加，遂被稱為「沒有官方動員的國民性葬禮」，因也有多數的外國人參列，所以又被稱為「世界性葬禮」。之後，在關東地區或他的故鄉・長州藩（現山口縣）等地都有為紀念、祭拜他的「乃木神社」的建立。可見其如何受到國內外一般庶民大眾的愛戴和尊崇[25]之程度。

四、三島由紀夫的切腹

一九七〇年在日本稱為三島事件的三島由紀夫[26]切腹自殺事件，不但驚動日本，國際

【25】「乃木希典」 檢索日：二〇一二年四月十五日。
http://ja.wikipedia.org/wiki/%E4%B9%83%E6%9C%A8%E5%B8%8C%E5%85%B8

【26】本名：平岡公威，一九二五年一月十四日～一九七〇年十一月二十五日。日本的小說家、劇作家。戰後日本文學界的代表人物之一。小說代表作有『假面的告白』、『潮騷』、『金閣寺』、『豐饒之海』、『天人五衰』等。戲曲有『查德侯爵夫人』、『近代能樂集』等。曲風特徵為充滿唯美的人工性與建構性。晚年以體驗入營方式進自衛隊受訓，同時組成民兵組織「楯之會」。從事右翼政治活動，對其後的新右翼・民族派給與相當大的影響。受一九六九年的憂國烈士・江藤小三郎燒身自殺之觸發，逐步策劃藉監禁自衛隊東部方面總監之行動，以便鼓吹、號召自衛隊以治安出動的名義，發動政變。其目的則在迫使日本政府進行修憲，以

社會可謂亦同感錯愕。他的自殺爲什麼會如此引人訝異，如略作整理的話，其中至少有以下幾點。

一、切腹的殘酷、恐怖與血腥。

二、戰後已經過了二五年且處於民主時代當中，竟還有人主張恢復皇國思想下的古典日本，難免令人有不知今世何世之感。

三、文人・作家與政變間的不連貫性等。

事件主因係由於當天三島由紀夫向駐紮在總監部的部分自衛隊士兵鼓吹發動政變，以便進行修憲而將自衛隊正名爲日本國軍之訴求，因未能獲得預期之支持和呼應，計劃行動宣告失敗而負起責任，切腹自盡。此事件對日本社會、國際社會等造成一定程度的衝擊，一般稱之爲三島事件。

三島由紀夫之體魄。

便讓自衛隊恢復爲國軍。一九七〇年十一月二十五日計劃付之行動，未果，切腹自殺身亡。享年四五歲。

所謂三島事件是一九七〇年十一月二十五日、作家・三島由紀夫，在陸上自衛隊東部方面總監部（東京都新宿區市谷本村町）總監室切腹自殺事件。探討事件始末之前，不妨先看看他的檄文概要：

一、楯之會[27]（會長三島由紀夫）是由自衛隊所培養、養育。換言之，自衛隊是我們的生身父母也是我們的兄長。理應回報恩義卻出現此一拘禁自衛隊總監之舉的忘恩行為，其理安在？

二、戰後的日本在經濟繁榮中迷失自己、失去國民精神。忽略國家大本，不知正本清源（修憲建軍），只知追逐虛幻的泡沫。

三、我們夢想著只有自衛隊還保有眞正的日本、眞正的日本人、眞正的武士之魂。我們相信唯有自衛隊醒悟，才有日本的醒悟。我們也相信沒有自衛隊的覺悟，就沒有日本的覺悟，依修憲將自衛隊回歸建軍的本義，爲達此目的－自衛隊眞正成爲國軍－作爲國民的一員，沒有比盡我們棉薄之力外，有更大的責任和義務。

【27】係三島由紀夫仿傚民兵組織，所建構之私人部隊。標榜捍衛來自左翼的革命勢力。一旦左翼勢力對日本造成間接侵略時，絕對挺身對抗。以醉心於大和民族魂的學生爲中心，於一九六八年一〇月五日組成，三島歿後的一九七一年二月二十八日解散。

四、所謂建軍的本義，除「維護以天皇爲中心的日本歷史、文化、傳統」之外，別無他物。

五、自衛隊是現行憲法的私生子，卻反被賦予守護這部否定自己（自衛隊）的憲法的任務，是多麼地充滿矛盾與衝突。但我們卻聽不到自衛隊中漢子的鏗鏘之聲。

六、讓日本恢復眞正的日本之姿，我們願死在它的懷抱。只知尊重生命，即使行屍走肉亦無妨？軍隊中不具比生命更爲貴重的價值存在的話算什麼軍隊。就是現在，我們願意明示比尊重生命更爲貴重的主體，那既不是自由、也不是民主主義，而是日本。我們摯愛的歷史和傳統的國家．日本。自衛隊中沒有一條漢子願意挺身衝撞這部讓日本行屍走肉的憲法？如果有的話，從今以後和我們一起站起來，起義、赴義；我們太熱切希望擁有至純靈魂的諸君，是一條漢子，眞正的武士，方才出此下策。

綜合以上，三島的檄文或可化約爲批判現行的非戰憲法（或稱和平憲法）[28]以及戰後的民主主義。在他看來，戰後日本的國防外交置於美國的保護傘下，不知自立自主，而成爲美國的附庸。使得日本只知一味追逐實利，迷失自己，連自己國家的根本大計的建國、

【28】日本憲法第九條規定日本須要一、永久放棄戰爭、二、不擁有戰力（陸海空三軍）、三、不承認交戰權。

護國都可以拋之腦後無人聞問。他號召自衛隊共同起義，楯之會願當最前鋒、當砲灰，以逼政府修憲，而將自衛隊恢復成以守護天皇和傳統日本爲職志的國軍。

三島爲了他的理想，綿密地計劃和一再演練。首先，將自己周遭之事完全處理乾淨。譬如，稿債、稿約的清理、完成、楯之會核心會員的選定、向國內外友人告別之書信的撰寫，長刀、短刀等器械的準備等；還有當天的記者連絡等等都在事發前巨細無遺地處理、準備停當。一一月二五日一早，三島與楯之會的四名部下．森田必勝（二五歲）、小賀正義（二三歲）、小川正洋（二三歲）、古賀浩靖（二四歲）都穿上楯之會的制服，共乘一部車子自三島家出發前往市谷（東京都內）陸上自衛隊東部總監部（現防衛省本部）拜訪總監．益田兼利（五七歲）。

早已連絡、安排好上午一一點鐘三島一行要拜訪益田總監，所以，他們五人一到就被帶到總監室。三島與益田總監就鑑賞名刀（三島帶去的）爲話題作交談，約過了二、三分鐘後，楯之會青年們即照原先所約好的暗號，將總監制伏、封口、綑綁並迅速將總監室的出入口搬桌椅沙發盆栽等堵住，並向總監表示絕無加害於他之意。隨即將寫有四項要求[29]

【29】四項要求書之概要：一、楯之會隊長三島由紀夫率同隊員共五名於上午一一點一〇分占據總監室並拘禁總監。二、要求項目如下列：1、一一點三〇分前，集合所有駐紮在市谷的自衛隊到本館前。2、將進行以下

的紙條自空隙中遞出或自窗口散出予頓時陷入意外、驚訝、不知所措、來不及應變的總監幕僚們。三島等在要求書中表示：如果總監部不答應他們的要求的話，三島將先殺死總監再切腹自殺等作威脅。

陷入混亂中的幕僚們，爲了想要瞭解總監被監禁的狀況，徒手二次欲衝進室內解救總監，皆被三島本人及其部下揮長刀阻擋，負傷者約有八名而作罷。總監部的高層討論後，認知到作家・三島等一行已形同困獸且成暴徒，如要顧念總監生命的話，唯有答應三島的要求。於是決定十三點一〇分之前，不管發生什麼事都不予以介入。

事項：①聆聽三島演說。②四位參加隊員的唱名。③三島對楯之會未在現場的其他隊員的訓示。3、緊急自市谷會館召集其他所有楯之會隊員前來參加。4、自一一點一〇分至一三點一〇分的兩小時，不作任何對我方的妨礙和攻擊。相對的，我方也一樣。5、上列事項全被遵守，則二小時後，在本館正面玄關將安全釋放總監。6、反之，上列事項如不遵守或有不被遵守之虞，則三島將立即處死總監，並切腹自殺。三、所謂攻擊、妨礙，係指1、自衛隊、警察所進行的一切物質和心理的攻擊、妨礙。如瓦斯彈、放水、噪音、特殊部隊的投入、衝擊光、擴音器等的妨礙、攻擊。2、攻擊尚包含不適切地遵守要求、拖延、縮短等。以上二點如經確認或出現徵兆，即刻執行總監之殺害等。四、針對上面一、二、三項當中的所有事項之①部分的改變、②詢問理由、③要求事項之外的詢問、④會面、對談、要求事項之外的交涉等一切，我方完全不受理。針對我方要求出現改變、質問、拖延亦或反而提出對我方之要求等情形的話，將絕不猶疑立即執行總監之殺害。三島由紀夫檄文全文參照。

十一點四〇分左右總監部高層利用部內廣播，召集約八百名的自衛官到本館前面的庭院，準備聽三島的演說。集合來的自衛隊員們，彼此之間因不明究理，就「被暴徒衝進來，有人被砍了」、「是赤軍連來了吧！」等話題而議論紛紛。另外，原來當天同樣安排在市谷舉行例會的楯之會的三〇名會員，也因受到警察的監視，無法如三島所要求前來總監部一起聆訓。十一點五五分左右，三島的部下森田、小川兩位，自總監室陽台上垂掛寫有要求事項的布條並撒下多數檄文。

中午十二點整，三島額頭上綁著印有「七生報國（即使輪迴轉生了七世，也要為朝廷抗敵除奸報效皇國）」字樣的太陽旗（日本國旗）頭巾，出現在本館庭院前的陽台上，手握出鞘的武士刀。空中有直升機盤旋的聲音，底下是自衛隊員們的尖叫、怪叫、罵聲、噓聲等雜音。三島高舉、揮動帶著白手套的拳頭，開始大聲對自衛隊員們演說，其內容與檄文中的訴求主軸相同：「為促成修憲大家站出來」。因為直升機的噪音、自衛隊員們的罵聲、噓聲連連，又未使用麥克風，根本沒人傾聽，實際上也無法傾聽，原本預定三〇分鐘的演講，七分鐘就提早結束。三島與站在身旁的森田大喊三聲「天皇陛下萬歲」後就退回總監室。

回到總監室的三島，憤怒、失望、勢不可為的無力感應是襲擊、籠罩全身。他自言自語地「講了有二〇分鐘吧！這種情形下聽不見呀！」於是向被綑綁的益田總監深深一禮後說：「對總監沒有任何怨言。只爲了將自衛隊歸還給天皇。除了這樣做別無他途」。之後點上天皇恩賜的香煙，開始脫下長靴，退下上衣、解下長褲，赤裸上半身。面對陽台跪坐雙手握住短刀，回頭望著森田（楯之會的學生長）連說三次：「你不要殉死（君はやめろ）」，要森田打消殉死的念頭。

因爲，原本有設定三島用手指沾自己切腹後的血，在色紙板上寫上「武」字，所以小賀將色紙板遞上來，三島卻說「不用了」，露出寂寞的笑容，並卸下右腕的手錶向小賀說：「這給你」。於是發出振奮精神的「嗚！」的聲音，接著「YA！」的一聲大叫，短刀插入腹部，向右一字型的剖開，腹壓的關係內臟溢出肚外。總監大叫「不要！」、「別介錯（砍頭）」、「不要給致命的一擊！」。

三島由紀夫切腹前對自衛隊員進行演說之神情。

介錯人森田，連砍三刀皆未能完成介錯。後由劍道黑帶的古賀浩靖接手，一刀將三島的首級斬下。接著森田半蹲在滿地血漬的三島屍體旁，撿起三島剛用過的短刀，同樣做一字型的切腹，同樣由古賀浩靖一刀就完成介錯。小賀、小川、古賀三人，將三島、森田兩人的屍體整理好，覆上楯之會的制服。十二點二〇分左右，三人將總監帶到總監室正門釋放，交出武士刀，接受警方逮捕，距案發當時約過了一小時後落幕[30]。

有關三島起事之心路，屬於公的部分，換言之是他對日本國家社會的見解、理想、信念、抱負等問題，已如前述他在檄文中所揭示、所陳述者。至於他的個人心態部分，根據各方所見[31]約略可歸納如下。

一爲自身「對年老的畏懼」。三島曾向當時的中央公論月刊總編．粕谷一希表示：『眞不敢想像，自己變成像永井荷風[32]般邋遢的老人』。曾對新潮社的執行編輯．小島千

---

[30]「三島事件」檢索日：二〇一二年四月二十五日。http://ja.wikipedia.org/wiki/%E4%B8%89%E5%B3%B6%E4%BA%8B%E4%BB%B6

[31]同上

[32]永井荷風，一八七九年－一九五九年。日本著名的小說家，私生活方面混亂。戰後初期，與親戚同住時，妨害他人的樂器練習，將治療皮膚病帶有惡臭的硫黃放入共用泡水池，站在屋簷面對庭園小便等等，難以與人相處。晚年除到住家附近的飯館用餐外，足不出戶，生病亦不找醫生，後孤獨死。http://ja.wikipedia.org/wiki/%E6%B0%B8%E4%BA%95%E8%8D%B7%E9%A2%A8

加子表示：『「年歲的增長，好莫名其妙呀！實在難以接受（年を取ることは滑稽だね。許せない））」。「絕對不容許，自己的老去（自分が年をとることを、絶対に許せない）」』。

二為對英雄的自我犧牲之憧憬。三島在一九六七年元旦，發表於讀賣新聞題名「年頭之迷惘」中提到：『西鄉隆盛[33]在五〇歲，以英雄之姿謝世。最近到熊本（九州中部）調查「神風連[34]」亦深受其感動。亦即發現很容易被當成係年輕人的莽撞暴舉的叛亂事件，其領導人之一．加屋霽堅壯烈地犧牲了，死時與我同年齡（當時四二歲）。就我現在來說，也剛好還來得及成為英雄的最終年齡』。

【33】西鄉隆盛一八二八年—一八七七年、軍人、政治家、薩摩藩出身。維新三傑也好或維新一〇傑也好，他都是其中一人。可見其對明治維新貢獻之大，亦是幕末維新期人物中最受喜愛、尊敬之一人。曾任討伐德川幕府將軍、亦即皇軍的總司令，讓江戶（東京）無血開城，未流血而能將幕府將軍的政權和平轉移給天皇是他最大的功績。維新後因政策與大久保利通等掌權派衝突而下野。最後被迫發動西南戰爭失敗，切腹自殺。http://ja.wikipedia.org/wiki/%E8%A5%BF%E9%83%B7%E9%9A%86%E7%9B%9B

【34】一八七六年一〇月二十四日、發生於熊本市之反亂。係因明治政府頒布廢刀令（武士階級已廢，原來的武士不准再帶刀），引發士族不滿而造成之反亂。舊肥後藩（熊本縣）士族太田黑伴雄、加屋霽堅、齊藤求三郎等，約有一七〇名所構成、結合的「敬神黨」黨員為核心，因反對廢刀令而起事造反。因一般稱敬神黨為神風連，所以亦稱神風連之亂。一九二五年被平反後，改稱神風連事變。

三爲對切腹懷抱戀物般的狂熱。「不願以文人終生，寧願作爲武人而死」一語，幾乎成爲三島的口頭禪，即可窺知其對切腹自殺是如何嚮往。

四爲走不出戰中派世代之情結。三島在大戰結束那年（一九四五年）剛好滿二〇歲，因其青少年期體弱多病，以致大戰末期的役男體檢變成丙等體位而未能入伍，結果是來不及戰死沙場。此一事實所引發的內疚已化爲他的血肉。根據與三島同時代且私交甚篤的好友．吉田滿的敘述：『我們戰中派世代，在正值青春謳歌的年代，只被容許透過與「如何死？」之難關做對決，以追求「如何生？」之課題。

對於此一試煉，我們的世代是老老實實、不折不扣、正經八百地去面對。不是那種戰爭一結束，就一昧地將自己設定成爲戰爭的受害者，馬上與戰爭切斷關係，輕飄飄地、雀躍地回到老巢。我們的世代不懂得此種保身之術。三島本身個性嚴明方正有餘，更是與此無緣，所以背負滿坑滿谷的歉疚』。以上係三島急於起事之心態，特別是不讓自己英雄見白首之苦心。以下，另再印證有關他的切腹實態。

根據法醫解剖報告，驗三島屍體的是慶應大學附屬醫院法醫學解剖室．齊藤教授，森田則是由船生副教授執行。三島、森田兩人的切腹情況大致如下。『三島頸部被砍了三次，刀創傷口四處，分別爲七、六、四、三公分深，在右肩有一一點五公分長的刀創傷，推測可能係揮刀偏掉之故。在腹部以肚臍爲中心往左有八點五公分、往右有五點五公分。傷口深四公分。身高一六三公分，年齡四五歲卻有著三〇歲世代年輕人的發達肌肉』。『森田較單純，死因是一刀斬首。腹部傷口很淺，身高一六七公分，有著健康青年的肌肉』。

爲什麼要特意去觸及兩人的驗屍報告，因爲對於三島的切腹令人懷抱奇異之感[35]。亦即三島下刀之深是用在沒有安排介錯人的情況下才需要的，也就是說它是一個人自行了斷的切法。下刀深且橫向一字剖開，身體可能有無法控制的激烈反應。亦即身體可能瞬間產生痙攣，僵硬、昏迷。導致身不由己地後仰或俯伏在地。這樣的姿勢都不是可以正常地進行介錯。或許就是因爲如此，介錯才用了四刀之故吧！橫切長十四公分，深達四公分，常人絕對無法辦到，可見其爲了今日之事修練之恒、決心之強。或許也爲了讓我們容易領會其用心良苦，感知其用功之深之故。三島晚年有人當面問他：文人作家何以練健美。他的回答是：我是要切腹死，腹部不想有贅肉、脂肪，所以要練成腹肌[36]。

【35】「三島由紀夫割腹余話」検索日：二〇一二年五月八日。
http://www.geocities.jp/kyoketu/6105.html

【36】映画『人斬り』（1969年）で共演し、撮影現場の京都に向かう飛行機で乗り合わせた仲代達矢が、「作家

小結

以上就切腹之源起、歷史變遷、儀式與現場、以及名人的切腹等作了介紹。其中較令人突兀的是許多場合，介錯人太早下刀或多次用刀。亦即，切腹人與介錯人在現場的行止表現，反映了定力深淺的問題。換言之，介錯人比切腹人更爲緊張。何以就死的切腹人，反比斬人的介錯人更爲平和，豈理安在？

現場予人印象深刻的除了殘酷、血腥、無常之外，切腹人的從容、沉著與介錯人的慌張、不安，反而形成強烈的反差。這如實地反映了各自精神力深淺的不可掩飾性。切腹的現場永遠是生死一線、瞬間成天人永隔。人生如戲、人生如夢當中的最後一幕、最後一場，活生生地眞實上演血淋淋屠宰。

在吾人人生貴在善終的價値體系中，切腹的死法總甩不開、掙不脫係屬一種慘絕人寰

なのにどうしてボディービルを？」と尋ねた時、「僕は切腹をして死ぬからだよ」、「本当に切腹する時脂身が出ないよう、腹筋だけにしようと思っているんだ」と答えたという（據說與仲代達矢在電影『斬人』中一起演出，同搭飛往電影拍攝現場・京都的飛機上，仲代問三島：「作家卻練健美？」、「因爲我是要切腹而死」、「當切腹時，爲避免有脂肪，只好全練成腹肌」）

「三島由紀夫」檢索日：二〇一二年五月九日。

http://ja.wikipedia.org/wiki/%E4%B8%89%E5%B3%B6%E7%94%B1%E7%B4%80%E5%A4%AB

的結局之印象和觀感。但，爲什麼封建時代的日本武士、近現代的部分日本國民卻甘之如飴、趨之若狂並奉爲圭臬。此等差異或許可歸因於有無存在武士道之思想體系吧！因之，武士道內涵之究竟？確實值得吾人一再深入加以探討。

在此吾人想問的是切腹的背後是什麼力量、修爲在支撐。亦即其精神力之源頭爲何？使得切腹者能如此冷靜沉著、不慌不忙、果敢果斷地面臨人生最重大關頭生與死。武士的心境克服、是如何辦到的，以下擬就此略作探討。

第五章　武士道與佛教

切腹受到來自他民族、他國家投射以驚訝、不解、佩服、好奇的眼光，除了切腹係以血腥、殘忍之手法結束寶貴生命之外，切腹人的視死如歸精神及其態度凜然之舉，絕非常人能及，應是令人關心的焦點核心。切腹雖非武士道的全貌，卻是武士道的結晶、縮影。因爲它將武士道的信條、德目或規範，如實地以犧牲生命來信守，並展現其勇氣、達觀與了悟。武士道之規範，絕非光有美辭麗句、空理空論，而是須劍及履及完整地付之實踐。武士道的價值和美學在此。雖稱武士道與佛教之關係，但具體而言，該是在眾多宗派（如天台、華嚴、眞言、法相、淨土、唯識等宗派）中，最直接、最密切者應屬與禪宗之關係。

第一節　武士與禪

一般對「不立文字、教外別傳、直指人心、見性成佛」這幾句話，可能不會太陌生吧！它就是禪宗的宗旨。禪具有宗教、哲學、文化等層面，外行人看禪深邃而幽玄。其實禪是零、是無、是返璞歸眞，是一種本然。禪作爲宗教，與其他、如基督教、天主教、伊斯蘭教、道教等最大的不同是：禪濟度的只是一顆心，而且唯有自己才能濟度自己。沒有至高無上的神、上帝或救世主可依靠，禪儘管有諸多流派的不同，但在這一點上是共通的[1]。

禪宗[2]認爲心是無時無刻都在變化，不具有一定形態，正因如此，所以無法確定的指出：這就是（固定有模有樣的）我的心。因之，這個心可以說是虛幻的。與心相對的就是我們的肉體。我們的身體不過是：就是因爲一時物質方面因緣具足，所以，才能夠一時顯現形象。當緣盡緣滅（亡故），物質身體即四分五散，實體亦不復存在。而身體雖可稱實體，但此一實體，亦是無時無刻都在變化，所以也是虛幻的。我們一生就是自嬰兒往幼年、少年、青年、中年、盛年、老年等變化之過程。

職是之故，心與身本來就都只是虛幻之物。正是因爲虛幻，所以，就禪來講，我們的生命不應看成有時候是生、有時候是死，也就是說不要以爲是時生時死。而應作如是觀。亦即，因爲是無生亦無死，所以是常住不滅。因爲是常住不滅，所以可脫離生死的羈絆。

【1】「禅から見る武士道と儒教」joan109的空間　百度空間　檢索日：二〇一二年五月二十三日。
http://hi.baidu.com/joan109/blog/item/24c9a0f378a17570dcc47409.html

【2】「禅」　檢索日：二〇一二年五月二十五日。
http://ja.wikipedia.org/wiki/%E7%A6%85

禪，特別是臨濟宗所主張：精神和肉體是不分的。因爲有肉體，也才有可能有精神。換句話說，肉體是精神作用的動源，因之，必然有肉體方能產生精神。所以，精神就是肉體，肉體就是精神。如果說：肉體雖消滅但精神可以永生的話，就變成承認靈魂的存在。對禪的修行者來講，一承認靈魂的存在，將導致對生與死產生強烈的執著，反而妨礙、不利於修成正果。如果能悟到：身心一如、精神肉體同不滅的話，就是直指人心、見性成佛的境界。

禪的最大特色之一是無心[3]，簡單的說就是不執著、是自在自由、自己爲主體，是駕馭於物，而非役於物。它是繼承、落實佛教的根本教義「空」，空不是空洞，是似有實無，存在但不斷地變化，流動。無心旨在體現佛教空的思想，亦即將空放到實踐層面上，就是無心。無心所追求的是當下。亦即不管何時、何地自己都能做自己的主人，過著自己爲主體的生活。道理何在、如何辦到？簡單地說，就是在自己的時空中，全力以赴。做事時做事，遊玩時遊玩。不要又要工作，又要想玩。但遊玩時又想工作，這就做不了主人。一般我們都是被時間追著跑，忙得不可開交。禪的修行者是自己主導時間、充分地使用時間，而非爲時間所逼迫。禪的訓誡是既決定了進路，就不要再回頭。所謂不退轉或鐵的意

[3] 鎌田茂雄『禅とは何か』、講談社學術文庫、二〇〇四年、第四五頁—四八頁參照。

志就是這樣形成而來的。

一、練心練膽

那爲什麼禪的這套思想和修行與武士道會扯上關係，首先，禪應是要將人「自生死的牽絆中解放」、要人「無差別地對待生與死」[4]。換言之，不要拘泥於生與死，無須將生與死做分別、做區隔，原本就是生死一如。此一思惟對武士的生死觀產生相當大的影響。因爲武士的職業、工作就是處於生死的夾縫中，無可避免地生死無常的恐怖感總如影隨形。

因之，武士爲了心靈的安定，能夠坦然地面對生死關頭，正需要一套心靈教育。亦即訓練武士精神、心理、價値判斷等方面的材料、工具。由於武士原先的職場就是戰場，戰場是不分晝夜須與死爲伍，而死復與恐怖爲伍。死亡的恐怖對武士來說，源源不斷、漫無限度、漫無絕期。如何面對此一：時而排山倒海、驚濤裂岸，時而點滴心頭、絲絲穿心入腦之恐怖感，實爲武士階級共通的課題。

我們不妨先稍稍窺視一下武士在戰場的恐怖心態、實態。『戦いが始まると、最初の

[4] 同前揭注一六一頁參照。

うちは、誰でも血気と恐怖とに、のぼせ上がってしまうものだ。その間は目の前が闇に閉ざされたままだが、太刀を合わせ、槍でたたき合ううちに、ようやく敵と味方の分別がついてくるものである（戰鬥一開始，最初大家都因爲緊張、恐怖、激昂，而完全沖昏了頭。其間，眼前感覺籠罩於一片漆黑當中。但在長刀互砍、長槍互刺中，好不容易才分得出敵我）』[5]。

這是戰國時代（約一四六七年—一五七三年）以剛強勇猛出名的武將・山中鹿之介所描述，他在戰場上與死爲伍的恐怖經驗。從一個武人口中說出自己臨戰時，靈魂之窗如同無法視物般，眼前呈現一片漆黑，可見戰場上是如何地令人無主、耗神、驚怖。要欣然接受死亡是違反生物的自然本性，螻蟻尚且貪生，何況是萬物之靈的人類。但身爲戰鬥員的武士，剛好不時須面對死亡、得游走於生死一線，且須經常蒙受死亡之恐怖的磨難。

縱然僥倖可存活，仍須在意來自世人的評價？能不能有尊嚴地活下去等問題，再再都艱難困苦、勞心勞力。所以，武士如果不能堂堂正正、大大方方地活，寧願選擇死亡，其道理在此。因此，作爲武士可謂死的概率遠遠大於生。於是親近死亡、接受死亡、讚美死

[5]渡邊誠『禅と武士道』、ベスト新書、二〇〇八年、第三三一三四頁引用。

亡、克服死亡之恐怖、提倡死亡美學等價値觀之建立成爲不可或缺，也成爲全體武士之課題，更成爲武士能否勝任武士之標竿。

基於此，武士與禪到底會是怎麼樣的一種關係？其究竟爲何？以下擬略作探討。首先，禪的修行心法是單純專一、截然分明、克己禁欲、自主自立等。這些戒律與武士的戰鬥精神養成有何關連？就戰鬥者來說，最不可或缺的制勝的基本精神是：要能勇往直前地去消滅你的敵人，切忌左顧右盼、瞻前顧後。而禪修者講究的是：心無旁騖、專心一意、活在當下。在此一觀點上，不管是禪修者或戰鬥者，視角正好相同。

二、培養意志力

其次是戰鬥者不可有物質面、情愛面、知性面之罣礙。在戰鬥者的心裏頭如果浮現疑惑，譬如，爲誰而戰、爲何而戰等問題，既使是一點點，對他的任務遂行也會造成很大的障礙。如果有物質面的擁有物、所有物，或是有男女、親族等之間的情愛等，對戰鬥者精神之爲害（阻礙任務之遂行），其大與深可謂宛如大山橫亙、大海浩瀚，莫此爲甚。因爲，無欲則剛，反之，有欲則難免事事妥協，無法堅持而須撤守、敷衍。但戰鬥者所面臨者，概屬關係邦國興亡、生民禍福之大事或兵家寸土必爭之舉。身外累掛、牽掛越多，心志被腐蝕得越厲害，我們如何能期許他爲了堅守崗位，爲了完成使命而可以犠牲生命。

因之，一流的武士在整體而言，必須是如同清教徒般是禁欲者、苦行僧或行戒修行者而擁有鐵一般的意志。所以，在日本有所謂「天台宗適合宮中（朝廷），眞言宗適合公卿貴族、禪宗適合武士階層、淨土宗適合平民」之說法。因爲，天台和眞言是富於帶有繁複費事、豪華炫麗之儀禮、儀式，剛好可以投上流社會的公卿貴族們之所好；淨土宗的信仰和教義則是相當單純、直接，適巧符合平民的需求。禪宗則是爲了達到終極的信仰，除了選擇最直接的直覺方式、方法（譬如參禪）之外，還要求要有異常的意志力，方才可能遂行明心見性、証成菩提。而意志力恰好是武士無論如何非具備不可之條件。雖然，禪靠的絕非只是意志力，最終還得靠直覺加以解決[6]。

以上有關針對禪修者所要求的必須清心寡慾、禁欲，更要具備堅強的意志力等條件。這些規矩同樣地可以完全吻合地套在對武士的要求上。因之，有心的武士，爲了克服死亡之恐怖，自動自發地接近禪、修禪，毋寧說是極其自然之事。是故，可謂禪的精神支撐了武士道。因之，在此基礎上稱禪爲武士的宗教亦不爲過吧！

---

[6] 鈴木大拙「禅と日本文化」中編　第三章　禅と武士　檢索日：二〇一二年六月五日。
http://uminekodo.sblo.jp/article/46178267.html

第二節　訓誡與禮法

禪家對禪的修行者有訂立一些清規，武家世家也仿照禪家訂定一些讓武士須要遵守、奉行的訓誡。譬如，禪家主張本心清淨，武家就提倡武士要清心寡慾、不事浮華。禪家要求打破固有觀念，體悟「本來無一物」、「生死皆妄念」、「生爲夢幻」、「死爲常住」、「生不可喜」、「死不可悲」等空無觀。武家就特別強調「死生一如」勉勵武士要不畏死、勇於死、灌輸生輕如鴻毛、死重如泰山的觀念[7]。

由此可知，武家不但形式上模仿禪家，連清規的本質、旨意等都一併引進，將之世俗化後反映於武家的家訓與禮法上。譬如，前已介紹過的鎌倉時代的「貞永式目（貞永是年號，式目是法條）」、北條重時的「六波羅殿御家訓」與「極樂寺殿御家訓」；室町時代的「建武式目」、今川了俊的「今川狀」、斯波義將的「竹馬抄」等家訓；戰國時代的「分國法」；江戶時代的「武家諸法度」等。

另前已述及在近世之前，對於什麼才是武士道之認定並無明文化，換言之，它至多

【7】網路文摘「武士道與禅宗」二〇〇八年三月六日　檢索日：二〇一二年六月一〇日。http://netmoneydaily.blogspot.tw/2008/03/blog-post_952.html

可能只是一套泛泛的約定俗成的傳統價值理念。因此，如果硬要說須有明徵且歷歷可察的話，那無非是藏身於家訓和禮法當中的規範，這些就是具體而微的武士道了。武家要求武士符合自身需要，須具備包括生命在內的犧牲、奉獻精神，武士道在萌芽階段即與禪結合。因爲，禪正好可以提供武士看破生死、突破名利關頭，最有力的處方，以化解武士對死亡的恐怖和名利的執著。武士道與禪的結合，就是建立在這種供需關係上。禪的教義剛好符合武家對武士之要求。

一、克服死亡之思想

鈴木大拙指出：『武道初心集』的著者大道寺友山對於死亡之念，一方面讓武士體認死亡超越無可改變的生命的有限性，另一方面讓武士在日常生活當中，即須認眞地對待死亡並時時上緊發條。而禪對於死生一事，不訴之於學問、道德、禮儀等之修養或加持的主張。職是之故，對於較不注重思辯的武士來說，無疑地具有相當大的魅力。武士的心性、心態與禪的直接性、實踐性的教義之間，構成一種邏輯關係的存在。換言之，禪修者與武士，對無造作、無巧飾、無中介的死生一如之觀念是具共識、共通的。

『葉隱』書中的名句「武士道といふは、死ぬ事と見付けたり（武士道即是體悟死亡

之道）」，這是禪對武士修禪者所培養出來的精神。禪講究的是行動，最有效的行動就是一旦下定決心，即前進不已永不回頭。這與武士最需要的是勇往直前、奮勇殺敵，最忌諱的是猶疑不決，禪適好契合且是最佳的提供者。所以，爲什麼說禪是武士的宗教，其理在此。在日本人的心裡，還有「潔く死ぬ（爽快、乾淨俐落、光明磊落的死）」這句耳熟能詳的話。

所謂爽快、俐落、磊落地死是指：不要留下遺憾、擁有澄明的良心、當個道地的勇士、勿躊躇、泰然自若地死之意。日本人討厭不乾脆、畏畏縮縮的死。喜歡猶如櫻花被風吹落般飄然而去的死。此種死亡態度，的確與禪的教義相一致。爲什麼武士可以視死如歸、不拖泥帶水、從容就死、於此或可略窺端倪。

鈴木大拙復指出：日本人或許未必擁有生的哲學也說不定，但卻肯定地持有死的哲學。有時難免被認爲：乍看似是一種有勇無謀、粗糙魯莽的哲學。也就是說日本社會裡生的哲學顯得淡然，反而是死的哲學呈現濃厚。誇大一點說，可能是戀生比不上戀死的高揚。爲什麼？其中緣由之一，或係概來自充分浸淫禪的生死一如的武士精神擴及至民間人之故吧！換言之，非武士階級之平民，亦同時擁有武士的死生觀，而形成一套日本人共通的價值觀。亦即在禪修方面，平民雖未受過如同武士般的訓練，但受武士的影響，平民亦具有隨時爲自己所信奉的理念、信念而犧牲生命的覺悟。

禪最初被第一個武士政權・鎌倉幕府（一一九二年－一三三三年）的武士所接受，其主要的原因就是：武士們對禪的克己心、行動力重於思辨、強調自立自爲、單一直接等的修行心法甚具共鳴、同感。禪是一種比其運用思索，更爲重視行動的一種信仰、一種哲學。譬如，部分禪師有遵奉所謂的不耕不食。這些對武士階層來說，相當對胃，也的確具有十足的吸引力。事實上，禪完全是靠自力以求開悟，絕非像其他，如淨土系列的宗派或基督教、道教等可依賴他力以成道、得救。

二、自在於生死

接受來自禪的啓發、啓示的武士的死生觀，其本質並非「賤生貴死」。以下的引用雖有一些冗長，但應最能說明，武士在克服死亡恐怖之後的死生觀。

『初心者と同様に、剣の達人は恐れを知らない。しかし初心者と違って彼は、恐怖をもたらすものに対して、無関心になるのである。長年に亘る弛まぬ瞑想によって彼は、生と死が根本において同一であり、同じ運命の地平に所属している事を体得したのである。そこで彼はもはや、生の不安や死の恐怖が何であるかも知らないのである。彼は悦んでこの世に生きる、そしてこの事は禅にとってはとりわけ特徴的である。しかしいつでも、死についての思想に迷わされる事なしに、この世から別れる覚悟が出来ているのである。【中略】死の恐怖から自由であるとは、何時如何なる時でも、人は死を前にして震えてはならぬと思い違いしている事や、又死の試練に堪えうる事を恃みとしている事を意味するのではない。むしろ生死を達観した人は、恐怖とはどんな感じのものか、もはや全然追体験することが出来ないほどに、如何なる種類の恐怖からも自由なのである（與新人相同，劍道高手不知可怕爲何物？所不同的是高手對於可怕自何而來，毫不關心。由於長年不屈不撓的參禪打坐，體悟到生和死在根本上是一致無異，且同屬相同命運之平台。因此，他們也許已經連生的不安或死的恐怖爲何物都可能無感？他們愉悅地活在現世。此點對禪來說是很特別的特徵，但也同時，他們無論何時，永不爲死的思想所困惑，且隨時準備好可自現世中消失的覺悟【中略】所謂勘破生死、超越生死、自在於生死？並非意味著：誤認不論何時，當人面對死亡之際，不可懼怕。亦不意味著：或則是因爲有忍受得了死亡之試煉可以依恃、憑靠。毋寧說是堪破生死關頭的人，恐怖到底爲何物（什麼感覺）？已經完全無法以過往記憶重現、印証般，不管是何種恐怖都撼動不了他了[8]』。

以上之要義再略作延伸的話該是：新手和高手同樣不怕死。其結果雖相同。但本質上卻不同。新人的不怕死可謂如初生之犢不畏虎一般，不是不怕，是因無知而不知其可怕，所以才不怕，不是眞正的不怕。劍道高手則是透過參禪之修練之後，產生另一種心境。亦即死亡的恐怖在他的心中消失不見了，連追憶都無法找回那份感覺。所以說，本質上猶如參禪前，見山是山、見水是水；參禪中，見山不是山、見水不是水；參禪後，復爲見山是山、見水是水。新人的境界是參禪前的見山是山、見水是水的認知。而劍道達人則是參禪後的見山是山、見水是水的體悟。凡人、達人也好，禪者、俗眾也好，所見山水是如一的，但感受、感應、感知、投射、對應等該是有不同的。

另爲我們對達觀者、生死解脫者，一般通常會誤認當他們面對死亡之際，可以不懼是因擁有不畏懼死亡之修爲，或是他們有受得了、撐得住死亡恐怖之試練的訓練可憑靠，因此而可以了悟生死。其實這些都不是。亦即，武士禪修者對死亡之恐怖，不是不怕，而是無怕可怕。因爲，悟道者心中已經不存在生與死之區別，所以，死之恐怖無從產生，自然

【8】引用自　渡邊誠『禅と武士道』、ベスト新書、二〇〇八年出版、第三六頁。原出：オイゲン・ヘリゲル（一八八四年－一九五五年）著　稲富榮次郎譯『弓と禅』、福村書店

無從感覺。是因爲這樣始可完全自生死的枷鎖中解放。換言之，達觀者的超越生死，一般的旁觀者認爲他們的達致無由恐怖之境界是借助外在外加因素。譬如，受過面對死亡之際不可以有畏懼，當死亡恐怖來襲時要挺得住等之訓誡、教育或訓練等。

其實他們是透過參禪瞑想而體悟的。禪是「無」的宗教。要把我們自己本身「無」化，亦即，要活在超越生死二元論之外，也就是活在無生亦無死之世界。談何容易，非同小可。所以，禪的修行是嘔心瀝血的過程。「慈明引錐[9]」的故事，或稍可說明些許禪修的心酸和艱苦。要言之，透過禪修達到「大死一番、絕後再蘇」。亦即，舊的我徹底死盡，讓新的我誕生。猶如脫胎換骨般，原來的死生觀內化消失殆盡，新的死生觀（生死一如）滋生，心中再無死亡恐怖之居處。總之，超越生死，絕非靠外在的克服、壓制得以致之，而是靠禪修培養、滋長出生死不滅的思想，才是免除死亡恐怖的本源。

【9】宋、汾陽人、石霜楚丹、九八七年—一〇四〇年。慈明禪師在打坐時，每次遇睡魔侵襲，總在自己的大腿上用錐插刺，讓自己痛醒而繼續打坐。可見要精進得付出宛如錐心泣血般之艱難困苦與不屈不撓之努力。常盤義伸「慈明和尚刻苦の事」、檢索日：二〇一二年六月十八日　http://www.fas.x0.com/writings/fushin/53jimyo.htm

三、無念・無想・無心・無我

譬如，所謂的劍道高手，除了劍術之外，最重要的是：如何達致無意識下可以隨心所欲地驅使自身之武功的境地。此種境地或稱「無念」、「無想」、「無心」、甚或「無我」。長刀出鞘與敵對峙之際的所謂的「無想無念」，並非意味著沒有思想、觀念、感情。而是讓關閉、摒除所有的思想、愛戀執著、恩怨情仇之後的意識來發揮生來的本能。此心境即前述之「無念」、「無想」、「無心」、「無我」。亦即對於利己思想也好、得失心也好、是非心也好，不去抱持、也不去意識之狀態，謂之無我無心。

因此，所謂無心並非單純的不思、不想、不感，而是無執著之心。正因爲無執著，反而什麼都能思、都能想、都能感。不管什麼都能接受，同時也不管什麼都能自由地取捨對處。武士一旦接受禪，其修行與僧人是相類似的。特別是劍士，他們行走天下，爲了淬練磨練自身之劍術，嘗盡所有的艱難困苦，在各派師父門下領受所有鍛鍊、陶冶。這整個過程可對應成僧人的「行腳」、「雲水」之修行，在武士間則稱爲「武者修行」。其目的無非都在追求菩提之道，換言之，即無我、

無心、無念、無想之境界。譬如在吉川英治【10】『宮本武藏【11】』的小說中，宮本武藏【12】

【10】吉川英治，一八九二年－一九六二年，生於神奈川縣，本名吉川英次，幼時家道中衰未完成小學教育即出社會。後完全靠自學，工作也轉換頻繁，極不安定。一〇歲左右開始向雜誌社投稿，曾獲選爲時事新報社之少年作文獎，成年後曾以『江の島物語』獲講談社俱樂部三等獎，之後亦有三部小說入選講談社懸賞小說獎。三〇歲進入東京每夕新聞社工作，文才逐漸獲得肯定。其後，長編小說陸續推出，小說家的地位穩固，一九三五年『宮本武藏』開始連載後，小說家之盛名達至最高峰。一九六〇年獲頒文化勳章，但因被認定爲係通俗小說作家，而未被列進藝術院之殿堂。

【11】小說『宮本武藏』，吉川英治原著，一九三五年八月二十三日開始至一九三九年七月十一日爲止，前後長達四年在朝日新聞連載的歷史人物小說。主要係描述宮本武藏，追求「劍禪一如」之挑戰與成長的過程，以及與他同世代、相關連或圍繞在他周遭的武者的人生、故事。小說情節呼應了在戰時下的人心，因引起大眾廣泛共鳴，而博得史上最高人氣之大眾小說美名，係大眾小說代表作之一。

【12】宮本武藏，一五八四年－一六四五年，出身播磨國（現兵庫縣南部）武士家庭，原名新免武藏守藤原玄信，著有『五輪書』，記錄他的實戰經驗、武藝、作戰兵法等要義。係日本歷史上最具傳奇性的人物之一，也是最強的劍術家之一，同時也是卓越的藝術家，可謂兼具「文武雙全」之形象的存在。長於繪畫和書法，畫作中有三件被指定爲國家重要文化財。自一八世紀以來，就是歌舞伎、淨琉璃（配合伴奏、說、唱、木偶演出）等之題材。百年前所出版的『宮本武藏（宮本武藏遺跡顯彰會編．一九〇九年）』，更是將虛構和事實相混淆，且受到大眾的歡迎廣爲流傳，遂讓後人分不清是史實還是虛構之處甚多。譬如，後來吉川英治所撰的『宮本武藏』，亦是將宮本武藏與澤庵禪師、江戶幕府重臣、劍術家．柳生宗矩等之交往、相互影響等，在小說中占著極重要地位，但卻非史實，對此著者本人亦承認是他的創作。最誇張的是社會上甚至出現將虛構的情節具象化、現實化，亦即新造一些宮本武藏之「遺跡」，可見後人著迷之深。武藏在其『五輪書』

與澤庵禪師[13]柳生宗矩[14]等之間的互動，切磋琢磨的幾乎就是如何透過心靈的修爲，以獲致

自述中提到：自幼醉心於武藝，一三歲起開始與人比武決勝負。在二一歲上京前即打敗新當流有馬喜兵衛、但馬國秋山等武術高手。上京後與天下英雄豪傑、武術好手，切磋琢磨數度交手，未曾有未得勝者。其後行走各地，浪跡江湖，遭遇諸流派高手，雖有六〇餘次進行輸贏勝負之對決，亦從未失利。其間係自一三以至二八、九歲爲止之事。年過三〇回顧過往，醒悟武功之終極非只在得勝，自有其道之妙用與不離天理之故，且更可藉資洞悉他流派缺陷。其後，爲究竟武功更高境界，不斷朝鍛夕鍊，終有所悟，其結晶即『五輪書』。自創「二天一流」或稱「雙刀流」。後世尊稱其爲劍豪、劍聖。

[13]澤庵宗彭，係臨濟宗禪僧，一五七三年－一六四五年，屬安土桃山時代－江戶時代前期之人物，出生於豐岡市（現兵庫縣北部）。俗姓秋葉。父原爲武士，後爲浪人。在日本對醃漬過的黃色蘿蔔稱爲澤庵（たくあん：TAKUAN），據說是他開發的，所以以他的法號爲名。一〇歲出家，一四歲入宗鏡寺，二〇歲與京都大德寺開始有淵源，二二歲其師父出任大德寺住持，當二九歲時其師圓寂，依天皇勅令要其接棒。惟爲貫徹自身不追求名位之志，三天後即退寺。三一歲時再師事和泉國（現堺市）南宗寺陽春院一凍紹滴禪師，澤庵之稱號自此始。四八歲，秉持「與其追求富貴諂媚於人，不如安於一介貧僧」，遂於幼時修行的宗鏡寺後面，修建草庵，名爲投淵軒，係感念屈原投汨羅江而命其名。五四歲時由於幕府挑戰朝廷任命大德寺・妙心住持之權威，引起他對幕府的極度不滿。遂專程自家鄉上京，領導反對派成爲中心人物，並向幕府提抗辯書，因而獲罪被流放至羽州（現山形縣）上之山，三年後因逢第二代將軍秀忠過世而獲特赦。特赦前後，由於柳生宗矩等高官的奔走、推薦，反獲第三代將軍・家光的重用，特地爲他營建占地四萬坪的東海寺由他出任開山住持。此舉違反他不戀名利之初志，而自嘲、自貶自己是「掛錬子的猴子」。死後留下的遺言是：死骸悄悄地在夜晚抬出去埋在後山，之後就不用再去第二次。所以葬禮、白包、墳墓、牌位、法事、年譜、稱號、祭拜等所有儀禮、儀式全免。著有「不動智神妙錄」，其中論述「劍禪一味」，係第一本以禪來說明武道之奧

禪的無我之境。

四、武士之精神支柱

相對於儒教與禪是各自成體系，相互影響有限。但禪對武士道的影響，可謂禪的精神是武士道思想的支柱亦不爲過。

譬如：新渡戶稻造在敘述武士道的淵源時，表示禪對武士道的影響如下：「まず仏教から始めよ。運命に任すという平静なる感覚、不可避に対する静かなる服従、危険災禍に直面してのストイック的なる沈着、生を賤しみ、死を親しむ心、仏教は武士道に対

意的書。是一位多才多藝的禪僧，通書畫、詩文、茶道等。

【14】柳生宗矩，一五七一年－一六四六年。亦即安土桃山時代－江戶時代前期。係江戶時代初期的武將、諸侯、劍術家。大和（現奈良縣）柳生藩第一代藩主，是江戶初期的劍士家代表性人物之一，亦係確立柳生新陰流的始祖。自江戶幕府的第一代將軍德川家康開始，直至第二（秀忠）、第三（家光）代爲止，均爲將軍家劍術的總教頭。曾被將軍．家光詢問：「爲什麼我的使劍本領進步不了」。宗矩答以：「再要往上，已不是劍術的問題。必須要透過修禪，以進行心志的鍛鍊、改造」。於是介紹澤庵宗彭禪師予家光。宗矩在一六一五年的大坂之役，曾隨第二代將軍．秀忠出征，以快劍瞬殺逼近秀忠的敵方武者七人。這是有關他的唯一一次的殺人記錄，其前其後皆無。晚年成爲幕府的總目付（最高監察長官），由此可知其所憑藉者，當非只是一介劍術家或兵法家之本領而已。

してこれらを寄与した[15]（首先，從佛教開始談起。佛教讓武士擁有如同認命般的平靜感覺，對無可迴避持靜默的服從，面對危險災禍，有著修道者般的沉著，賤生親死之心，這些是佛教對武士道的貢獻）」。

新渡戶所說的佛教應是指禪宗。就新渡戶的見解，武士形之於外的靜默的服從、不時興辯白、遭受生命威脅時的沉著、冷靜等之形象，就是來自禪的形塑。簡言之，禪帶給武士道的是達觀、宿命、禁欲、克己等思想觀念。前已提及吾人對武士在切腹時所表現的泰然自若，到底如何致之，感到相當疑惑。依新渡戶上述的見解，正好可提供解釋爲武士在赴死、臨死的從容，其歸結就在於禪的影響。

曾耳聞國內的死刑犯，不管其爲多大尾的流氓，當面臨執行之際，一般幾乎看不到有平常之態，其中不乏腿軟、臉色蒼白者。對照於前述所介紹之切腹武士的平靜，不禁令人有所感。當然，以現今國內之死刑犯與封建時代的切腹武士相比，難免使人感到不倫不類、莫名其妙。因爲，時空背景、犯罪的內容樣態等全然不明、不一的情況下，自然不宜類比。但吾人想說的是，精神面鍛鍊之有無的重要性及其差異性。也就是說，因爲武士透

【15】引用自新渡戶稻造著、矢內原忠雄譯、『武士道』、岩波書店、二〇〇一年、第三二頁。

過修禪，才能展現臨刑時的鎮靜。這是一般人做不到的。換言之，此亦反映精神訓練是如何地不可或缺之明証。所以，有精神鍛鍊的武士可以從容，反之，則難免被死亡恐怖所吞沒。

雖說現代的死刑犯因未能完全克服死亡恐怖，其中有部份顯得狼狽，與武士的視死如歸相比，難免令人會有不光彩之感。但就生物本性、本能來說，除非重病危篤，否則，在意識清醒之下，臨死的恐怖、抵抗、掙扎、逃避等動作、現象，毋寧是正常的。反而是表現欣然接受的武士是違反生物本性。亦即是一種異常行止。自此亦可窺知，後天訓練之成效及其影響之可怕程度。換言之，修行也好，洗腦也好，鍛鍊也好，後天的作爲造就了武士道特色及其核心價值。

二〇一一年三月十一日，日本發生東日本大地震，其時，筆者因工作關係，適巧旅居東京，親身經歷體驗了該災變。超大型天災的關係，連帶日本東京地區也遭受交通癱瘓、停水、停電等意外。偌大的世界級大都市，人口聚集一千二百萬，卻沒有發生恐慌、暴動、騷擾、趁火打劫等不法或脫序之行爲。各區數以萬計的都民，流落街頭、有家歸不得、刺骨春寒（當晚氣溫攝氏一度）中沒得吃沒得喝、夜宿屋外連上廁所都難。但大家都只是靜肅地自我安頓，不干擾他人，不怨天尤人。此一高度自制的國民道德，引來國際社會不約而同地讚嘆和驚奇。日本人卻說，他們沒有特意要表現什麼，只是爲所當爲、做所當做、行所當行而已。

但其背後的緣由之一應是來自武士道的普及、延伸、滲透、感染之故。因爲明治期的武士道等於是全民的道德運動與規範。由上而下凡是天皇的子民不分階級，都得接受此套價值體系。也就是說近代之後，武士道規範，已不是只規制武士而已。所以三一一的日本國民冷靜沉著之表現，可謂明治期武士道的沉澱或其殘影反照在日本國民的行爲上。所以，或許可以說，日本人與他國家、他民族在面對災變時，其應對之不同，是由於有武士道素養之影響的結果。但此一體系，姑不論其對海內外國家民族之是非功過如何，可斷言的是隨著歲月的推移，日本社會整體之武士道精神涵養，確是日漸式微、淡薄，該是不爭的事實。

再回到引用文中，新渡戶稻造提到武士道中的賤生親死觀念，亦是受到禪的影響乙節，其實這是可議的。禪是有訓練、幫助武士如何克服對死亡的恐怖，以備一旦大限來時方能平靜、沉著對處。但禪本質上應無賤生親死之教化，只是在旁人看來，武士似乎毫不依戀生，卻可以乾脆的接受死。自然容易造成外人認爲武士就是輕生貴死。其實這是從結果去看，以爲可以平靜地接受死，就是貴死。實際是參透禪的超越生死、無生無死，所以面對死亡，可以無須價值判斷之故。

對於禪與武士道的關係，禪學大師・鈴木大拙也有如下的表示：「鎌倉時代の武士生活の眞只中に根をおろした、そうして武士精神の奥底にあるものに培われて芽生えた。（中略）まさに萌え出でんとする日本的武士的靈性のために、その通路を塞いでいるものを取りのけたと言った方がよい[16]（禪被根植於鎌倉時代〈一一九二年—一三三三年〉武士生活的核心當中，將之當成武士精神心田堂奧中之物，加以培養、發芽。（中略）禪對武士道發揮的作用，可以說簡直就是爲了行將萌芽的日本式武士靈性，禪將擋在其發展路上的障礙物予以清除一般）」。

小結

鈴木大拙的見解是武士階級成形後，禪即被置於核心價值當中，成爲武士魂、武士精神與心性。眾所周知，武士的職業就是戰鬥，夾在殺人或被殺當中，心中難免充斥、徘徊著無常觀、罪與恨、怨與憤、冷酷與血腥等情愫。因爲他們的工作處於生與死的攻防之

【16】引用自「渡邊誠著、『禅と武士道』、ベスト新書、二〇〇八年、第三一頁（出典：鈴木大拙著、『日本的霊性』、岩波文庫」。

中，沒有灰色地帶。因此，如何純化、簡化、洗滌複雜紛紜的武士心靈，禪的哲學性、宗教性、文化性在對處武士所面臨的死生、物欲之淨化、昇華上，其吻合度、有效性，可謂成爲不二之選。如同鈴木大拙所指摘的，將禪植入武士心田深層加以涵養，令其發芽、茁壯，而演變成武士身體的一部份。

鈴木大拙最後指出，在武士文化萌芽期，武士和禪的結合，讓武士心靈成長得以獲得充分的滋養和助力，遂而發展、構成有別於他民族、他國家文化的武士道文化。換言之，如果沒有禪的薰陶，武士的靈性發展可能完全改觀，而不是今日的樣貌。同時，禪不但成爲武士的精神支柱，亦豐富了日本文化內涵，如茶道、花道、詩文、美學等皆與禪或多或少有所沾染，使日本文化能在世界展現其獨特的一面，此爲禪所帶給日本除了武士道之外的重要貢獻。

總之，爲期武士能超越生死，並淡然於金錢、名位等物質面之欲望及其誘惑，禪爲武士找到了出口。在此功能下，亦即透過禪修可以同時一次解決對生死、名利等之困惑和欲望。換言之，生死觀本爲修禪、參禪者之第一要義，武士卻將之化爲不畏死、可以犧牲生命的武士精神。在此基礎上，再也沒有比藉重禪的克己、禁欲、自恃、單純、直截等心法之修行，由內而外地袪除死亡恐怖更爲有效、更適合的了。

第六章　武士道與儒教

如同武士道與佛教的關係，實際上卻是武士道與禪的關係一樣，此處所說的儒教和武士道，但主要部分還是集中在與朱子學及陽明學的關係。特別是近世．江戶期之武士道，如前所述，受到朱子學與陽明學之影響甚爲明顯。當然，儒家整體之思想、文化，譬如，以四書五經爲主體的經典、中土各朝代著名典籍，其對日之影響是全盤而深遠的。以下本文，擬僅就武士的道德教育、朱子學與陽明學對武士道之影響等情形，尤其是有關其源頭、要素、痕跡等進行探討。

第一節 中日儒教教育之差異

武士從小就接受儒教的道德教育，其內容較無太大差別，但輕重的對待有不同。譬如，中日雙方都把五常的「仁、義、禮、智、信」當人格養成的教育德目，希望透過這些德目的薰陶，可以追求並建立士君子（中國）、武士（日本）們能具有高操的品德素養，此一目標中日雙方可以說是相通的。但五個德目當中，何者爲重，何者爲輕，何者爲先，何者爲後?就變成是問題了。在中土，把「仁」置於五常的首位，朱熹甚至定義：「仁包四德」。換言之，仁是五常中的靈魂、龍骨，支撐著整個五常。亦即，沒有「仁」的義禮智信，是空幻的。仁者愛人，仁就是愛心、慈悲心、惻隱之心。沒有愛心的義是假義、沒有愛心的禮是虛禮、沒有愛心的智是狡智、沒有愛心的信是僞信。

就以上之情形可知，有關中國對儒教德目的看待，非常明顯地首重在於「仁」。在論語當中，孔子提到「仁」就有一〇九次之多。居其他德目之冠，「禮」七五次居次，可見「仁」之重視程度，此亦當可作爲明証。那麼「仁」在日本又如何？從結論上來說，非但沒有得到如同中土般的重視，連基本的與其它德目相並列之地位亦不可得。換言之，仁在日本不但沒被重視，甚至還遭受排斥[1]。

對「仁」反彈得最厲害的歷史人物，應首推本居宣長[2]這位著名的日本國學者，他有如下的見解。『儒教思想において、人間と禽獸との差異は「仁義と禮楽を知る者と知ら

[1]「武士道と中國儒教の差異」（禅から見る武士道と儒教）所収、検索日：二〇一二年八月二十三日。http://hi.baidu.com/joan1o9/blog/item/24c9a0f378a17570dcc47409.html

[2]本居宣長、一七三〇年—一八〇一年、日本江戸時代（一六〇三年—一八六七年）的國學者、文獻學者、醫師。名榮貞、通稱初爲彌四郎、後爲健藏。號芝蘭、瞬庵、春庵、另稱鈴屋大人。最大貢獻是對古事記、源氏物語等古籍之解讀、判讀成功。在學問上，係力主排漢（中國）興和（日本）主張之歷史人物。所謂國學是指以研究日本固有的思想、精神、古典等爲主之學問，又稱和學、皇學、古學。興於江戸初期。先驅者係契沖，其後的四大國學者爲：荷田春滿、賀茂眞淵、本居宣長、平田篤胤等。

ない者の差異」なのであるが、本居宣長はそういった儒教の道徳観によって人間を判断しようとする事は、本家中国では妥当かもしれないがここ日本においてはそれほど重要なことではないと語る。宣長は日本は自然の神道に人間存在の基盤をもち、【それ人の萬物の霊たるや、天神地祇の寵霊に頼るの故をもってなるのみ】というように、人間が禽獣と異なる本性を備えるのは、自然世界の神々から生得的に道徳性を付与されているからだと反駁する（在儒教思想當中，人和禽獸的差異只在「知或不知仁義、禮樂之差而已」。但本居宣長說：想要依據此一儒教的道德觀來衡量、判斷一個人，對儒教發源地的中國來說，或許是件妥當之事也說不定，可在日本這事就沒那麼重要了。宣長反駁道：日本的自然神道中，擁有讓人依存的空間，【夫、人爲萬物之靈，係因依附天神地祇之靈，方得以致之】。如此，人與禽獸之所以各具不同的本性，是因爲來自自然世界中的眾神明，在先天上就授予吾人道德性之故）』[3]

綜合本居宣長以上之看法，可整理成如下幾點：

【3】引用自「本居宣長を突き動かした"もの学びの力"と日本の国学の独自性」、Hatena: Diary 考える脳髄 檢索日：二〇一二年九月四日。http://d.hatena.ne.jp/cosmo_sophy/20050415

一、人與禽獸一線之隔的區分，在中土是以儒教的知或不知仁義禮樂爲基準來判定。然相同的判準也許可適用於中土，但未必可適用於日本。

二、日本人的道德性涵養是得自自然神道諸神的先天性授與。

三、中國人的道德完備性是靠儒教後天上的教養，相對地，日本人則是靠神道教的天神地祇在先天上就予以注入。

以上係本居宣長對來自中土的仁義禮樂教化之重要性不以爲然、也不以爲意。他只認同、歸屬日本傳統的民族神道，他這種強烈而突出地排斥「仁」之言行，造成「仁」在日本道德規範中缺如的因素之一。其是非功過如何蓋難定論，只是吾人不解，何以生爲神道教之天神地祇的子民，自然就能擁有人獸之分，不需後天的道德教育。原來這就是神國思想的基底？中土人士需要仁義的陶冶始能區分人獸，亦即具有靈性與否。而神國思想下的日本人則是一出生、換言之，只要是神道教下的子民，神就授與靈性，即備人獸之分。單自此處實略可窺出端倪，亦即戰前日本人的神國思想下的優越感，其部份源頭該係源自於此吧！

相對於中土對「仁」的重視，在日本居同樣地位的德目是「勇」，可「勇」不在五常之中，卻爲什麼成爲武士道價值體系當中的核心。此與爲什麼在日本不能講究「仁」的道理是相通的。因爲武士所從事的工作就是殺人。要遂行殺人的工作當然得發揚「勇」，抑制「仁」。因爲「仁」是好生之德，慈悲爲懷，惻隱之心。如果獎勵、褒揚這些精神，如何還能趕武士們上戰場、出生入死。

武士存身於戰鬥集團，功名利祿的取得全繫於殺敵建功，沒有武勇如何能成名立萬。武勇如何展現？直接了當地說就是能多殺一人就多殺一人。如此，一方面顯示自己勇氣超人，另方面也顯示比他人武藝高強。當然也表示對主公貢獻更多，自身的功名利祿自可獲得更多。功利主義下，如何能不棄「仁」揚「勇」。

在中土當武力革命者拿到天下後，征戰的武人將軍們就得下崗，解甲歸田。新上來掌權治世的改由文人。但日本中世期不但以武力得天下，也以武人治天下。因爲，最高權力者是將軍（天皇是權威者），他本人同時也是武士，其幕僚、屬下更是武士。在此氛圍下，當然要強調武勇才是第一要義。於是輕「仁」重「勇」文化自然產生，它是極其典型地由環境所醞釀出來的。得天下全訴之武力，可謂古今中外皆然。惟中土的文人治世、日本的武人治世，適巧象徵、印證了中土的重「仁」輕「勇」，日本的重「勇」輕「仁」之文化容顏。

日本的輕「仁」，不單只是武士掌權時期的中世、近世而已，連古代亦然。因爲，日本最早的成文法典、推古天皇時代由聖德太子於六〇四年所制定的「憲法一七條」中，完全沒提到「仁」。到了近代依然如此。近代國家・明治時代開始以迄二次大戰結束時的昭和二〇年（一九四五年）爲止，其間一個世紀多，日本的軍人、軍隊、軍力等都是世界一流。但戰後因其憲法第九條規定不再擁有陸海空戰力等，遂無正式的軍人德目訓條。

日本戰前相當於中華民國軍人五德：智、信、仁、勇、嚴之德目是一八八二年以明治天皇名義頒布的軍人敕諭中所揭示的：忠、禮、勇、信、質素等五項。順便也提一下古代韓國（新羅）的軍人訓條[4]是：忠、孝、信、仁、勇。將古代的韓國、近代的日本、現代的中華民國等三國的軍人道德德目作比對，三國都共通擁有的只有勇與信二項。日韓都有忠，中華民國卻沒有忠。中華民國和韓國都有仁，日本卻沒有仁。在中華民國既使是軍人還是要講求「仁」，卻既使是軍人還是不講究「忠」。姑且不論是非功過如何，歸納來說，日本對忠、勇德目的發揚、重視、以及對仁愛的忽視、揚棄等都是其特色。而中土對仁的獨鍾、對忠的輕忽亦爲一大特徵。

但這樣的社會文化容貌，有助吾人理解：那些發生於戰前日本殖民統治近鄰諸國之

【4】森嶋通夫『なぜ日本は「成功」したか？—先進技術と日本的心情』、株式会社ティビーエス・ブリタニカ、一九八五年、第一六頁參照。

際，所發生的暴行之深層結構。根據許介鱗教授的研究[5]，戰前日本軍國主義者於中日甲午戰爭與殖民台灣之際，對當時百姓之屠殺有如下之記錄。

一、旅順口屠殺事件：甲午戰爭（一八九四年—一八九五年）時，日本陸軍第二軍（司令大山嚴）於一八九四年十一月二十一日攻占清朝北洋海軍基地旅順港時，發生大屠殺事件。經戰後的調查、統計，當時旅順市的人口約二萬餘人，日軍入市區進行四日三晚的大屠殺後，街上剩三十六名中國人，是留下他們搬送、埋葬屍體。

二、在台殖民期間的淫威暴虐：占領初期的數年之間，對台灣百姓至少犯下如下之屠殺事件。

（一）對大嵙崁溪沿岸之燒殺：在本區有汪國輝、三角湧樟腦製造商蘇力、樹林地主王振輝等地方有力人士爲首帶頭組成「住民自警團」抗日。初期義軍占優勢給予日軍相當大的打擊。然日軍大批援軍到後，即將大嵙崁至三角湧（台北～新竹）之間的所有村落，視爲窩藏抗日份子之地區，遂而命令放火、殺人。一八九五年七月二十二日開始連續燃燒三天，二十餘里一片焦土無一處間斷，

【5】許介鱗「日本『武士道』の謎を暴く」、台灣綜合研究所、檢索日：二〇一二年九月三日。http://homepage3.nifty.com/aab/busido.htm

燒毀房屋住宅計一千五百餘戶，死傷者二百六十人。

（二）對大莆林的婦女暴行：一八九五年九月二日，接收台灣的日本軍抵達現嘉義縣大林鎮時，本地士紳．簡精華原本欲武力抵抗，後因覺抵抗不過是以卵擊石空犧牲而已，遂而轉向歡迎日軍。未料日軍卻向簡氏要求提供二百名婦女，簡未答應。日軍即強姦、殺害簡氏一族婦女六十餘名。簡雖設法欲報復，終聽勸告歸順，然其後不到一個月即自殺身亡。

（三）蕭壠街之慘殺：一八九五年一〇月一〇日，日軍混成第四旅團來到嘉義縣漁港．布袋嘴。當地領袖林崑岡雖全力抵抗，奈何武器拙劣，遂帶近千人老弱婦孺村民退至蕭壠街（現台南市佳里區）。躲藏在溪谷兩側的雜木林中的天然溝渠或山谷裡。在日軍大肆搜索下，且有嬰兒哭聲，遂被發現。日軍將頭尾兩端之坑道阻斷，向村民躲藏處同時掃射約二〇分鐘，淒慘恐怖尖叫聲後，一瞬之間變成活地獄。所有避難的老弱男女村民無一幸免。

（四）雲林大屠殺：一八九六年六月一〇日，日軍混成第二旅團之守備軍，進駐雲林地方。抗日義軍千餘名皆集結到大坪頂（三面環繞溪谷、一面連接險惡山地之地形），並將之改稱「鐵國山」，向全台發出剿日檄文。六月十六日，當日軍一個連隊開始採取攻勢，義軍為避其鋒遂自鐵國山退入深山。日軍隨即展開屠殺百姓、燒毀民家之報復舉動，直至六月二十二日為止。其間有四千二百九十五戶（七〇餘村莊）民房被燒毀，六千位平民慘遭殺害。

（五）阿公店大屠殺：一八九八年兒玉源太郎就任第四任總督後，批准命名為「大討伐」之行動計劃。亦即針對台灣中南部抗日義軍進行掃蕩之決定。事後依據當時台南縣知事所提出的報告書，有如下之統計記錄。有二千零五十人遭殺害，負傷者不計其數。被燒毀的民家數：全毀二千七百八十三戶、半毀三千零三十戶。動產、不動產的家財損失約達當時的貨幣三萬八千元之價值。受害最嚴重的是阿公店（現高雄市岡山區）。諷刺的是兒玉源太郎及其民政長官・後藤新平，被尊稱為台灣近代化之奠基者，原來他們是用沾滿鮮血的雙手在推進台灣的近代化建設。

（六）招安典禮場上的射殺：最有名的招降後殘殺之騙局，是一九〇二年五月二十五日，發生於雲林的屠殺事件。招降典禮會場共設六處：①斗六典禮場六〇餘人、②林圯埔・典禮場六十三人、③崁頭厝典禮場三十八人、④西螺典禮場三〇人、⑤他里霧典禮場二十四人、⑥林內典禮場三十九人。六處典禮場同時以機關槍掃射，無一人幸免。策劃引蛇出洞再加以殲滅之計劃，上自總督兒玉源太郎、民政長官後藤新平、下至斗六廳長荒賀直順、警務課長岩元和知等皆秘密參與、安排、執行。相信日方的甜言蜜語，誠心歸順的抗日義士們，中了如此歹毒之計，諒死也不瞑目。

（七）噍吧年大屠殺：一九一五年余清芳在台南以「西來庵」爲中心，展開抗日運動。失敗後躲藏起來，日方還是使用詐騙手法，讓他們棄械歸順。然後針對噍吧年（現台南市玉井區）、後厝、竹圍、番仔厝、新化、內庄、左鎮、茶寮等二〇餘村落之居民共約三千二百餘人，不分老幼，進行殺戮。但日方卻對其誘殺抗日分子、牽連平民之卑鄙手段，極盡隱蔽之能事。

前已提及被譽爲台灣現代化之奠基者．後藤新平，在其所著『日本殖民政策一斑』中，公然自承在台統治五年期間，依法處死匪徒之人數就有一萬一千九百五十人，其口中所謂的匪徒，當然就是抗日的台灣人。這些人的家屬，還有無辜被捲入的犧牲者，更不知凡幾。所以特意列舉以上這些日本戰前之屠殺事件，旨在冀望透過這些事實來印證、反映日本文化、特別是武士道文化中，偏向對忠、勇之強調、重視，卻疏於仁、恕之道的倡導與涵養。

第二節　武士道與朱子學

到戰國時代（約一四六七年－一五七三年）爲止的武士是不懂儒教[6]，自然也不懂什麼是朱子學、什麼是陽明學。開創江戶幕府之始祖・德川家康爲引領武士走出野蠻、粗暴形象與境遇，並規範、形塑太平時代武士應有之德行，以符合庶民表率，遂有意敦請當時成名的儒學者・藤原惺窩（一五六一年－一六一九年）執教，欲以儒學來馴化教養武士。但藤原未接受德川幕府之招聘，改推薦其弟子・林羅山（一五八三年－一六五七年）出任幕府之儒學教師。林羅山係一位比其業師・藤原惺窩更爲頑固的朱子學派信徒，此與之後朱子學被德川幕府奉爲官學甚具關係。

依島田虔次對朱子學內容之分類[7]，其大概如下：

一、存在論，即「理氣」之說。
二、倫理學，即「性即理」之說。
三、方法論，即「居敬・窮理」之說。

【6】長尾剛『武士道の源流　陽明学がわかる本』、PHP研究所、二〇〇四年、第二一頁參照。
【7】島田虔次『朱子学と陽明学』、、岩波新書、二〇一二年、第七九頁參照。

四、古典注釋及其著述。如，『四書集注』、『資治通鑑綱目』等。
五、政策論。譬如，其對科舉之意見、社倉（因應飢饉儲藏糧食以備救濟之穀倉）法、勸農文等。與武士道較具關連的可能都在倫理學方面。譬如，孝道、君臣之義、名分論等。

前已提及朱子學對日本歷史的發展，較早的有中世時期南北朝時代（一三三六年～一三九二年）的後醍醐天皇受朱子學思想之影響，致認爲日本的國家權力中心應在朝廷而非幕府，亦即天皇親政才是正統、正當。據此主張在他的在位期間曾有所謂的「建武中興」[8]新政，惟其輕視武士之存在而未能獲得武士層之支持，新政僅維持二年半即宣告瓦解。此一結果，導致日本南北朝時代之形成。亦即，分裂的兩個朝廷並存長達約六〇年始再統一。進入近世的江戶時代後，朱子學不但眞正成爲統治思想、更成爲日本近世整個封建社會的中心思想。

【8】建武是年號，又稱建武新政、一三三三年，後醍醐天皇率軍討伐並成功消滅鎌倉幕府。其欲一舉恢復古代之天皇親政，惟始終無法消除武士層之不滿，新政維持不到三年即以失敗收場。

一、官學化

朱子學在近世．江戶時代爲何被指定爲官學[9]？主要原因是朱子學中的「大義名分論．尊皇（王）攘夷」思想，有利於統治者．德川幕府之「幕藩體制[10]」的鞏固，以便讓天下得以安定、太平。因爲，德川家康雖於一七世紀初得天下建立江戶幕府，但分據各地的藩．諸侯仍各保有武力。換言之，德川家和各諸侯間尚未建立起絕對忠誠、絕對服從之關係。因此，一種能擁護幕藩體制的確立以及確保其運作的順暢之思想、作爲的出現是必要的。朱子學可謂正好就是這種需要的提供者。

因爲，江戶時代（近世）之前的中世武士道是植基於上對下的恩賜與下對上的奉仕之基礎上。中世後期的戰國時代更發展成以實力爲依歸的下剋上的風潮。當戰國時代紛爭平息，織豐（織田信長和豐臣秀吉）時代也結束，時代之河的奔流湧向德川家康所建立之江戶時代，氣象爲之一變，國勢趨向太平之世。武士遂由戰鬥者蛻變爲士大夫。亦即由武

【9】「尊王思想の研究9—朱子学の官学化」、二〇〇一年八月二十五日、檢索日：二〇一二年九月七日。http://www5d.biglobe.ne.jp/~kintaro2/abesonnou9.htm

【10】幕府封賜領地予各藩，各藩則效忠、服從幕府的領導、統治、此種幕府在上、各藩在下之相互依存，各取所需的運作模式謂之幕藩體制。

人轉變成爲政者。武士思惟行動之哲學，亦得自「亂世的武士道」往「治世的武士道」推移。

「治世的武士道」所意味的是「儒學的武士道」。於是以朱子學爲中心的儒學之「士道武士道」應運而生。江戶時代前期、中期提倡士道的代表人物是：山鹿素行（一六二二年—一六八五年）、荻生徂徠（一六六六年—一七二八年）、貝原益軒（一六三〇年—一七一四年）等儒學者。他們之間各自的主張當然未盡一致，但就「以聖人之道（儒學）來純化、淨化武士道」一點上，未見大的差異[三]。

朱子學強調得天下者有「王道」、「霸道」之分，換言之，有施行「德政」、「暴政」之別。有德者得天下，實施的德政，順天應人，萬民歸心謂之王道。無德者得天下，則暴力治天下，生民塗炭謂之霸道（暴政）。以德治天下的王道統治，始擁有正統和正當，同時也是正義的化身。因此，臣民向代表正義、有德的統治者效忠就是絕對的善。朱子學的此套理論，正好符合得天下的德川幕府，它需要取得各藩死心蹋地地服從，萬眾一

【三】「江戸時代の朱子学が日本人の性格、ものの考え方に与えた影響について、あなたの考えを教えてください」、檢索日：二〇一二年九月二日。http://detail.chiebukuro.yahoo.co.jp/qa/question_detail/q1119630206

心地擁護之需求。所以，當朱子學有些許式微、停滯之際，幕府甚至於有所謂「寬政異學之禁[12]」的舉動。亦即排斥、壓抑除朱子學之外的其他學派之活動。

在江戶時代，吸收、發揚朱子學而建構成江戶時代倫理體系的具體作爲有：成爲江戶時代約束武士行爲規範的法律．「武家諸法度」的制定，有武士道論語之稱的「葉隱」之問世，樹立日本主體意識、獨特史觀、醞釀日本人強固的大和民族認同感的「大日本史」的編纂等。這些都對其後的日本產生相當深遠的影響[13]。

二、尊皇攘夷之源流

官學化的朱子學，對武士到底產生哪些影響？首先略爲探討朱子學成立的社會背景。朱子（朱熹）是南宋人，他的時代前後的中土，有遼、金、西夏、大理等王朝同時存在。特別是整個宋朝經常受到來自契丹、女眞、蒙古等北方遊牧民族的壓迫和威脅。他的

【12】寬政二年（一七九〇年）老中（幕府中具最高地位、資格之執政官）松平定信發布命令要求：在幕府所屬的教育機關中除朱子學之外，禁止教授其他學派之學問。晉用人才時亦只考朱子學。有關此舉各藩雖有自主性，但上行下效，與發布禁令全國無異。民間雖亦不在此限，但非屬朱子學的學者，都得面臨幾乎招不到學生的窘境。

【13】「朱子学の背景（朱子学）」、檢索日：二〇一二年八月九日。http://www9.wind.ne.jp/fujin/rekisi/nanboku/shusigaku.htm

前朝・北宋就是被金所滅亡，嘗歷活生生的痛苦經驗和恥辱。所以更觸動他的「華夷思想[14]」之澎湃。亦即對外強調「尊皇斥霸」、對內強調「節義・名分」。他主張、訴求：周圍的民族雖武力強大，但文明開化遠不及中土，諸民族理應排斥藩王歸順天朝，始順天應人。對內則藉由名分論以期匡正、鞏固「君臣・父子」等上下關係。

在中土的「尊皇斥霸」是要文明落後的周邊異民族，尊崇、臣服擁有光輝燦爛悠久歷史的華夏皇帝。當此套理論投射在日本時，華夏皇帝變成是天皇，周邊的異民族變成是幕府、各藩、武士們。「神皇正統記[15]」就是基於朱子學中的「名分論」和「尊皇論」之

【14】中原地區的華夏（漢）民族，自認自身的文化文明優於周邊的諸民族。譬如，對周邊的民族之稱謂，東方爲東夷、西方爲西戎、南方爲南蠻、北方爲北狄即其明證之一。係一種區隔華夏與周邊民族之別以及並非相互對等之思想和觀念。

【15】日本的南北朝時代（一三三六年—一三九二年）的公卿・北畠親房所著，處於朝廷分裂的時代，主張被室町幕府所驅逐的南朝，才是正統的萬世一系之天皇的歷史書。本書從神話、地神開始描寫、接著細述歷代天皇直至後村上天皇（一三二八年—一三六八年）爲止之事蹟。對於君王的要求，首先應以是否擁有三種神器（八咫之鏡・やたのかがみ、八尺瓊勾玉・やさかにのまがたま、天叢雲劍・あめのむらくものつるぎ【或稱草薙之劍・くさなぎのたち】）作爲不可或缺的條件。其以貴族的保守立場，主張天皇和貴族統治日本、統帥武士才是理想的國家像。將貴族和僧侶稱爲「人」，武士稱爲「者」加以區別，充分反映作者的身分觀。受宋學（朱子學爲主）之影響，除血統之外，亦強調君臣必須有德。行德政，自可將錯誤的歷史發展方向導正。

立論所著述的。「太平記[16]」更是將尊皇思想推展、滲透至一般庶民。加上國學派（皇道派、古學派）、水戶學派等的尊皇思想的肯定、宣揚、奉行，中世以後尊皇攘夷思想即深植武士內心。

一九世紀中期起，日本直接受到來自歐美列強的壓力，「尊皇攘夷」成為救國、改朝換代等運動之主軸。整個力量的源頭和構成，不管是上層、下層亦或正反不同勢力，其動能完全都是來自武士。一般咸認尊皇思想是幕末方才誕生，並迅速地發展、膨脹，且與倒幕運動相連結遂而竟其功。其實不然，尊皇思想可謂自古以來的傳統思想，否則天皇制早就成為歷史灰燼，不可能持續至今日[17]。

一七世紀進入江戶時代，德川幕府將朱子學定為官學後，朱子學的尊皇攘夷、名分

【16】古典文學作品，全四〇卷，通稱「古典太平記」。約一三七〇年成立，有關作者是誰，可以肯定的是非出於一人之手，亦非短期間之作。以日本的南北朝為舞台，從後醍醐天皇的即位，至鎌倉幕府的滅亡、建武新政的起始與終焉、南北朝的分裂、觀應的擾亂（一三五〇年－一三五二年間、室町幕府內之內亂）、室町幕府第二代將軍・足利義詮的死亡、細川賴之管領（將軍的執行長）的就任為止，描繪自一三一八年－一三六八年約半世紀之間的戰事記錄故事。具祈求和平、撫慰冤魂之意義。

【17】門松秀樹「第一章　尊王攘夷運動と王政復古」（寺崎修編著『近代日本の政治』法律文化社、二〇〇六年）所收、第一二－一五頁參照。

論、王霸論等思想成了武士的基本教義。不管他是陽明學派、國學派或水戶派，尊皇可謂是唯一相通的理念。在武士的心底裡是屬於一種常識性的存在。不要說是一般武士，連擁有最高權力的將軍，在天皇神威下，都不免矮小化。

譬如，「大日本史」的編纂，是基於大義名分論，闡明漢賊不兩立之立場。簡言之，萬世一系的天皇制，連綿一貫地統治日本，其正統性在日本無與倫比。此與近鄰諸國、諸民族相比，其獨特性更是讓日本人引以爲傲、値得向人顯耀之處。但由於史書強調天皇統治日本的正統性。必然地反襯出德川將軍家得天下的非正統性。江戶幕府之末代將軍・德川慶喜，係出自大力編纂此史書的水戶藩，其具漢賊不兩立概念實難否定。

一八六七年當土佐藩藩主，山內容堂勸末代將軍・德川慶喜將大政奉還天皇時，他並無出現太大抗拒即聽從所勸。其後因強大藩擁天皇之名發動王政復古以罷黜將軍。亦即逼慶喜辭官納地，導致發生幕府與強大藩間之政爭，而於一八六八年一月三日爆發戊辰戰爭之緒戰・鳥羽・伏見（現京都南部）之戰。但開戰後第四天（一月六日）之夜，慶喜卻從大坂利用海路獨自返回江戶（東京），所以，幕府軍於次日，一月七日即全面潰敗。

主要原因是因爲開戰第二日，以薩摩藩、長州藩爲主力之討幕軍，即改以揭示師出朝廷・天皇之名，亦即討閥幕府的軍隊變成是官軍・皇軍。此一情勢對慶喜來說等於是與天皇正面爲敵。他在自述中稱：爲什麼身爲幕府的最高司令官的自己，卻放棄在戰鬥中的自己的部隊，獨自逃回江戶。是因幼小起即接受嚴父．幕末水戶藩主德川齊昭：「絕不可與朝廷爲敵之庭訓」之故[18]。慶喜的心境之一該是，如對抗天皇自己即成爲亂臣賊子，應是他最難以接受的。他的祖先強調天皇的正統性，反加速德川家失去天下，此或許是「大日本史」史書編纂創辦者．第二代水戶藩藩主．德川光圀所始料未及吧！

明治（一八六八年）之後，忠是對天皇的盡忠，孝是對天皇的盡孝。因爲，臣民是天皇的赤子，所以，對天皇必須盡孝。不管忠也好，孝也好都是對天皇的付出。日本在二次大戰戰敗前，神風特攻隊、人肉炸彈、人肉魚雷、玉碎戰法、萬歲突襲等自殺式、同歸於盡之戰法，再再顯示日本軍人的非理智，但其所依據者卻是武士道。此武士道就是『葉隱』一書的武士道。其著者．山本常朝，在武士道原有的忠義之外，再吸收朱子學中的孝道，成爲忠孝之道。所謂忠孝之道是指對主公的忠，孝則是指對家族的愛的付出，亦即奉獻幸福給家族。但明治以後，被扭曲成盡忠盡孝的對象全是天皇。

如眾所知，『葉隱』中的名句是：武士道就是體悟死亡之道。這對敗戰前的日本軍

[18] 同上，第二二五頁參照。

部來說，據此驅策其國人奮不顧身地赴死，可謂再方便不過了。軍部利用『葉隱』強調：主公（天皇）命令的絕對性、滅私奉公的重要性、即使是無謂的死、無意義的死也不須回頭。其實『葉隱』當時的時代背景以及作者的本意是：該書完成於太平盛世（約一七一六年），武士幾全無赴死機會之情形下，卻反而提出武士道即死亡之道。究其眞實，作者之眞意無非道出武士雖無赴死機會，但勉勵武士們於活命之前提下，以赴死之心志，報效主公，不因泰平而懈怠。但二次大戰敗戰前的日本軍部，卻煽動、鼓舞、鼓吹國民無條件地赴死[19]。

三、日本主義

前已述及德川幕府將朱子學奉爲「普世原理」，而將之明定爲御用之學．官學。由於朱子身處國土分裂的時代，華夏之地除大宋之外、前後出現遼、金、西夏等王朝。所以強烈地提出他的漢賊之分的「名分論」、不可動搖（重視絕對服從）的「君臣關係」、中原民族優於其他民族的「華夷之分」等論述。這樣的做法無非都是爲了強調自身國家、民族

【19】「昭和・狂った武士道の時代」、武士道論51、檢索日：二〇一二年九月五日。http://ameblo.jp/yageki/entry-11319818070.html

之武力雖弱，但在正統性、文明度、優質性等方面，其他民族都難望項背，應該服從、尊重宋王朝，以其爲馬首是瞻方是。

此套理論，到了江戶前期的儒學者．山崎闇齋[20]，又有不一樣的發展。山崎是所謂「崎門之學[21]」的開山始祖，亦是「垂加神道[22]」的倡導者。其思想主軸是反對易姓革命，所以其思想自然地歸結於強烈的天皇崇拜，以及對天皇正統性的強力主張。其結果就是尊皇愛國思想的興盛、天皇不可侵犯的絕對性。換言之，對改朝換代革命之說完全否定，

【20】山崎闇齋，一六一六年－一六八二年、京都人、名嘉、儒者號闇齋、神道號垂加。初爲臨濟宗禪師，後結識谷時中、野中兼山等海南朱子學人士並受到他們的影響，醉心朱子學，還俗歸儒。一六六五年開始在京都開班授課，與江戶的林家並列，門人數千人。後因與吉川惟足之弟子論戰，致對神道開竅，隨即向伊勢神道大師．渡會延佳學習神道。繼而直接向吉川惟足本人學習將儒學內化的：「理學神道」或稱「吉川神道」，並得到其眞傳，被授與垂加之名號，而開創其自身之「垂加神道」。弟子有澀川春海、若林強齋、竹內式部等。遺著『山崎闇齋全集』五冊。

【21】崎門之學，學風爲祖述朱子學，不興詞章記誦，貴身心體悟。重視師說，排斥異說。貫徹嚴格的道德主義，重名分，以會津藩爲首的領主階層爲中心，形成全國一大勢力，亦成爲尊皇思想的一大源流。門下生中的左藤直方、淺見絅齋、三宅尙齋被稱爲崎門三傑。

【22】垂加神道，儒學作爲中心之外，並引進陰陽五行說、理氣說而另成體系。神人合一觀爲其最大特色。強烈的天皇崇拜之立場，影響了相當多的神道家。

就是對萬世一系之天皇制的完全肯定。其極致就是樹立日本的「國學[23]」；水戶學（以尊皇論爲核心之思想體系）、「復古神道[24]」之藍圖、進而擴及於幕末（一八五三年－一八六八年）的「尊皇討幕運動[25]」、「王政復古[26]」等扭轉日本近代國家走向之重大乾坤變革。

有關山崎闇齋的學風，有一段有名的軼聞如下。『嘗て群弟子問うて曰く、方今、彼の邦【中国】、孔子を以て大将と爲し、孟子を副将と爲し、騎数万を卒い、来りて我

【23】國學：係以古事記、日本書紀、萬葉集等古典爲主要鑽研對象，圖藉此以樹立日本固有思想、精神爲主旨之學問。目的在確立日本自身之主體性。興於江戶前期（一七世紀），先驅者爲契沖，其後有荷田春滿、賀茂眞淵、本居宣長、平田篤胤等著名學者輩出。

【24】復古神道，江戶後期興起的復古主義之神道說。之前的神道含帶儒、佛被視爲不純。主張應予以剔除，並回歸古典文獻・古事記、日本書紀中所描述的惟神之道。維新期（幕末、明治時代初期）所昌行的神佛分離、廢佛毀釋（佛堂、佛像、佛具之破壞）等運動，可謂係受此思想所影響之明證。

【25】尊皇討幕運動，天皇應爲日本國政之軸心，德川將軍【江戶幕府】應退位下台，否則就要予以打倒、消滅之政治鬥爭運動。一八六八年的明治維新係本運動之終結和成果。

【26】王政復古，日本自一一九二年王政（國家權力）由朝廷（天皇）移向幕府（將軍），亦即以武家政治或武家政權爲中心之體制來構成、開展日本國家權力運作。此時的天皇只是儀禮性的存在。一八六七年底，尊皇派（或稱討幕派）發動政變，成功地將國家權力從幕府處奪回，奉還朝廷。王政由將軍再度回歸天皇，因而謂之王政復古。

が邦を攻めば、則ち我が党、孔孟の道を学ぶ者、之を如何せん、と。弟子咸答うる能わず。曰く、小子爲す所を知らず。願くは其の説を聞かん、と。曰く、不幸にして、若し此の厄に逢わば、則ち吾が党、身に堅を被り、手に鋭を執り、之と一戦して孔孟を擒にし、以て　恩に報ぜん。此れ即ち孔孟之道也[27]。（嘗問群弟子曰：方今彼邦（中國）以孔子爲大將，以孟子爲副將，率數萬騎來攻我邦，則吾黨．學習孔孟之道者，該如之何。弟子皆無以爲答。曰：小子不知如何處之，願聞其詳。曰：如不幸眞遭逢此厄，則吾黨當身披堅甲，手執鋭器，與之一戰之外別無他途。並擒獲孔孟，以報國恩。此乃眞正孔孟之道也）』。

這是標榜日本學不遺餘力的崎門（闇齋）學派之豪情與氣概的具現，也展現其強烈的日本主體性意識。言外之意是日本孔孟之學係青出於藍勝於藍的孔孟之學，是超越孔孟之道的孔孟之學。亦即日本學的孔孟之學比中土的孔孟之學更爲道地，且透過正面對決，並屈服對方，來顯現皇民的優越，以報皇國之恩。

確實這就是崎門學派之龍骨。但除此之外，更重要的是山崎闇齋仿照武士道，來闡述

---

[27]高橋富雄『武士道の歴史【全3巻】2』、新人物往來社、昭和六一年、第二五〇頁參照。

武裝化的聖人之道。闇齋表示：俘虜孔孟，以報國恩，才是最高的孔孟之道。此處所謂的國恩，就闇齋來說是指朝廷之恩。其意概爲：俘虜孔孟，即在超越孔孟。如何超越，就非得令孔孟之道進化到儒教武士道不可，換言之，是將儒教化入武士道。在他來說就是尊皇武士道的成立，武士道遂變成報效朝（國）恩的儒教武士道[28]。簡言之，孔孟之道眞正成爲日本的孔孟之道，必須要心懷朝廷以報朝恩。

前已述及闇齋反對湯武放伐、易姓革命，但德川幕府對此易姓、放伐卻是理解並接受的，兩者（幕府與闇齋）原本可以說是形成對立。因爲，如承認湯武放伐的話，就表示將軍對天皇的架空、忽視是合理且正當的。不接受湯武放伐的話，將軍豈不成了叛將、亂臣賊子。所以，後來崎門學派與幕府之間，採取尊重現實，將幕府與朝廷間關係，陳述成將軍的天下是來自天皇的委任，兩者因而取得平衡、妥協。

二百餘年後，崎門學派的尊皇論開枝散葉，成爲日本主義的綱領、血肉和精髓。何謂日本主義，簡單地說就是從明治維新（一八六八年）之後，至第二次世界大戰結束爲止（一九四五年）之期間，在日本國內所進行的排斥歐化主義、民主主義、社會主義等外來

【28】同上，第二五一頁參照。

新文明文化，而力求維護、鞏固、擴展日本自古以來的傳統、國粹、信仰、文化等。特別是強調皇道、國體思想之意識形態等思想或運動之總稱。

日本主義的思想源流其實就是來自二百多年前山崎闇齋所心醉的朱子學—正統論、尊王論、名分論、君臣論等。山崎闇齋一個人同時創建屬於儒學的崎門學派與屬於神道教的垂加神道派，但不管是儒道或神道，究其根底結晶，概可全歸結於皇國正統論。

四、明治維新

日本從一九世紀中葉起由於來自美國的叩關，國勢由鎖國轉向開國，繼而完成明治維新。其後不到四十年間即由一邊境小國一躍成爲世界五大強國之一。明治維新後，日本無論在近代典章制度之建立、工商產業之振興、基礎建設之整備、科學技術之確立、衣食住行育樂等社會文明方面之改善和發展，再再都令人驚艷。特別是船堅砲利方面之飛躍性進步，更是令人瞠目結舌。

以上成就不過是在明治維新後，短短的大約三十餘年間而已，但其對日本來說可謂猶如脫胎換骨，且其驚異性崛起之姿帶給外國之震撼，尤其是對近鄰諸國來說，彷彿予人身處隔世之感。不禁要問？那麼明治維新到底是如何造就的？其原動力又爲何？所謂明治維新是終結江戶時代之幕藩體制，建立天皇親政之明治新中央集權政府，進而就中央官制、地方行政、身分制、經濟、產業、金融、流通、外交、教育、文化、思想、宗教等領域進行一連串之興革和建設，使日本成爲東亞第一個擁有西化的近代國民國家之謂。日本此一改朝換代的特徵大致如下節。

五、王政復古

自日本的中世開始以迄近代爲止的大約七百年之期間，天皇親政是被中斷的，卻由於明治維新的關係使得日本再度恢復天皇制國家。日本對於一八四〇年的中英鴉片戰爭，對於當時中國所遭受之慘狀雖有耳聞，但直接感受到來自西方列強的壓力與危機，則是一八五三年美國海軍提督裴利（Matthew Calbraith Perry）率艦隊對日叩關，要求開國才眞正開始。

其後，日本國內的政治生態開始胎動、驟變，亦即裴利的來航，引爆日本有志之士、朝野官民等必須實際面對被殖民甚或亡國之危機意識的萌芽和高漲，讓他們深覺日本必得作某種對處，否則必步中國之後塵。幕末（一八五三年—一八六八年）至明治維新，日本的國家主軸是：以長州藩（現山口縣）爲主的反幕府勢力，高舉「尊皇攘夷（恢復天皇爲國家中心對抗歐美列強）」，公然與幕府爲敵。佐幕派（擁護幕府）初期則以薩摩藩（現鹿兒島縣）爲主，但該簿其後再轉爲「公武合體（朝廷與幕府共同合作）」，後復再轉向「尊皇攘夷（打倒幕府，恢復天皇制）」。

因此，原本對立的兩股勢力得以合而爲一共同對抗幕府，而促使並加速幕府的倒台。換言之，幕末整個國政變革運動之大勢於一八六四年前後產生劇變，因爲薩摩、長州兩藩，分別與美、英、法、荷蘭等國的艦隊直接發生武力衝突。日方慘敗的結果讓「攘夷」派了悟到攘夷之不可爲，因而最終皆往尊皇倒幕發展。亦即，先促使幕府進行「大政奉還」朝廷之舉，後再由朝廷發動「王政復古（令末代將軍辭官、納地（剝奪將軍之實權），結束將軍執政，國政再回歸古代的天皇親政）」大號令，將幕府勢力完全逐出國家新權力核心，令其全面崩潰，迎向終焉。

一八六七年末，終於結束長達七世紀以來的朝廷、幕府並存之二重政治結構體制，天皇制國家復甦．日本重獲新生。值得一提的是：幕末到明治新政府成立的一〇幾年間，日本在面對有關國家大變革之際，因權力重組帶來大洗牌所產生之紛爭，自始至終可謂皆以小規模內戰、甚而不流血收場。譬如，一八六八年的江戶（東京）無血開城。

明治維新的成功相對於中國的改朝換代，所付出的代價可謂非常地低，又非常地小，但之後其成效卻非常地高、又非常地大。到底其因爲何？首先是天皇此一名器的妙用。天皇的大旗所到之處，雖可能無法百分百望風披靡，但毫無疑問地是日本國內萬眾所歸、各勢力可妥協、歸順的最大公約數，這是中國所欠缺的。

中國在面臨國家危急存亡之秋，特別是近代期間（一九世紀中葉起）先後雖有東西列強壓境，甚或因敗戰連連導致割地、賠款、不平等條約束縛等，可國內依然各自為政，呈現分崩離析之狀。譬如，中日甲午戰爭之際，北洋艦隊全被殲滅，南洋艦隊卻能置身事外，彷彿分屬不同國家一般。

近代中國在面臨國家巨變，缺少如同日本天皇般具絕對而強力之統合名器，是影響中國國家命運甚深遠的原因之一。日本在一八六七年底的王政復古後，舉國一致團結在明治新政府下，一連串的新措施、新施政的施行，例如，廢藩置縣（重劃行政區）、版籍奉還（原屬於地方之地籍、人籍回歸中央政府）、四民平等（廢除階級世襲制度）、遣歐使節團之派遣[29]、秩祿處分（終止對原統治階級之年金支給）、廢止帶刀令（禁絕武士帶刀之

[29] 遣歐使節團之派遣，明治新政府之首腦群，如岩倉俱視、大久保利通、木戶孝允、伊藤博文等，約花了一年一〇個月，赴歐、美實際考察學習。返國後，提出一〇〇卷之考察報告。明治新政府之首腦，親赴歐美實地考察，帶回務實、前瞻、結構性國家建設之視角和決心，才是此次任務的價值和貢獻。

特權）、徵兵令（實施全民皆兵）等。可謂將原本的統治階層也是既得利益群，譬如，舊藩主、舊家臣、舊各級武士等，幾乎全數被清潔溜溜地掃地出門，不但讓他們離開國家權力中心，同時亦避免他們造成國家財政負擔以及國家發展與改革上的障礙。活用天皇之招牌，得以成功地掃除舊勢力、既得利益群之包袱、絆腳石，此係一不容忽視的近代日本之所以飛躍發展的主因之一。

幕府時代的地方分權徹底地被收編，明治新政府迅速地構築完成強力的中央集權體制，在所揭示的「富國強兵」、「殖產興業」、「文明開化」等三大施政主軸之大纛底下，近代日本之國力猶如旭日東昇，燦爛地崛起。但吾人不禁要問，促成明治維新成功的「大政奉還」、「王政復古」之力量從何而來？其原動力的基底爲何？直接了當的回答就是朱子學。以下試舉兩位關鍵人物之言行以供參考。

六、吉田松陰

幕末的志士們爲「尊皇」、「攘夷」、「公武合體」、「倒幕」、「佐幕」等方略而奔走，以尋找日本新國家出路之運動而拋頭顱灑熱血的人物委實不在少數，但其中有兩位人物深值一提。一爲吉田松陰[30]一爲坂本龍馬[31]。吉田松陰是在三〇歲時，因對幕府未向朝廷申請天皇的勅許（認可）便擅自與歐美列強簽訂不平等條約一事大感不滿、憤怒，而計劃要暗殺幕府當中，僅次於將軍的高官（老中）而遭斬首。

【30】吉田松陰，一八三〇年—一八五九年、長州藩（現山口縣）藩士、幼名虎之助、過繼吉田家當養子。尊皇攘夷的信奉者。明治時代出身長州藩的大政治人物幾乎都出自他的門下（如後述）。長州藩就是至始至終最堅持尊皇攘夷的藩，且他又是被公認爲係該藩參與明治維新之志士的理論與精神的指導者。當他得知中國於鴉片戰爭中慘敗，即放棄源自中國的山鹿素行之兵法學，轉而學習西洋兵法。曾欲赴海外留學而二次偷渡，但均告失敗。二五歲繼承叔父所開設之私塾·松下村塾，開始教授子弟。子弟中有：久坂玄瑞（禁門之變的領導者）、高杉晉作（創設奇兵隊）、伊藤博文（四次出任首相）、山縣有朋（二次出任首相）、前原一誠（萩之亂首謀者）、山田顯義（日本大學創辦者）等名人。本身是思想家、教育家、兵法家、區域研究家。是徹頭徹尾、死忠頑固的尊皇家。一生未婚。

【31】坂本龍馬，一八三五年—一八六七年、土佐藩（現高知縣）鄉士（下級武士），江戶幕府末期之志士。二七歲脫藩，脫藩（自所屬之藩除名解除主從關係，成爲無所屬之浪人。在藩內是罪人，家屬亦會被牽連。）後仍積極從事志士活動，並組成兼有政治色彩與貿易公司性質之龜山社中（後來的海援隊，從事海上運輸、武器運送等）斡旋薩摩藩（現鹿兒島縣）與長州藩（現山口縣）之聯盟，盡力促成大政奉還，給予倒幕運動、明治維新等極大之影響。大政奉還後的一個月（一八六七年十二月），於近江屋（京都市內旅館名）事件中被暗殺，享年三二歲。他的船中八策除了在當時促成大政奉還外，其高瞻遠矚之所見至今依然令人感覺銳敏、卓然，令人折服。

當初吉田松陰的暗殺計畫在尚未付之實行即遭挫折，事後且坦白招認罪行，幕府原有意將他流放偏遠離島即可。但他在接受尋問時，將暗殺老中・間部詮勝的計劃詳細地自白，並主張將自己處以死刑是適當、妥當。因此激怒大老（老中之首席）・井依直弼，遂不手軟地將之處以極刑。那麼他對明治維新到底有什麼影響？我們來看看他的核心思想，最能代表的該是他的「一君萬民論」[32]。

『天下は萬民の天下にあらず、天下は一人の天下なり（天下非萬民之天下，天下是一人之天下）』、『一人の天下という事は、国家は天皇が支配するものという意味であり、天皇の下に萬民は平等になる。但し、天皇のために萬民が死にもの狂いで尽くす事が必要である（所謂一人之天下，是意味國家由天皇一人所統治，而天皇之下萬民平等。但是，爲了天皇，萬民一定要死命地效忠天皇）』。

以上的言論毫無疑問地是將當時的中央政府・幕府以及地方政府・各藩，換言之即所謂現行的幕藩體制完全否定。在他的眼中除了天皇，沒有將軍、藩主、家臣等，更沒有萬民。有的只是爲天皇而存在的客體。亦即天皇底下的國民全是不該有主體性、有意志力之

[32]岡崎正道「吉田松蔭の思想（1）」、Artes Liberles No, 65 1999年　檢索日：二〇一三年三月六日。http://hdl handle. net/10140/2677

個體。所以他大言不慚地指控「幕府是日本最大的障礙物」，並高舉「倒幕」大旗。欲暗殺幕府高官就是出於此一心態的驅使，並爲此付出犧牲性命之代價。

吉田松陰的門下生，從幕末開始活躍打天下，直至明治新政府成立後，都成了一方之雄，是幕末的志士同時亦是明治期的大政治人物，對近代日本貢獻卓著。譬如，高杉晉作（日本海軍創設的先驅者之一）、伊藤博文（出任首相四次、明治帝國憲法的制定者）、山縣有朋（出任首相二次、日本陸軍的奠基者）等等。他們形成長州藩之主力骨幹，該藩則是至始至終倒幕最賣力的，既使遭受幕府二次的征伐以及四國（英國、美國、法國、荷蘭）鑑隊的砲擊，亦毫不退縮、最關鍵的是長州藩發揮倒幕運動起爆劑之作用，如果沒有長州藩堅定而持久的「尊皇倒幕」運動的展開，日本的近代史可能要改寫。之所以不必改寫，其中來自吉田松陰「一君萬民」之薰陶、灌輸，致使長州藩志士可生生不息爲天皇熱血沸騰，該難以否定。而這些動能的根源，就是來自他是死硬的「尊皇攘夷」派。而此又是朱子學的核心價值。

七、坂本龍馬

在日本的歷史人物當中，其魅力、人氣在現代社會中依然鮮活且能持續歷久不衰，層級又不分男女老少、也不分官民貴賤同感愛戴者，當首推坂本龍馬，退一步說既使不是首選，也應在三根手指裡頭。其受喜愛、受歡迎的理由、原因，主要應是來自他是明治維新成功的靈魂人物、扮演扭轉時代巨輪的關鍵性角色。人年輕、帥氣、且建功並未居功，事後卻被暗殺而死（三二歲）。留給後人無限地惋惜與不捨，形成對他永遠的感念。

坂本龍馬最受懷念、歌頌的功業當首推促成「薩長同盟」，所謂薩長同盟就是薩摩藩（現鹿兒島縣）與長州藩（現山口縣）兩藩之間相互合作配合、共同對抗幕府之同盟。此舉可謂扭轉乾坤的大事業，何以謂之？因爲，薩長兩藩原爲對立勢力，一爲倒幕，一爲佐幕，是兩股相互抵消的力量。長州藩是貨眞價實的反幕派，薩摩藩既使算不上忠實的佐幕派，但至少也不是幕府的敵人。

因爲，薩長未結盟前，幕府討伐長州藩之主力，大都還得靠薩摩藩之力量。換言之，長州藩是反幕派主力，薩摩藩則是擁幕派主力。最主要的兩股勢力是拮抗亦或合流，其對倒幕、佐幕走勢發展影響之大不難想像。因之，薩摩藩力量正反之轉變，關係著朝廷、幕府之勝負成敗。亦即薩摩藩擁護那方，那方便可立於不敗之地。史實上也正如此反映，當薩摩藩靠向朝廷，幕府就無力回天，迎向歷史的終焉。

那到底誰來驅動這兩股決定性力量之走向？一介浪人的坂本龍馬是也。雖也有人主張，薩摩藩的實力派人物，如西鄉隆盛、大久保利通、小松帶刀等。原本已對幕府心生不滿、不具向心、不寄希望，所以，藩長共抗幕府是自然的發展。但問題是同盟，必要有人能卸除雙方的戒心、體面（爲顧面子，任何一方都不想先開口或遷就誰）、製造開誠布公的氣氛、並發揮臨門一腳的作用，方可奏功。

坂本就是如此，他從中斡旋，鍥而不捨積極熱心地穿梭，他洞悉內外情勢、體察國家存亡絕續，他剖析利弊得失，展望未來。終能撮合兩藩第一線實力人物薩摩的西鄉隆盛、長州的木戶孝允面對面溝通、交心、誓約。終於雙方點頭、承諾，簽下共同聯合打倒幕府之密約・薩長同盟。於是歷史的齒輪快速轉動，大政奉還、王政復古、新國家、新政府一一定調、定型，出場、出現。但他做此努力的背後之思想信仰又如何？還是不出朱子學的尊皇論。

因爲可自他的另一偉業「船中八策[33]」中，開宗明義即提出「大政奉還」之策得到印

【33】船中八策，一八六七年六月九日坂本龍馬攜同後藤象二郎自長崎乘船出發前往兵庫（神戶），再轉往京都。在京都由將軍・德川慶喜召集「島津久光（薩摩藩主）、伊達宗城（宇和島藩主）、松平春嶽（福井藩主）、山內容堂（土佐藩主）」等四侯舉行會議，後藤是應自藩之藩主・山內容堂之召喚欲往京都晉見而與坂本同船。坂本於海上旅途中所構思之八項政治綱領，即一般所通稱之「船中八策」，將之提交予後藤象

證，以下試略作檢視，其原文大略如下：

一、天下ノ政権ヲ朝廷ニ奉還セシメ、政令宜シク朝廷ヨリ出ヅベキ事（天下大權奉還朝廷，令出朝廷）。

二、上下議政局ヲ設ケ、議員ヲ置キテ万機ヲ参贊セシメ、万機宜シク公議ニ決スベキ事（開設上下議會，讓議員參贊萬機，萬機宜由公議決之）。

三、有材ノ公卿諸侯及ビ天下ノ人材ヲ顧問ニ備ヘ官爵ヲ賜ヒ、宜シク従来有名無実ノ官ヲ除クベキ事（有爲之公卿諸侯以及天下人才，拔擢爲顧問賜予官位，並排除有名無實之官位）。

四、外国ノ交際広ク公議ヲ採リ、新ニ至当ノ規約ヲ立ツベキ事（國際外交宜廣採眾議，重訂妥當新約）。

五、古来ノ律令ヲ折衷シ、新ニ無窮ノ大典ヲ撰定スベキ事（折衷古代律令，制定恒久的新大法典）。

二郎。後來對末代將軍．德川慶喜建議將大政奉還朝廷的是後藤的藩主．山內容堂。八策之大要如下：一、大政奉還、二、議會政治的建立、三、賢能人才的晉用、四、修訂不平等條約、五、制定憲法、六、強化海軍、七、天皇軍隊的設置、八、匯率的修正等。

六、海軍宜シク拡張スベキ事（宜擴建海軍）。
七、御親兵ヲ置キ、帝都ヲ守衛セシムベキ事（創設新兵，衛戍京城）。
八、金銀物貨宜シク外国ト平均ノ法ヲ設クベキ事（金銀貨幣宜與外國訂立匯兌辦法）。

以上經整理其簡要約略如下：

一、大政奉還。
二、設立民意機構。
三、文官制度改革。
四、重視外交，修正不平等條約重訂新約。
五、制定國家根本大法。
六、海軍的創設與強化。
七、創設國家軍隊（陸軍）。
八、國際金融體制的建設和改革。

綜合以上八點，在當時的時空背景下，堪稱係救國、建國之大方策。對照於明治新政府之大政方針，幾乎不出「船中八策」之規劃。可以說他的提案一一被採用、落實。坂本龍馬短短的一生卻留下影響近代日本國家走向的大事業-薩長同盟、船中八策。

坂本龍馬畫像。

前者將催生新日本的力量加以集結，以縮短改朝換代的陣痛期並減少付出代價，使天下得以早日底定，步入穩定期以全力衝刺國家建設。後者為規劃新國家建設的大藍圖、大指南。在面臨新國家建設之際，可避免亂無章法、莫衷一是甚或走回頭路。他對於新日本國家之誕生與建設之貢獻不可謂不大，且其志在經商並無意於大官，但終究難逃被殺。因之，坂本為什麼能受到後人如此崇拜、尊敬、愛戴，不是沒有道理的。

小結

朱子學是江戶時代的官學，也是江戶期武士道的核心價值之一。官界、學界在吸收朱子學的營養後，發展出日本的國學、日本主義、皇國思想等。到了幕末，當面臨外來的國家壓力、日本可能因此而亡國或被殖民之危機時。朱子學的「尊王（皇）攘夷」成了各方勢力的媒合劑和起爆劑。新國家胎動期（一八五三年—一八六八年）的一系列幕末的新國家運動，縱然曾經出現攘夷、開國、公武合體、佐幕、倒幕等路線之紛爭的變化，但唯一不變的是其軸心永遠都是鎖定在尊皇。

具皇國思想的武士也好、學者也好，他們雖都否定革命論，但他們所否定的不過是不可革天皇的命而已，並非真正的反對革命說。幕末期的學者也好、武士也好，不都欣然接受革幕府的命？換言之，革誰的命都可以就是不能革天皇的命，這是皇國思想者的最高綱領、牢不可破、神聖不可侵犯。武士道中的朱子學：忠君愛國、大義名分、尊皇攘夷等思想，剛好適切地提供了受朱子學薰陶的武士們此套（倒幕）思惟行動的權威性、正當性，順理成章地造就了代價最少的改朝換代—明治維新。

第三節　武士道與陽明學

江戶時代是武士道的定型、成長、成熟期，其主因概係來自朱子學、陽明學的影響、薰陶、鍾鍊與形塑。前已述及儒學對武士道的影響，除四書五經外可謂皆集中於朱子學。相對於朱子學，陽明學就未享有官學、顯學之地位，至始至終可謂皆處於在野之境遇。但陽明學對武士道之實際影響，恐不能光以官學、顯學與否作衡量。幕末以降日本所發生的國家大變動事件，主持其事者之意志和決心，常是來自依循陽明學之學說。幕末期的行動派志士，譬如，吉田松陰、西鄉隆盛等。他們心底所鼓動的其實概皆源於陽明學。

一、陽明學VS朱子學

王陽明一開始還是走進朱子學的世界。因爲，當時還是朱子學的時代，但由於遭受挫折。譬如，有名的格竹子的故事。朱子說：要成爲聖人非得格天下萬事萬物不可，所以王陽明與友人就決定先從自家庭前的竹子格起，友人格了三天就患了神經衰弱症。王陽明也同樣開始格竹子，拼命地想要格出什麼道理來，但到了第七天照樣發病。遂了悟到並非想成爲聖人就能成爲聖人，而相互嘆息。此一故事雖有點可笑、可怪，但也反映了王陽明對朱子學狂熱之一般[34]。

王陽明走出朱子學是在他被放逐到貴州省龍場驛當驛丞的時代，在嚴苛的生活條件與環境下，自闢石室在其中日夜靜坐、冥想，拼命地思索。原是高官的貴公子出身、二八歲考上進士、於今三五歲因得罪宦官劉瑾被貶至蠻荒之地。一時還因帶來的僕人生病，自己反要劈柴、汲水、燒飯，照顧他們。他在心中不斷地自問，聖人處此境遇會如何對處？某天深夜忽然大悟。「聖人之道，吾性自足」，何須先向事事物物求「理」。亦即「心即理」的「理」。時年王陽明三七歲。不久劉瑾被誅殺，陽明返京，回復正常之仕途。

【34】島田虔次『朱子学と陽明学』、岩波書店、二〇一二年、第一二五頁—一二六頁參照。

陽明省悟的是心就是「理」，除心之外再無所謂的「理」、所謂的「事物」。因爲「理」就在心中、心就是「理」。未被私欲所蒙蔽的心的狀態就是天理，亦即所謂的良知。以此良知事親就是孝、事君就是忠、事友就是信。因之，吾人只要能去人欲而存天理即可。相反的，朱子所提倡的是「性即理」，亦即將心分爲「性」與「情」。「性」就是上天所賦予的純粹的善性。「情」則是感情的狀態，極端時就變成人欲。朱子稱前者之性爲「理」，就是「性即理」。「理」是內在之性的「理」同時也是外在事事物物的「理」。「理」無所不在且內外貫通[35]。

但陽明最終悟得的是「理」豈在我心之外，我心之外豈有「理」。在過程中陽明有如下的疑問，一一突破之後方才豁然。換言之，就是他的「心即理」的到達。

一、朱子稱要對天下事事物物窮理格物，究竟如何格所有的一草一木？即使能做到，又如何與自身的正心誠意相連結。

二、按朱子的解釋：內和外，也就是心與物、心與理，將成爲無關係、無意義的對立者吧！即使可以窮一草一木之理，與追求學問之目的．正心誠意又有何關連？

【35】守屋洋「陽明学のめざすもの」、陽明学　回天の思想　日本經濟新聞社　檢索日：二〇一二年十二月四日。http://www.asahi-net.or.jp/~dult.mrkw/zayu/youmeigaku.htm

三、朱子的格物說終究只是想藉外來補內。朱子對心的定義是「爲主不爲客」，但內在的終極的靈明，要利用片段的外來的見聞來補充方才可以完善，此爲令陽明感到遺憾之處。因爲，不管如何高喊「內外無別」，實際上卻不過是以外來的見聞，塡補自身之靈明而已[36]。

總之，朱子所主張的「性即理」的「理」是指大宇宙中的絕對性的法則，絕對性的正義。它（理）君臨、主宰、操作我們的心。譬如，天在上、地在下。帝王之人理該在上，庶民理該在下。植物能有花香、果實，也是「理」的作爲。風一吹葉就落，也都是「理」的支配。太陽的東昇西沉一樣是「理」的作用。「理」住在我們心中，管控、命令我們的心，不可違反此「理」，它是導引全宇宙所有事事物物正常運作唯一之絕對性程式。

但王陽明的見解是：我心與自然同在，心本身就是自然。換言之，我心本身是「理」。心之所思、所想、所感，就是「理」。它絕不是我心的征服者，主宰者，更沒有所謂的「理」是主，心是從。王陽明以孟子的惻隱之心作比喻來說明他的「心即理」。看到小孩要掉進井裡，覺得可憐，所以就要搭救。此謂惻隱之心，是什麼契機產生惻隱之心？

【36】島田虔次『朱子学と陽明學』、岩波新書、二〇一二年、第一二七頁—一二八頁參照。

就朱子學來說，是因爲看到小孩要掉進井裡才發生的。申言之，是看到場景觸動惻隱之心，再由「理」發動命令去救人。易言之，如果沒有看到可憐的場景，就沒有惻隱之心的存在。但實際上是：在日常生活當中既使眼前沒有出現任何可憐的場景，惻隱之心、不捨、溫柔之情等，還是會在我們心中產生。也就是說不管何時何地我們都具有惻隱之心，並不因是否出現可憐之場景才產生惻隱之心。此一心境就是「理」，人心本身就是「理」的証據。是內在而非外求。朱子學不過是硬要把「理」自人心中抽離、獨立出來而已。

而朱子同時亦認爲我們心中也同樣住著違反此「理」的邪惡之物，它一旺盛的話，就會溢出「理」的軌跡，也就成了欲望。欲望通常有諸如盼望能擁有幸福生活之類的希望，也有像不想要盡孝養父母義務之類的惡念。後者就是破壞人倫關係、上下秩序的邪惡欲望的存在。就朱子來說，一定要反省並設法加以自行克服、自我根治、將之驅出心外。此套理論，在王陽明未出現前，可謂係宋學、新儒學的代表。

對於欲望，王陽明認爲它是因爲我們的良知蒙塵、烏雲籠罩所產生的。什麼是良知？它就是我們一己純粹、本然之心、赤子之心之謂，這心就是「理」。爲什麼會蒙塵？是因爲我們困於迷惑、誘惑，致使良知遭受烏雲罩頂之境地，亦即做了背叛一己良知之愚行。如何可避免違反社會良知之愚行，陽明所提出的辦法就是「致良知」。首先，不爲人言所惑、不爲社會風潮所掩蔽、淹沒、不屈於矯飾之權威等，接著再追求眞正可以心服口服、心安理得的自我良心的判斷。

如聽得到自己內心深處，可以讓自己百分之百釋然的吶喊聲的話，此吶喊聲就是自己的良知。率眞地、不造作地遵循此靈明澄澈之心音爲行爲準則，徹底地去追求心音所要的目標，就是「致良知」。但也有人說，順著自認是良知的心而採取行動的話，不是也隱藏危險？因爲，有可能是自心並無如明鏡，卻將執著、欲望等誤認爲是自身之良知．明鏡。更有將自身之妄念當成本心之吶喊而付之行動者。往往有一些具悲劇性人格或理想性過高、又不切實際、未腳踏實地的人，卻自命係尖端革命志士者，常標榜是陽明學之信徒即是明證。

針對此等情事，王陽明告訴我們其檢測的基準是：就是既使是強盜，當搶了人家的財物，其心底必然仍帶有絲絲的自責。其他的譬如，因偷懶導致事業的失敗，或因罵人而造成對人的傷害，這些都會在夜深人靜、午夜夢迴時，心中萌生懊悔之念。會產生後悔的行爲，就不是依循一己本然之心所採取的行動，自談不上「致良知」。而是將一己之無明、妄念、假托是良知而已。

以上係陽明學與朱子學粗略可以區隔的大要，下面將就陽明學如何在日本被接受、發展及其影響並與武士道關連之概況略作探討。

二、日本陽明學派之祖

日本的陽明學派之祖・中江藤樹（一六〇八年—一六四八年）對於王陽明的知行合一論感到強烈的共鳴。藤樹表示：「良知須化爲行動付之實踐」方才可貴。良知是與生俱來判斷善惡之能力，讓良知發揮作用就是致良知。源自良知的行爲，一方面以孝爲根幹，一方面爲避免受禮法所束縛，應以開放自由的心靈，依時（時間）、處（空間）、位（地位或能力）之變化來實踐正確的倫理。藤樹爲什麼以「孝」作倫理的骨幹？他認爲：孝不單只是對父母的孝養，而是令天地自然、人世間可以魚貫井然運轉的原理，超越人我分別的根源，人之所以爲人，應依循的根本。其具體實踐就是「愛敬」。「愛」是誠懇地與人親和、融洽。「敬」是對上尊敬，對下不輕侮。人際關係的互動雖極複雜，但「愛敬」是最高德性，貫穿一切，所以將其作爲實踐倫理之基本。總之，藤樹的見解就是：實際生活上要懇切，謙恭、平等地待人接物[37]，且不是理論、口號，而是身體力行。

[37]江戶儒學—陽明學派　檢索日：二〇一一年六月一〇日。
http://www.geocities.co.jp/HiTeens/8761/japan12.htm

藤樹現實生活當中遠名利、過清貧的求道者生活（辭官『放棄武士身分』回鄉開私塾）之情操，連附近的農民都深受感動，慕名而來求教的藩士（武士）更不在話下。有一則受其品德感召的故事：加賀藩（現石川縣南部）的一名飛腳（書信、金錢、小包裹遞送者・郵差）運送公款往京都途中，丟掉一個裝了二百兩黃金的錢袋。有一位馬夫拾得並特地遠途跋涉將之送至旅棧物歸原主。

飛腳心想如果找不到錢袋的話，自己絕對不能活命，連帶家中父母妻小都得遭殃。馬夫此舉不但救了飛腳，也救了飛腳全家。飛腳爲表達謝意接二連三硬要塞零錢給馬夫以爲謝禮，馬夫仍堅拒不受。最後拗不過盛情，馬夫勉強拿幾文並當場將之買酒請在場的人大家一起喝[38]。馬夫不過只是一介勞動者而已，卻具此般高潔的人格和人品。當被問到爲何具如此菩薩心腸且高風亮節時稱：本身在藤樹老師處學習，物歸原主只是遵從老師的教導而已[39]。

【38】陽明學入門　第九頁　檢索日：二〇一一年六月五日。
http://www.owari.ne.jp/~fukuzawa/youmei.htm

【39】ねずさんのひとりごと「古くて新しい中江藤樹」　檢索日：二〇一二年十二月二十二日。
http://nezu621.blog7.fc2.com/blog-entry-774.html

三、中江藤樹的武士道

在日文當中有士道和武士道說法不同之分，其差異之緣由大致可區分如下：一般而言，士道是指自一二世紀末鎌倉時代武士執政開始，直至江戶時代中期（一八世紀初期）爲止的約四五〇年期間，武士階層間所盛行的道德規範謂之。中江藤樹（一六〇八年—一六四八年）和山鹿素行（一六二二年—一六八五年）皆屬江戶時代前期（一七世紀）之學者，所以他們所提倡的武士道，皆稱士道。

武士道之說法，則是自江戶時代中期之後開始普及，其內涵在獲得儒教思想之強化而大成，係以五倫、五常爲軸心構成封建統治體系之倫理觀爲母體。其大要散見於有武士道論語之稱的『葉隱』一書。我們外國人在看待日本人的所謂士道或武士道，難免不易分清或視爲同一事物，爲避免複雜，本文亦一律將日本人所稱之士道和武士道等同視之。因爲，在我們來看都是規範武士階級之內涵。

中江藤樹是日本陽明學派之祖，他的武士道大致如下：首先，依據其所著『翁問答』中所述，藤樹將武士視爲士。在他眼中的士就是：天子、諸侯、卿大夫、士、庶民等五種身分之中，輔佐卿大夫，處理各種國家社會事務之公人·第一線之政治人物。此等人物，爲「道」之貫徹不遺餘力並背負開拓者、先驅者之使命。因之，藤樹定規的武士道是：在明明德，在遵守、實踐仁義。且必須具備爲了天下泰平，可以鞠躬盡瘁死而後已之人格。

當時的武士念茲在茲的是：如何具備與本身職業、身分相符，亦即集文武合一於一身之本事。藤樹認爲：社會一般印象咸認性質溫和、舉止優雅是文人的專利。反之，粗暴、勇猛、粗枝大葉就是武人。其實此一認知是錯誤的觀念。所謂「文」就是治理好國家社會，導正好各階層人民間之和睦關係。可以讓此整套體系平順運作之架構謂之「文」。

所謂「武」是當違法亂紀者，妨礙、損害到「文」．治道時，針對這些不法者，負責進行懲罰、制裁之機制謂之「武」。換言之，「武」就是擔負恢復國家社會秩序之任務，執行並肩負此類工作之人物謂之武人，換言之、亦可謂執法者。爲了文道．治道之實現，就得有武道之存在。此武道非今日所謂之武道，而是武士必然須嚴守之道，易言之，即今日所稱之武士道也。而武士道的內涵是尚武，但須受「文」之節制。總之，無「文」即無「武」，也正好是藤樹的基本想法。

但是，不管是文道也好武道也好，只要是須靠權威和實力來維持運作之功能的話，文道最終倚靠的還是武道。藤樹所認定的文武兩道，全歸結於道德，沒有文的武就不是眞正的武而是暴力，反之，沒有武的文是徒具虛文，如同沒有政治力的法律，也不是眞實的文。兩者如同車輛之二輪，相輔而成，缺一不可。所以，所謂文武兩道，文可另稱「仁道」，武則可另稱「義道」。以現代的話來說，前者屬規章紀律、後者屬司法、執法體系。

藤樹所提倡的文武兩道，其所追求的就是武士道係「文武之道」、「仁義之道」。絕非舊有（一二世紀末－一六世紀末）的充滿威壓、逞強、好勇鬥狠的武士道，而是如儒教所標榜的「君子之道」。因此，武士是人倫的踐履者、示範者，必須成爲農工商三民之表率。此一見解與其後的朱子學者、兵法學家・山鹿素行，對武士道之認定有所類似、相近之處。

藤樹對武士道之期許、理想就是「君子之道」。但其在現實生活中要得到具現和落實，可謂相當困難。因爲，既使皆爲武士亦各具落差、位階。環顧現實，武士可被區分爲上、中、下三等級之成分的存在是非常明顯的。所謂等級，非關家世、身分，是以精神面之思惟或心態作劃分。

上級者，專心一意於明明德，且不趨名利私欲；行仁義，時時體現見義勇爲，並文武兼備。

中級者，雖未能充分展現明明德，但不爲自私自利所迷惑；對自身之名譽或同事之義理人情，當死命地遵守。

下級者，展現表面上極其珍惜義理人情，不失為一仁厚之士之感；但骨子裡卻私欲薰心，一心一意全在升官發財上盤算。

區隔武士上、中、下之要素是「德性」、「才能」、「貢獻」，並衡量與文武是否相一致。對武士來說，「德性」是文武合一的明明德。「才能」是運作、處理經國大事、社稷庶務之際，橫跨文武兩方之知慧、能力、技術、創意等。「貢獻」是指治理國家之際，在克服各種國家困難，鞏固國防、安定國內治安等方面展現實績，對國政上有實質貢獻之謂。

區分武士三等級之尺度，能否適切地發揮作用、產生功能，全繫於在上位者．主公，是否具善用之手腕。

以上是藤樹之武士道論[40]。藤樹身處江戶時代初期，適好是不懂儒教文化之武士時代的結束，進入以儒教道德規範來砥礪武士時代的開端。藤樹所提倡的文武合一武士道，簡言之，就是以文（儒教道德文化）為體，以武（實踐、行動、尚武）為用。申言之，同屬

【40】陽明學講座，現代を生きる行動哲学「陽明学・生きる爲の人生哲学」1第六—七頁參照。檢索日：二〇一二年十二月二十五日。
http://daitouryu.net/1150604953193/

江戶初期的陽明學者的中江藤樹也好，朱子學者的山鹿素行也好，利用儒教的道德規範，以祛除中世時代武士之暴戾之氣，讓近世時代的武士在言行上得以臻精練、洗鍊之境，兩位學者在此一基礎上可謂是相通的。

四、陽明學對武士之影響

中江藤樹之家鄉一帶，人人尊其爲聖人，可惜四一歲即過世，其後陽明學派學者一脈相傳，到了江戶時代後期，發生「大鹽平八郎[41]」之亂，由此事件吾人或可蠡窺些許陽明學對江戶期武士道影響之端倪。

大鹽平八郎是堂堂的高級官僚、又是陽明學派大學者，爲何舉兵引爆動亂。根本原因在於他的核心信仰：「知善而不爲非知也」，明明知道是良是善，如不付之實踐，不是眞正的知。腦裡不管塞滿多少學問，如只停留在知，有何用。將所學之知識、智慧化爲行動付之實踐始具意義。這就是他的中心思想。

【41】大鹽平八郎，一七九三年—一八三七年，大阪人。生於富裕的高級武士家庭（旗本）。幼年時父母即雙亡，由祖父母養育長大。二五歲即出任正式的大阪地區警察署長，次年轉任裁判官。成年後即志於陽明學，並透過工作職務落實陽明學的基本精神．「知行合一」。江戶時代結束後，後世爲他立碑造墓，高度肯定他的人道、熱血、正直清廉、勇氣，成爲受景仰和崇拜的歷史人物之一。

日本於一八三三年起至一八三七年間，頻繁地發生全國性規模的大天災而造成饑荒，通稱天保（年號）大飢饉。各地都有大量的餓死者，大鹽平八郎所在的大阪地區當然亦不例外。大阪地方政府非但放任豪商高抬米價、屯積居奇，父母官還不顧缺糧的困境，爲巴結上司將米糧往東京運送。平八郎向上級建議取締豪商並將倉庫中的存糧發放民眾等之陳情全被置之不理。平八郎無奈何，遂將自身藏書數萬冊全數變賣，所得皆移作救濟金。如此反被官府諷刺爲「賣名行爲」。

一八三六年十二月平八郎亦失望亦憤怒，在忍無可忍並基於陽明學「萬物一體之仁」之民胞物與思想、觀念下，加上即知即行．知行合一之信念，他開始購買武器籌劃舉兵，而於次年二月實際發動。其檄文宣明：意在誅殺貪官汙吏、冷血、黑心的商人，以便救濟哀鴻遍野之生民，完全沒有爭取權力、地位之野心，大家可以檢驗他的言行是否屬實等。

平八郎的反旗在一日之間即被壓制，逃亡月餘後自殺。其實平八郎在年輕時，出任裁判官之際，即開始一路對抗惡勢力、打擊犯罪、不法集團等。這些勇氣和動力正是源自陽明學的即知即行、劍及履及之實踐哲學[42]。陽明學成爲近世武士道之一部分，其精髓亦

【42】大塩平八郎の生涯　檢索日：二〇一一年六月二日。
http://kajipon.sakura.ne.jp/kt/haka-topic18.html

在此。幕末（約一八五三年—一八六八年）時日本出現國家危機之際，志士、革命行動家輩出，絡繹不絕於途即其明證。譬如，前已提及的幕末期的吉田松陰、西鄉隆盛、高杉晉作、明治期的岩崎彌太郎、澀澤榮一、乃木希典、戰後期的三島由紀夫等可謂皆屬陽明學之信奉者[43]。

五、陽明學與幕末英雄

有儒教中的禪學或實踐哲學、危機哲學、死生哲學等之稱的陽明學，在日本的脈絡、系譜是自江戶時代初期的儒者．中江藤樹（一六〇八年—一六四八年）開始。之後，其代表性人物有：熊澤蕃山（一六一九年—一六九一年）、細井廣澤（一六五八年—一七三五年）、浦上玉堂（一七四五年—一八二〇年）、佐藤一齋（一七七二年—一八五九年）、大鹽平八郎（一七九三年—一八三七年）、山田方谷（一八〇五年—一八七七年）、昭和

【43】吉田松陰：倒幕派思想家兼革命家；西鄉隆盛：明治維新成功的最大功勞者；高杉晉作：倒幕派革命行動家；岩崎彌太郎：三菱財閥創業者；澀澤榮一：第一國立銀行《現瑞穗銀行》創業者；明治期的乃木希典：日俄戰爭時陸軍大將，明治天皇駕崩後殉死；戰後期的三島由紀夫，諾貝爾文學獎候選人，一九七〇年呼籲自衛隊起義未果，切腹自殺。

期（一九二五年—一九八九年）的陽明學者·安岡正篤（一八九八年—一九八三年）等以及幕末期拋頭顱灑熱血的志士們。

譬如，前面已提過的長州藩（山口縣）之吉田松陰（一八三〇年—一八五九年）、高杉晉作（一八三九年—一八六七年），薩摩藩（鹿兒島縣）的西鄉隆盛（一八二七年—一八七七年）、大久保利通（一八三〇年—一八七八年）等對日本近代國家走向深具影響力之人物，可謂皆屬陽明學派之服膺者。較特別的尚有明治期的財界大人物中，亦有存在屬陽明學派之信徒。如前已提過的三菱財閥創始者·岩崎彌太郎（一八三四年—一八八五年）、伊藤忠商事創始者·伊藤忠兵衛（一八四二年—一九〇三年）、藤田集團（藤田觀光·同和礦業）之創始者·藤田傳三郎（一八四一年—一九一二年）、以及前已提過的戰後著名作家·三島由紀夫（一九二五年—一九七〇年）等。

以上係江戶時代（一六〇三年—一八六七年）以來陽明學派主要的傳承，就中熊澤藩山被視爲現實主義者，對後世之影響相當大。陽明學著作中，流傳最普遍、讀者最多的要算是佐藤一齋的『言志四錄』與大鹽平八郎的『洗心洞箚記』。西鄉隆盛的遺物中，有一件是他自『言志四錄』中摘取並親手抄下的一〇一條筆記。據說這本來自『言志四錄』的筆記，連在西南戰爭（西鄉是此役的反政府軍總司令，失敗後自刃）中都隨身攜帶作爲座右之書，可見影響之深。

之外根據頭山滿的回憶錄：西南戰爭（明治一〇年）後的明治一二年（一八七九年），他探訪西鄉遺族之際，出來接待的川口雪蓬曾拿出一本西鄉愛讀且親手在書中寫滿註記的書給大家看，其書名就是大鹽平八郎的『洗心洞箚記』，由此亦可窺視西鄉對大鹽平八郎思想之服膺以及對其爲人之敬慕。另西鄉與幕末的陽明學者·春日潛庵亦有交情，西鄉曾於明治四年（一八七一年）派親信村田新八向春日潛庵請教時政問題，村田帶回一二條對策。西鄉將之攜帶上京，作爲大政改革之參考。

有最後武士之稱的西鄉隆盛，是明治維新的第一大功臣，不管在朝或在野皆叱咤風雲、壯烈地過一生。維新三傑之一的木戶孝允曾評西鄉稱他：係一忠實、寡欲、果斷的漢子。西鄉同時亦是最有人氣的歷史人物之一。處於國家社會轉捩點上的風雲人物，扭轉乾坤不世出的大英雄·西鄉隆盛。從以上的蛛絲馬跡，實不難推測，陽明學應是西鄉在思惟、行動之際，左右其思想、決斷上重要的營養源與依憑之一。

小結

相對於朱子學的理論掛帥，陽明學是：如不將理論化爲實踐，則無以洞察人心。欲洞察人心，自身須先心境靈明澄澈。陽明學就是要將所學，透過實踐讓心靈感知、覺察。累積這些經驗，始能獲致深層洞察能力之學問。絕非只將所學堆積在腦袋，因爲，既使有知識、有智慧，但如只停留在知的階段，而未往實踐移行，從陽明學的角度來看，那是一點意義、用處也沒有。

因爲，那只是教科書上的知識，既使曉得教科書上寫些什麼、說些什麼。那也並非眞正的知。所謂知，是指能將所知付之實踐，方才稱得上是知。死記活背算不得知。陽明學是主觀上的燃燒和精神上的躍動。因爲，唯有實踐才是知的完成。陽明學之所以被稱爲行動哲學之關鍵亦在此，因爲它擺明的就是實踐第一主義，這是與主知主義的朱子學最大的不同。重視主體性、實踐良知就是陽明學的最大特徵。

在日本，陽明學被定位爲危機時代之思想，因爲如處於亂世、人倫崩解、道德低下、社會渾沌混亂之際，陽明學就會顯現。所謂陽明學正是危機時代思想之產物之謂即在此。印證於日本史實，特別是江戶時代末期，日本國家遭受空前危機之際，所有的仁人志士，不像清末國人坐而談的多，起而行者少。陽明學在本家的中國，竟遠大不如東傳扶桑之後的影響，實一大諷刺。以下擬將中日兩國於一九世紀中葉起，各自如何對處西洋帝國之情形，極其單純地作一對比。

一八五三年美國海軍提督裴利率艦隊叩日本大門要求開國通商，一五年後的一八六八年日本即完成改朝換代，將德川幕府換成明治帝國。因爲，無法寄望、期待江戶幕府能完成國家重建，以對抗歐洲列強，讓日本可免於滅亡或被殖民地化。反觀中國，自一八四〇年鴉片戰爭爆發之後，一系列對外紛爭連戰連敗。割地、賠款、喪權辱國等慘狀實不忍卒睹，卻可維持至一九一二年民國成立後始遭淘汰。其間七〇餘年不但是日本幕府延命的數倍，且一大帝國之命運，卻泰半皆操於慈禧太后一人手中，更增匪夷所思。

總之在日本，陽明學與朱子學相比，陽明學如同地下水脈汩汩地潛流，但當日本國家社會出現重大危機

西鄉隆盛畫像。

之際，卻能發揮其無可限量之影響力。譬如，大鹽平八郎、西鄉隆盛、吉田松陰、大久保利通等，姑且不論這些革命志士或時代健兒，其所採取之行動的後果如何？陽明學無疑地成爲幕末武士，推動日本改朝換代，走向近代國家大道之一大動能之源。

第七章　武士道與神道教

日本神道是日本獨有的精神文化。成爲武士道思想背景之一的：日本人的心境上，是同時兼具崇尚和諧與好戰之本性。此一特點亦爲大和魂之一部分，武士道也好、大和魂也好，其實日本人這些異於其他民族的獨特思想、精神、文化等，它們的源流、底層、支撐，可謂皆來自神道。因爲，如質問日本人之心靈、魂魄原點之所在爲何？探索結果的最終落腳處，既不是佛教、儒教、道教，更不是基督教、天主教，毫無疑問地就是神道教。換言之，神道不只是區分日本人之所以爲日本人之根本，亦即在歸依上、認同感上判別之基準，亦是日本人心靈與心志動能之源。

第一節　神　道

神道是從日本古代開始，起源於其固有文化中之一種宗教信仰。亦即，根源於大和民族傳統的民俗信仰或自然信仰。相信日月星辰、風雷雨電、山川草木等等自然現象或自然物皆有神明存在。所謂萬物皆有神是也。神道說他們有「八百万の神々（神明）」。此處所說的八百萬意指無數、無限，是形容詞並非只是數詞。換言之，神道的神明是不可計數的。相對於西方的一神教，道教的多神教，神道可謂是一種汎神教[1]。

神道並無明確的教義或教典，而是以『古事記』、『日本書記』、『古語拾遺』等古典作爲經書，通稱這些充滿歷史性、神話性、傳說性之著作爲神典。一方面與外來的儒教、佛教、道教等形成對比，一方面又與這些外來的思想、宗教相通、相容。譬如在日本國內最通俗、耳熟能詳的神明，一般通稱七福神的惠比壽、大黑天、毘沙門天、弁財天、布袋、福祿壽、壽老人等，他們有的是佛教的天王、菩薩，有的是道教的神明，卻同時也是神道教的神明。

在此影響下，神道成爲日本人精神生活之基調以及民族信仰。植基於神道信仰演化而成的國民道德、倫理、習俗，形成日本具有異於他民族之特色，特別是與天皇之淵源。神道一語，在『易經』觀卦中的「篆傳」：「觀天之神道，而四時不忒，聖人以神道說教，而天下服矣」。此處所謂之神道，概係指自然界不變之原理。與神道教之神道兩字，字雖相同，但內涵不同。神道在日本其所顯示之意義是：森羅萬象中，萬物皆有神之日本固有傳統民族信仰、道德，以及教義。簡言之，就是自然信仰與祖先崇拜。所以，古典式的對

[1] 加藤秀俊「日本の神々」（新日本製鐵株式會社廣報企劃室編『日本の心—文化・伝統と現代』、丸善株式會社、平成三年）所收、第五—六頁參照。

神道之稱呼叫「惟（随）神之道（かんながらのみち：與神同在之意）」。

森羅萬象中之事物，皆爲神明具現之教義下，他們重視祭祀、對祖靈、死者懷抱敬畏。在春分、秋分之際，以及夏季的中元普渡（日稱盂蘭盆節，係屬佛教節日），一年進行三次掃墓。小孩出生後會抱往神社參拜外，更有所謂的七五三節，每年十一月一五日，當年的三歲和五歲男孩，以及三歲和七歲的女孩，都會被打扮得漂漂亮亮帶到神社去參拜。結婚典禮也會選在神社舉行。但人生終點的告別式，則會選在寺院。這也顯示現代的神道和佛教之間，已不存在對立或矛盾，而是並立與共存[2]。

在日本最初出現「神道」兩字是在『日本書紀』中的用明天皇（在位五八五年—五八七年）紀：「天皇信佛法、尊神道（天皇、仏法を信けたまひ、神道を尊びたまふ）」。於是傳統的土著信仰・神道與外來的宗教・佛教遂併列成對發展。

神道教以天照大神爲主神，祂是天皇的祖先神，同時也是高天原（無數諸神所在的天上界）的主宰者，類似道教的玉皇大帝。他賜予其子孫・天皇三種神器（八咫鏡、天叢雲劍（草薙劍）、八坂瓊勾玉），以作爲天皇家世世代代統治日本之信物和憑證，擁有這些

[2]大隅和雄「日本における宗教」（新日本製鐵株式會社廣報企劃室編『日本の心―文化・伝統と現代』、丸善株式會社、平成三年）所收、第一一頁參照。

就代表具有正統性、正當性、權威性。

有關神道、佛教之發展，在奈良、平安時代即開始進行所謂的「神佛習合」。亦即，神與佛同存在，相互不排斥、不對立。神佛皆為信仰體系之中心，相輔相成、相互融合，同受百姓之朝拜，亦稱神佛混淆。此種情形，到了中世期（鎌倉幕府時代），民間已相當普及和落實。

神道大致有三種流派，亦即神社神道、教派神道、民俗神道是也。神社神道之由來是：在明治期為了將神社神道國教化之起見，所創造出來的名稱，以便易於與教派神道、民俗神道等作區隔。民俗神道純然係一種原始土著信仰，未具嚴謹組織。主要係農民依四季農務：春耕、夏種、秋收、冬藏等之農事，進行對土地諸神以及各路路神之祭祀。教派神道則分有十三個教派，每派各有自己之教祖（創始者）和教義。

十九世紀中葉、明治維新後，先有「廢佛毀釋（破壞佛寺、佛具、佛經等）」運動，後有將神社神道國教化，或稱國家神道。全國人民之信仰活動由國家直接掌理、經費亦由國家資助。換言之，政府管轄所有神社，神職人員變成公務人員。此一齋政一致政策，直至戰後始被廢止，回歸政教分離。

一、國教化

本來神道是沒有如耶穌．基督、阿拉眞神、釋迦牟尼佛等創教聖者，但明治維新（一八六八年）後，政府卻要國民將「以敬神之念」化爲「奉戴天皇之心」，並將之形成政策。換言之，將天皇當成教主，令國民來膜拜，達到不但可以支配國民的行爲、行動，同時也能夠控制國民的思惟、思想。申言之，在原本未具權力只具權威的天皇身上賦予政治權力之外，更在原本的權威之上再賦予宗教性神秘光環。具體而言就是實施齋政一致的政教合一體制，將天皇置於神道教之頂點，並將神道國教化。其後神道教接受政府的保護、支援、管理與保全，簡言之就是國家神道。

所謂國家神道，係自明治維新以迄二戰結束約長達八十年之期間，政府根據『古事記』、『日本書記』等古典之記載，將萬世一系之天皇視爲「現人神」，集權力、權威於一身，並將之絕對化、神聖不可侵犯化。主要係源於江戸時代後期國學（另稱和學、皇學、古學）者．平田篤胤（一七七六年　—　一八四三年）之「尊皇復古」學說，他提倡「復古神道（天皇崇拜的絕對性）」。認同平田主張的當時的神道家主張：應將明治維新的精神。立基並契合於神武（第一代天皇）創業之精神，而將近代日本建設成齋政一致之國家。

在此綱領下，原始社會中自然狀態下產生、形成的原初的神道、含民俗神道、教派神道、以及佛教、儒教相混合、折衷而成的其他宗派、教派等通通退位，而由奉祀天皇祖先神的皇室神道（以宮中祭祀爲中心的神道）當道，一支獨秀、君臨群倫。於是皇室神道不但超越同屬神道的其他教派，而佛教、儒教、基督教、天主教等之外來宗教更是遭池魚之殃。譬如，廢佛毀釋[3]運動就是明證。

因此，所謂國家神道，嚴格地講實際上只是將皇室神道奉爲國教。它是明治維新之後，基於統合、驅策國民意志之目的下，被當成支配民眾之利器而加以利用。其教義無非就是日本是天皇的國家，並將之透過全民教育強加於國民，塑造成國民道德之基本。所以，國家神道變成宗教、政治、教育等三位一體。且從傳統的萬物皆有神之汎神教一變而爲一神教。因爲，明治政府將耶穌換成天皇，將聖經換成古事記，將其他宗教信仰，視爲異端、邪教而加以排除、禁制[4]之故。

【3】廢佛毀釋中的毀釋是指毀傷釋迦牟尼佛之形象。明治初年（一八六八年），神佛分離令下，在醉心復古神道之神官的煽動下，各地進行對佛教寺院、佛堂、佛像、佛具、經文等之破壞、毀損。明治四年（一八七一年）此一運動暫告一段落，但對佛教之排斥、打壓現象，直至二戰結束後方止歇。

【4】「国家神道の実体」檢索日：二〇一三年一月十一日。http://www.geocities.jp/shougen60/kokkasinto.html

二、荒魂．和魂

在日本人的用語當中，不難發見使用「魂」之一字，其意大概不離是指一種向上打拼的精神力，且正面意義多。亦即，處於內外激烈競爭環境當中、運動競賽也好、商場上優生劣敗也好、考試、就業也好，亦即人與人之間的各種白熱化競爭當中，日本人認爲其中應有戰鬥之精神力等之類的魂存在。譬如，「大和魂」、「侍（武士）魂」、「野球（棒球）魂」、「撫子（代表日本女性的名字，特別是指日本女子足球國家代表隊之隊名）魂」、「驛傳（長途接力賽）魂」、名職業摔角選手豬木正寬對格鬥技高水準的要求和期許之「鬪魂」、三一一大地震後的日本東北人，不屈不撓地貫注全力在災後重建的所謂「東北魂」等。

以上之「魂」觀，就是來自神道。根據古事記、日本書記的記載，須佐之男（海原（大海）之神）因母親．伊邪那美往生，極度悲傷下造訪諸神所在的天上界．高天原。其姊．天照大神（太陽神）係此界的統治者。她懷疑己弟，須佐之男是要來掠奪而將自己打扮成男裝，並全副武裝等待。其弟爲表自己並無邪心遂與其姊訂定誓約，而生出許多神明。這是敘述天照大神誤認有被其弟攻掠之虞，而顯示神威之故事。天照大神當時之心境被形容爲「荒魂」。即使是天照大神也有「荒魂」。

所謂「荒魂」，就是心中充滿暴戾、憤怒之意念。也是動盪、氣血翻湧之心。當心中回復平靜之後的心境，就是「和魂」。亦即，我們日常生活當中，閒散柔和之心境。所以，「和魂」另稱「平和之魂」，「荒魂」則稱「戰鬥之魂」。神道、武道，原本就有「和魂」、「荒魂」一體之想法。換言之，人、神、和、戰之意念並存於一身、一體。日本人咸認此為日本國之所以成為日本國之前提之一。

在神道和武道當中，人的「魂」是隨時空而改變。人在動怒或戰鬥前，需要召喚「荒魂」，其時稱「振る（振動、喚醒）魂」。當需要回歸「和魂」狀態時，則稱「魂鎮め（使魂安定）」。兩者通稱「鎮魂法」。控制荒魂與和魂保持平衡是神道之奧義。亦即，處於激動、激情、甚至生死交關的非常情況＝荒魂中，亦能迅速回到神閒氣定＝和魂之狀態。反之，亦能自悠然中迅速地、不動聲色地轉換成臨戰狀態之緊張感。

神道的此種教化、訓練不靠強制，而是訴之體驗、體感，也不盲從教典教義，全是順著自然的感性、感受並加以實踐而得。現代人的霸凌也好、抓狂也好，部分概係出自對荒魂與和魂間之去來的操控偏失，導致言行未見成熟、行止未能泰然自若。本來典型的日本人是一旦臨事，可以立即自輕鬆自然轉換成如臨大敵，亦可自如臨大敵立即轉換成自然輕鬆。

日本武道當中亦講究「荒魂」、「和魂」間變換之操控。日本傳統武道中的劍道、相撲、弓道等之比賽，與西洋傳來的各種運動比賽相比，看不見勝者、勝方因勝利而跳躍、喧囂、大吼大叫、比勝利手勢等。武道要求習練者須學會「荒魂」、「和魂」間圓滑、順暢之轉換。比賽前的默想、精神統一就是在召喚「荒魂」以培養鬥志。比賽結束後，立即要將比賽中的緊張、興奮、激昂、狠猛等情緒舒緩、壓縮，恢復平靜。

一個在比賽後激情於勝利的喜悅，無法淡然處之的選手，被認爲是不懂得掌控「荒魂」、「和魂」間之轉換的人，是一種不成熟之表現。武道中有所謂的「殘心」。就是在前一個動作結束後，必須對下一個動作留下戒備、警戒之心之意。在這種修爲的要求下，是不容許勝利後的得意忘形。所以，劍道、相撲等分出高下、勝敗之後，勝者敗者皆淡然敬禮而退。其受神道、武道之影響，可見一斑。

此處作一下論述上的跳躍，亦即想引證有部分士兵自戰場復員後所發生的某些病狀，來說明神道、武道對武士・日本人之影響。士兵長期處於戰場，慣於過緊張的生活，當解甲回到一般社會，卻仍無法卸除繃緊的神經因而得病。反之，召喚、培養不出嗜殺、殘酷心境的軍人，則陷入恐懼深淵、惶惶不可終日、無法自拔者同樣亦得病。日本人的來自神道、武道之感性與教化，促使他們善於調適、管理動靜之「魂」。亦即，必要時可以將肅殺的「荒魂」之引掣全開，不必要時亦能即刻順利回歸恬然寡默之「和魂」狀態。

現代的日本人如同在三一一大地震災害中，冷靜、達觀之表現，部分是因爲日本人遇事後，可以從忐忑不安的心境迅速回到泰然自若。而古典的武士靜如處子動如脫兔，亦文亦武、有禮有節的行止坐臥之外，亦能狠毒地對無辜者進行斬殺。如此，我們或許可以推測武道和神道的「鎮魂法（戰鬥與平和情緒間之操作、控制之心法）」之變換自在的因子，濃烈地潛流於日本人血液當中係一大主因[5]。

第二節　武士道中之神道

近代日本的國家神道，其核心是天皇是天孫降臨，負有統治日本之使命外，更須將天皇之神威擴及世界各角落，亦即所謂的「八紘一宇（八紘爲八方，連結天地的八根鋼索之意，意指整個世界。一宇則是一家之意。宇爲屋頂。整句爲全世界成爲一家之意。）」因之，明治時代開始的一系列的對外擴張主義、行動，實際上全爲征服、侵略之戰爭。換言之，係對外取得殖民地之戰爭，對內卻宣稱係日本的國難、爲千載難遇可爲神聖天皇捐軀

【5】山村明義『神道と日本人』、新潮社、二〇一一年、第一三八—一四五頁參照。

之聖戰，而對其國民大加洗腦。如此，對近代的日本來說，幸與不幸姑且擺一邊，就國家神道在此一過程中所扮演、帶動、發揮之作用，特別是精神力量方面，實無可計算。

因此，國家神道可謂係明治政府手工製造之產品，此處暫告一段落。以下擬就神道與武士道，到底具何關連略作探討？

一、靈魂淨化

前已述及神道的信仰是萬物有神，認爲自然界的事事物物皆有神在。一般日本人認爲人在往生經過四九天的過渡期之後，就安居於靈界成佛菩薩。神道與此帶有佛教色彩的信仰幾乎沒有差異。神道稱：人一旦過世後將轉變爲神明。死者的靈魂極其自然地被稱爲神明或菩薩。隨著逝世時間的經過，死者在生前的個性、種種事蹟等逐漸褪色、淡化、抽象化後，融合於神佛當中，並住居於遠山之頂或海上之國。申言之，神道之信仰是：人死後之靈魂無善亦無惡皆可成神佛。

此種信仰係造成日本與近鄰諸國發生外交摩擦的原因之一，亦即所謂的內閣總理大臣以官方身份參拜靖國神社問題。靖國神社相當於我們的忠烈祠，奉祀著爲國爲民、因公捐軀殉職、殉難的英雄烈士。二次大戰後同盟國特別在東京成立「東京裁判」以審判犯了戰爭罪的日本高官。結果有二八名被判決為甲級戰犯。其中七名被處以絞刑後之牌位，亦被奉祀於靖國神社，外交摩擦因此而起。

對中、韓等鄰近國家來說，日本在明治維新後，即表露帝國主義姿態，不斷地以武力逼迫近鄰弱小國家。例如，明治維新是一八六八年，一八七四年即「台灣出兵」，更藉此向清朝索取五〇萬兩之賠償。一八七五年對朝鮮李氏王朝挑起江華島事件後，翌年即迫其簽訂「日朝修好條約」逼朝鮮開國。本條約係朝鮮接受來自日本第一份不平等條約。一八七九年日本復將琉球王國完全徹底地抹消。如此，明治維新後不到一〇年，日本即仿傚西歐帝國主義之作法，毫不手軟地進行併吞琉球或將自身亦深受其害的不平等條約強加於近鄰弱小國家。

此後對中國、對朝鮮（韓國）之強烈進逼，至少有中日甲午戰爭（中國對日賠款、割台等）、義和團出兵、日俄戰爭（戰場在中國境內）、日韓合併、第一次世界大戰後接收德國在中國的租界地．青島之權益、提出對中二十一條款、山東出兵、滿州事變、八年抗戰等。自明治維新至二次大戰結束將近一世紀之期間，對近鄰諸國之犧牲者來說—不管是華人或朝鮮人之平民，日本所派駐在中國、在朝鮮半島等之部隊或官吏，廣義而言都是加害者，甚至於是劊子手。特別是戰後經過東京裁判審判後，被判決為有罪的各級戰犯更不用說。

但日本卻甚至於連甲級戰犯中受到絞刑的七位被認爲最罪大惡極的戰犯之牌位，亦迎進靖國神社內加以祭拜。我們一般在認知上，能成爲被國家、社會所祭拜的對象，就是具有對生民救苦救難的貢獻，所以才把他們當神明祭拜。日本將戰犯迎進靖國神社祭祀後，自然產生戰犯等同神明之圖像。在神明是不會犯錯且神明代表的是正義的邏輯下，近鄰諸國如果可以接受戰犯當英雄、神明般祭拜的話，那中、韓等民族的犧牲者，他們的死意味的是他們罪有應得、死有餘辜。因爲，英雄、神明的任務是降妖伏魔、打擊罪犯、伸張正義、主持公道、保護善良、消滅邪惡。

戰前的中、韓等民族的犧牲者，特別是平民，果眞是十惡不赦，是英雄、神明的掃蕩、懲治對象？當然不是。所以，中、韓對於日本官方的靖國神社參拜反對到底、絕對不能接受之理在此。換言之，如果容許日本正式的參拜，就是正當化、合理化、並肯定了日本軍閥殺害中、韓民族之罪行是一種義行，而中、韓民族的犧牲者自然成爲惡人，此爲不可輕易妥協之處。

反觀日本，前已述及日本人基於神道之信仰，他們認爲人在過世之後，隨著時間的推移，靈魂會變成無善無惡。縱然在生前是無惡不作的傢伙，但死後到了幽冥世界，生前的一切全數一筆勾銷，靈魂照樣可以成神成佛[6]。不像南宋的秦檜（一〇九〇年—一一五五年）死後至今，其千古奸臣之名，依然不變。座落杭州西湖畔的岳武穆（岳飛：一一〇三年—一一四一年）廟中，秦檜夫婦的跪像仍然是後人唾罵吐痰的對象。因爲，華人認爲生前是奸臣、惡人的話，身故之後其靈魂依然是惡靈。此與日本的靈魂無善無惡之神道信仰，形成中日兩民族信仰體系上非常強烈、尖銳的對比。

至於靈魂無善無惡之信仰與武士道到底具何關連？有人認爲此種不管好人或壞人死後都可成佛、成神之信仰，其信仰體系之基礎本身就存在是非不分，導致武士在人格上容易形成極端、兩面性。譬如，你可以在武士身上同時看到他的有禮有節卻又呈現殘暴野蠻之行爲。可以看到他的沉穩如山，也可以看到他的狂亂如野獸。高傲不可一世卻又自卑自謙，講究佛教的慈悲、儒教的仁愛卻又嗜殺鬥狠。服從強者卻又凌辱弱小，重視科學實證卻又迷信守舊[7]。

【6】大隅和雄「日本の宗教」（新日本製鐵株式會社廣報企劃室編『日本の心—文化・伝統と現代—』丸善株式會社、平成三年）所收、第九八頁參照。

【7】網路文摘「武士道精神與神道」、二〇〇八年三月六日、檢索日：二〇一二年七月一〇日。http://netmoneydaily.blogspot.tw/2008/03/blog-post 3334.html

武士之兩面性印證於明治時代之後的日本，其嗜殺、殘暴表現在對中國大陸、台灣、朝鮮半島等平民之屠殺（如旅順大屠殺、南京大屠殺等）上面。對強者的順從、對弱小的忽視，則可自日本人將歐美人奉爲上賓，卻歧視比他落後的亞洲民族。日本社會科技文明相當發達，但各種神道儀式如地鎮祭、祈願祭等在工程開工、店舖開張或參加考試、就業、結婚、比賽之前，都非常被注重和盛行，顯示出科學和迷信共存之景象。

二、忠君愛國

日本人的神國思想、忠君愛國思想等之由來，概可溯源至記紀神話。何謂記紀神話，係指『古事記』和『日本書紀』這兩本經典中所描述之神話、傳說之謂。古事記成立於七一二年、日本書紀則爲七二〇年，同爲八世紀初之著作，亦同爲日本最早之歷史書。記紀中所記載有關神道與皇室間關連之神話是：天皇的祖先神是住在高天原（天上界），其間有八百萬（無數、無限）之諸神存在，而由天照大神所統治。天照大神就是天皇的祖先神代表。天皇是天皇的祖先神以天孫降臨的方式，讓他出現在地上界而被賦予統治日本之使命[8]。於是神道信仰成爲天皇與日本百姓間之臍帶。藉由此一臍帶，可以將天皇與日本

【8】「国家神道の実体」檢索日：二〇一三年一月十一日。
http://www.geocities.jp/shougen60/kokkasinto.html

國民緊緊地綁在一起，且天皇如同磁鐵般，可以百分百充分發揮對日本國民之磁吸作用。明治時代（一八六八年—一九一二年）開始至二戰結束（一九四五年）爲止，神道能夠成功地、徹底地被奉爲國家神道加以施行，且毫無折扣地可以貫徹政教合一政策，此即爲其中緣由之一。

新渡戸稻造在其名著『武士道』[9]一書中，有關神道與武士道之關係，作了描述和分析，其要義概略整理如下。

一、對主君的忠誠、祖先的尊敬、父母的孝順等之德目，深深地烙印在神道教教義中。致使性格上傲岸嶙峋之武士，被賦予服從性後，得以體現忍耐、謙讓之心。

二、神道的自然崇拜，讓日本人自心靈深處摯愛著日本國土。神道的祖先崇拜則是造成：如果將個個日本人的祖譜，一個一個往上追溯的話，最終達到的是皇室的祖先。換言之，皇室的祖先，變成是全日本國民共同的遠祖。對我們日本國民來說，日本國土不單只是可以採掘礦物、可以耕種、收穫糧食之場域，更是諸神、亦即我們日本人的祖先之靈的神聖居處。因此，天皇對我們日本國民來說，並非單是法治國家之長、或文

【9】請參閱：新渡戸稻造著、矢內原忠雄譯『武士道』、岩波書店、二〇〇一年、第三二頁—三四頁。以及新渡戸稻造著、岬龍一郎譯『武士道』、PHP研究所、二〇〇三年、第二六頁—二八頁參照。

化國家之保護者，而是上天派駐地上的代表，一身兼有上天的神力與慈悲。

三、成爲全民崇敬和民族感情之骨幹的神道，完全不巧飾具有體系化之哲學或合乎邏輯之教義。神道、與其說它是一種宗教，毋寧說是宗教所展現的民族感情可能更爲正確。神道在武士道中，徹底、充分地灌進對主君之忠誠與愛國心。這些心意與其說是神道之教義，不如說是一種強烈的感情在起作用。所以，神道對信徒沒有任何信仰上之信條規定、拘束，有的只是提供單純、直截之行爲基準而已。

綜合以上新渡戸稻造所敘述的神道與武士道間之關連，吾人可以簡約如下：

一、神道改變武士之性格，使其具服從性、忍耐和謙卑。

二、日本人以天皇爲頂點共同擁有同一祖先。因此，包含武士在內，全國上下有著強烈的一家親之共同體意識。換言之，日本國民與神道教之神明，係具血緣關係。

三、因爲人與神是具血緣關係，所以神道超越宗教信仰之層次，迷漫化、普遍化爲一種大和民族感情。再演化成以天皇爲焦點，武士爲拱衛的凝聚全民之黏著劑。所以，神道信仰下的大和民族，向心力特別強。

準此，大和民族遠遠凌越他民族的對自身民族、國家之內聚力、歸屬感、集體意識等民族特性強度之保有和顯現，其源頭係來自神道信仰，可從新渡戸稻造上述之分析，窺知一二，並取得驗証。特別是武士頭領間爭奪天下，往往相互攻伐殺得昏天黑地，就是沒人去奪天皇之位。也從來沒有爲爭天皇之位而如中土般搞得天下大亂血流成河。神道對武士道影響之程度，萬世一系之天皇制的存在，可爲其找到強力之註腳。

前已述及原始神道，其中並無明確之教義，然此處新渡戶稻造卻將「對主君忠誠、祖先的崇拜、父母的孝心」等稱作係神道之教義。究其原由，概係緣於日本中世之後，有些看似是神道之教義，其實可謂皆借用、吸收自儒教之道德、倫理、規範。因爲，忠君、祭拜祖先、愼終追遠、孝養父母、民德歸厚等之重視，係源自儒教之基本教養蓋無可置疑[10]。只是忠君方面，中土可能沒有如扶桑般濃厚而已。

三、自我犧牲

依據古事記、日本書紀的神話記載，日本國土、萬物的創造神．伊邪那岐（男神）、伊邪那美（女神）是夫妻。當伊邪那美在產下火神之際，被火燒傷而喪失生命。其夫伊邪那岐思念愛妻，追至黃泉國想與其見面，卻違背其妻之要求：絕對不可窺視遺體之約定，

【10】一條眞也「第十講武士道2」參照。檢索日：二〇一二年七月一〇日。http://www.heisei-shin.com/writings_box/religion_page/religion_30_2.html

導致兩人因而大吵一架。伊邪那岐所看到的是其妻腐敗的屍身，在恐懼、厭惡之餘，只想迅速逃離陰間。其妻及八雷神、黃泉醜女等在後追趕，他向她們丟擲桃核、葡萄、竹筍等而得於脫險。

逃出黃泉國的伊邪那岐，將陰間與世間交界處的出口以岩石堵住，與其妻・伊邪那美完全斷緣。當時隔著岩石，兩人還做了如下的對話。伊邪那美：我每天殺你國度（陽間）一千人（以爲報復），伊邪那岐隨即回以：那我每天在我國度裡建造一千五百間產房。換言之，生者永遠多於死者。亦即要出生者一定比辭世者多之意[11]。

這是神道死生觀之源頭：不忌諱死亡，但也重視生存。此神話傳說形成死不足懼，也不拒死之意念，沉甸甸地沉澱在日本人心潭之底層。在此，敘述上雖有些跳躍，亦即，不妨提一下日本的自殺率。自一九九八年起，日本政府開始針對自殺人數進行統計，截至二〇一〇年的十三年間，每年皆超過三萬人以上之自殺死亡人數[12]。自殺的理由可能多如牛毛，但古代神道信仰，對死亡並無太多陰暗面之著墨，也許是一條共通的引爆線。江戶

【11】山村明義『神道と日本人』、新潮社、二〇一一年、第一六二頁參照。
【12】特定非營利活動法人　自殺対策支援センターライフリンク「自殺者統計」　檢索日：二〇一三年三月五日。
http://www.lifelink.or.jp/hp/statistics.htm

末期的日本神道學者・本居宣長表示：人死後，善人也好、惡人也好、位尊也好、位卑也好，皆全共赴黃泉國呀[13]！此雖稱不上鼓勵自殺，但也未盡阻止之教化功能，甚爲清楚。

就神道來說，不把死亡當恐怖畏懼對象是因：不管是靈或魂在人世間是幸福的。因爲，透過神社的祭拜可以讓靈魂復甦，眾神明也能重新誕生。正因如此之故，日本人養成自我犧牲的精神，而能不畏死、不怕死。連生命都可以犧牲，還有什麼不能犧牲的。「死」和「死後」反具重大意義。譬如，古代熊野神道相信人可以成爲神。在日本人的死生觀中，死亡並不是一件陰晦沉暗之事，而是可以藉此轉化成爲神明的伙伴之舉[14]。亦即，藉死亡之機，可以加入神明行列。

前已述及因產下火神而被燒傷致死的伊邪那美，與其夫緣斷之後就成爲黃泉國（陰間）的主宰神。日本書紀記載：她被埋葬於「紀伊熊野有馬村（現三重縣熊野市有馬花窟神社）」。該處面對一望無際、浩瀚空靈、萬里晴空的太平洋，岸上是懸崖峻峭、綠意盎然的青山。沒有想像中的舉目盡是幽冥、陰溼、蒼鬱，充斥魑魅魍魎的死者之境，反而有

[13]前揭注二、第一五七頁參照。
[14]同上、第一六三頁參照。

世外桃源之感[15]。

原始神道的深層信仰，左右了日本自中世到近代的約七百年間之權力者（武士）之精神結構，表現在包括死亡在內的勇於自我犧牲、勇於負責。武士既使面對死亡，亦不做辯白、不找藉口。這是武士道的特色，也是美學。因爲勇於自我犧牲，所以嚴守沉默是金。辯白、找藉口，被視爲懦弱、怕死、不乾脆之行爲，是失格的武士才會有的行止，將遭受活比死更痛苦的眼光。一流的武士是絕對光明磊落地勇於負責，勇於自我犧牲。來自神道的死生觀信仰，是武士道行動美學之精神支柱。

同樣對武士道死生觀有所影響的佛教，與神道是有所不同的。佛教對武士道的影響是在無常觀、輪迴觀。尤其是禪，透過禪修，體悟死生一如，而讓死亡之恐佈感自然消失。亦即，不是使用諸如練膽等外在的磨難，去袪除對死亡之恐怖感，而是因爲了悟生死，使心中無由產生對死亡之恐怖感。將生死無差別化，死亡的恐怖自然被內化於無形，是禪對武士道死亡美學之貢獻。

神道對武士道之影響，則是死亡之親近感。神道彰顯的是：人死後將變成神明。靈

【15】同上。

魂停駐在遺族們住家附近的山上或海上、或森林、沼澤，守護著遺族，並在新年、七月普渡、春分、秋分等之日回家，之後再回到原處[16]。參拜神社之際，不難發現被膜拜的對象物或偶像可謂少之又少。不像道教廟宇內神尊偶像之種類也好、大小也好、數量也好，可謂又多又雜。但神社內殿中所安置的明鏡，算是最主要的禮拜對象。

為什麼是明鏡？根據新渡戶稻造的分析：明鏡是顯示人心的表徵。只要心中靈明澄澈，就能照見神明。因之，參拜神明的同時也照見自身之形體，此一形體非關生理上的問題，而是指道德面的內省、自省的功夫。因之，參拜行為之本身也意味著檢視己身。且此一檢視己身之宗教觀，所展現的內在道德意識，與其說是個人的，毋寧說是一種民族性，當更為適切[17]。

神社殿外皆設有參拜者洗手、淨口之處，謂之水舍。為什麼？因為參拜者參拜時必須以清淨無垢的心面對神明。日本人漠然地認為自己是神明之子，神明發揮各式各樣的力量，其終極無非在守護人們，引導人們往美善的方向前進。因此，人要潔淨自心，順從神

【16】大隅和雄「日本の宗教」（新日本製鐵株式會社廣報企劃室編『日本の心―文化・伝統と現代』、丸善株式會社出版、平成三年）所收、第九八頁參照。

【17】新渡戸稲造著　奈良本辰也譯・解説『武士道』、三笠書房、一九九五年、第二五―二六頁參照。

明的引導。所以，面對神明要保有清淨的心，就要排除人為作為，回歸當初以神明之子出生時的本然狀態。此一宗教觀也是造就、構築大和民族美學之一的：愛乾淨、愛美之文化底層的形成。

另外，神道信仰中如欲達到心境清淨空明，則須摒除一切雜念，使心田形同一張白紙，一絲不亂與無波亦無紋之狀態。換言之，讓意念集中在一點，亦即一般日本人所喜愛的所謂的精神統一，即可與神明成一體，可以相互感應、交感，達致人神相通。因此，日本人為了精神統一，練就各種方法。劍道、弓道、柔道等自古以來，同樣重視精神統一之術。亦即，不管是武道的練武者或宗教的修行者，都同樣追求精神統一之境界可謂是相共通的[18]。武士所奉行的武士道，包含來自神道信仰的精神統一與修練武道時的精神統一，致使武士可以展現：沉穩如山之特質。

神道對日本人之影響，是在心靈底層屬民族認同感部分，亦即，自認是日本人與否之歸屬感有無之層面。另由於神道信仰懷有對自然、祖先之崇拜及相信萬物皆有神、甚且抱有死後皆能成神之觀念的關係，相對於他民族，日本人對死亡罪惡感概屬相對稀薄。加上

【18】同上、第九九頁參照。

須以清淨無垢、內省之心去參拜神明，促使武士責任心、自我犧牲精神之發達。作爲中世之後日本國家、社會之骨幹、棟梁的武士，將此套係屬宗教觀也好、價值觀也好之體系，納進武士道而形成其核心規範的一部分，實屬自然。

四、禊・祓

禊（misogi）的意思是指用海水或河川之水淨身，類似齋戒沐浴的行爲，將身上看不見的陰氣、霉氣、衰運、穢氣等洗滌清除。在神道信仰上，是代表一種再生、重生之意。特別是指精神方面的甦生、更新。此一宗教行爲，源自前已提及之古事記、日本書紀中，所記述的伊邪那岐和伊邪那美夫婦之神話故事。伊邪那岐至地獄探訪亡妻伊邪那美，因違反事前已約定好，不窺亡妻腐敗屍身之誓約，而引起爭吵終至緣分裂絕。

自地獄歸來的伊邪那岐，爲除身上之陰、穢之氣與霉運，遂以河川之水加以淨身。換言之，由陰間回到陽間，是一種再生，進行禊（淨身）即象徵著心境、精神面的脫胎換骨、改頭換面，如同腳踩風火輪的哪吒太子一般，經過蓮花化身之後，新的人生重新開始。是面對未來，而非回到過去。因爲，我們縱有後悔的過去，卻已無法回到過去、修補過去。所以，我們要接受過去，不爲過去所束縛，要往前朝向未來，方能起死回生。

亦即，放下過去，始能走向未來，沒有將過去種種（悔恨不甘、怨懟貪憾）全付之流水，就如同被囚困於過去，腦袋裝滿過去，如何可期待精神上的新生命的誕生、新生活的出現。此爲神道儀式之一．禊（淨身）之本意。所以，終極來講，死亡亦係一種禊（淨身）之舉[19]。也就是爲了重生所進行的一種淨化的動作。政治人物用選舉作漂白，亦是一種禊（淨身）之動作。

日本人每年自殺者人數居高不下，或許部份係來自此信仰之故。因爲，自古日本人就以禊（淨身）來取得身心的潔淨。當外在的污穢可以河川之水洗淨，但內心的種種不如意、不名譽、不安穩，則容易選擇以死作爲禊的手段來淨化以超脫自己。此一反映亦顯示日本人，對自死的罪惡感與他民族相比，係屬較淡薄之一方之故。

此一藉由清洗身體來淨化身心的罪惡感或汙垢之儀式，在某些地區被當作成人禮。亦即兒童在達到一定的年齡，必須接受禊之儀式，方才能取得被認定爲可當成人或大人來對待。換言之，通過此一過程，始可獲得長輩承認其已具獨立人格。綜合以上廣泛來說，參拜神社、寺院之前的洗手、不管春夏秋冬跳進河川、海洋、冰水中浸泡，甚或讓瀑布沖刷全身等，皆被視爲係一種禊之行爲。

【19】大和の心「禊―命の蘇り―」檢索日：二〇一三年三月九日。http://www.tatsu.ne.jp/yamato/misogi.html

禊（淨身・淨化）儀式之一。

有過在日本居住經驗的人，對於日本人在各種典禮都喜歡使用白色，包括結婚　喜事亦然，應不致太陌生。還有對於他們的愛洗泡澡、愛乾淨、愛在店門口灑水等習慣，可能亦是司空見慣。當然，此與日本的水資源豐富不無關連。但受到禊（淨化、淨身）此一信仰之影響，可謂難以切割和否定。那麼，禊對武士道又有什麼影響？是武士清明正直之心的培養和建立。因為，神道禊教，教人在日常生活中奉行、實踐的信條中有：

一、悔悟之心
二、捨身決定
三、用功學習
四，節儉節約
五、報本返始等所謂的「陰德五要領[20]」

以上特質不難在武士身上發現。特別是捨身、節儉節約之特質，往往濃濃地投射在江戶時代武士之背影上。譬如，赤穗浪士們的捨身、下級武士們的安於清貧等。

[20]神道禊教「神道禊教の教理」檢索日：二〇一三年三月十六日。
http://www.m isogi-kyou.or.jp/kyouri.html

祓

所謂祓（harae或harai）在神道上的意思是：犯了來自天神、地祇之禁忌或罪，希望從身心兩面除去這些災厄、陰溼等不淨之際，所進行的神事、咒術之謂，亦當淨靈儀式視之。換言之，爲了抖落、化消卡在身上的災厄、霉氣、霉運等，古人依神道信仰想出以「祓（驅邪）」之儀式及其咒語或祈禱來處理淨靈工作。祓有使用水、火、鹽、幣等方法之分。

以水來淨身是最普遍；也最常見。如前所述，凡以海水、冰水、河流、溪潭、瀑布等之水來浸泡、沖洗者皆謂之禊。因此，禊（淨身）亦屬祓（驅邪）的方法、方式之一，且亦可視爲是最多被使用的方法。

使用火來進行祓（驅邪），則是將災厄轉移至替身或分身上，然後將替身或分身焚化，使變成雲或雨飄散或蒸發，以達致淨靈之目的。與道教的收驚或改運之作法類似。使用鹽巴則是利用鹽分的消毒、防腐、降熱、淨化等作用，達到除魔降妖之功能。幣是指施法的神官手上拿的那把附有紙張的棒狀物，進行祓（驅邪消災）之儀式時，供奉於神前，表示獻給神明的貢物。其質概由麻、木棉、帛等布疋製作而成。

以上是神道信仰中的祓，利用水、火、鹽、布疋等作為消災解厄儀式進行之工具，特別是用流水，他們相信清水可以將他們身心上的所有罪惡和汙垢輕易地清洗殆盡。所以他們特別喜歡泡澡，相信泡一泡水，罪愆即可隨水流而逝，才有所謂的「悪いことをしても水に流す（縱然做了壞事也可付之流水」之語。一切付之流水，讓水淨化一切，即使是幹了壞事，也可以付之流水而無所牽掛、負擔。

祓（驅邪、驅除）之儀式之一。

小結

二次大戰後，日爾曼民族和大和民族同樣犯了挑起大戰之罪刑，但不管怎麼說，和日爾曼民族相比，大和民族總令人感到他們的懺悔度顯然不足。因為，戰後的歲月，早已過了一甲子以上，但日本與周邊民族間的恩怨情仇，依然還是濃得化不開。

其中神道的祓．禊之教理，讓他們自覺只要儀式一結束，即使做了壞事也能一筆勾銷、付之流水之信仰，可能是導致日本民族予人感覺他們對挑起戰亂、侵略鄰國，致使周邊民族遭受生靈塗炭之苦，日本人對此所進行的反省、悔改，中韓民族咸認不足、或覺做得不夠。神道中的祓或禊之儀式完成，就以爲一切可以付之流水之想法，對照日爾曼民族的徹底性的懺悔、完全式的贖罪之作爲，未免太一廂情願了點，也未免太膚淺了點。

德國與日本在戰後處理問題上，予人不同觀感的落差，爲何扯上神道信仰？主要是神道之信仰，一言以蔽之，就在於清除災禍。換言之，神道就是替信徒清除災禍之宗教。而祓・禊就是神道清除災禍的方法和手段。當祓或禊之儀式結束，同時也意味著信徒們獲得新生、得到再生的機會。所以，過去一切，過去種種全付之流水，不再理會、不再對應。這是令外人覺得日本人反省不夠、檢討不足的主因之一。

神道中的祓・禊之信仰，亦左右日本人的美學意識。因爲，他們審美觀的一大部分係基於身心是否潔淨。將身與心保持乾淨是美的起點，這是自古以來日本人的價值觀。如何達到身心的潔淨，最直接了當就是進行禊或祓之舉。譬如，參拜神明菩薩時，要先在寺院或神社前的水舍洗手漱口。每天回家進屋內之前要先脫鞋的習慣，就是因爲不讓外面的不淨帶入家內。

泡澡也是希望每天藉洗澡機會，將附著在身上的看得見與看不見的不淨，沖刷殆盡。

當然也有將日本人的愛好泡澡，歸因於高溫多濕之氣候，但同屬類似形態之地區，該處之住民並無泡澡之習慣。例如，東南亞或印度等地區，所以，還是與神道信仰有關。相同的道理，除夕的大掃除，也是爲了將隱藏在家內的不吉、不淨，清理出家門，好迎接新而乾淨的一年[21]。

爲什麼日本民族在世界上被列爲最愛好乾淨的民族之一。到過日本的外國人，不免對日本全國各地環境之整潔清幽，自內心發出讚嘆。不管是他們的一般道路或高速公路、汽車、火車、計程車等交通工具都能保持一定程度的乾淨和秩序井然。所有的公共場所，如廁所、公園亦無不潔淨有序。印象較深刻的可能是對他們的公廁的潔淨和計程車司機穿戴整齊，加上嶄新的白手套。到餐廳、飯館用餐時，他們所提供的濕白紙巾（過去是濕白小毛巾），供客人擦手心等。

以上種種無非處處展現日本人的愛好乾淨。那麼，爲什麼有此一文化？得追溯到日本人心靈的深層結構。「清淨」、「清明」、「清潔」等用語，皆與水的乾淨透明有關，對清水抱持惡感之人即使有，亦屬少數吧！因此，可以說，幾乎所有的日本人都喜歡乾淨的

【21】神道コラムvol.4『清き心』檢索日：二〇一三年三月二十七日。http://www.facebook.com/permalink.php?id=423719837704466&story_fbid=440276342715482

水。所以，日本人的愛好清潔，還是得歸因於使用清水進行禊（淨化）儀式之故。例如，屬日本人待客之道的精神文化之一的：夏天時給客人奉上冰涼濕紙巾或毛巾，冬天時則奉上溫熱濕紙巾或毛巾之舉。

其實這是提供客人一種簡便、簡單的禊（淨化）。日本人自古皆有利用清水進行身心淨化之精神和傳統。所以，凡是用水以取得身心潔淨之舉，可謂皆脫離不了與神道中的禊（misogi）之關連，甚或可謂起源於神道中的禊之觀念和儀式，因爲神道中有祓．禊之文化的緣故[22]。

但專注於自身工作之人，如各類工人〞各種運動選手，雖外表烏七八黑、邋邋遢遢，可是只要他們是全身全靈貫注於工作上，他們的心志是絕對受到讚美的，不因外表的髒污。另外，日本人對看不見的髒，如精神面、道德面的不淨等，亦相當在意，使用的字眼亦不離污穢和潔淨。譬如，收受不該取得的金錢、物資等叫「污職（osyoku：貪污、賄賂）」，小人作風、小人手法，被稱爲「汚い（kitanai：骯髒、卑怯）」。

在武士道當中，武士遇事時、特別是面臨生死交關之際，最忌推卸責任、百般託詞、

[22] 三村明義『神道と日本人』、新潮社、二〇一一年、第七〇—七一頁參照。

決斷拖泥帶水等態度。因爲，武士道強調的是：武士須「潔し（isagiyosi：光明磊落、清白、乾脆、毅然決然等之意）」。否則，一定被恥笑、被瞧不起。「潔し」絕對不是單指精神面，而是物質面亦應分毫不取、不忮不求、不執著、不貪婪。江戶時代的下級武士，物質面相當匱乏，卻能守住清貧。概係受到神道信仰所演化出來的愛好乾淨之文化的薰陶所致，蓋難否定。

武士的此一美學觀的形成，追根究底，還是來自於神道中的禊・祓，這是神道對武士道最直接的影響。亦即，連面臨生死如此重大之關頭，亦不容許紊亂、猶疑，也得講究從容、乾淨俐落，方符合武士道美學。譬如，連切腹後，自身之屍體絕不可出現有後仰之姿態，亦在計算考慮之列。

第八章　武士與武士道之特點

武士此一職業的發生已屆千年，而武士道形成至今亦接近千年。但武士道廣爲世人所知不過百年。特別是日本在上世紀的對外戰爭、尤其是在失利中寧願犧牲亦不願當捕虜之舉措，著實令人錯愕、驚愕。另外武士爲表示對自身言行上過失之負責或維護其名譽等所採取的切腹行爲，由於其血腥、殘酷之程度難免令人不忍卒睹，亦加深人們對武士道之印象。但武士道中不變的特色到底爲何？以下擬試略作探討。

第一節 重武道

武士原如其名，係以武爲業之戰鬥者。在近世之前對武士一般通稱「弓矢を取る身（與刀槍爲伍之輩）」、對武士道則稱「武者の習い（武人之習性）」。職是之故，武士及武士道總離不開一個武字，亦即離不開習武、練武、用武。用武就是你死我活的武鬥，無絲毫迴旋餘地，所以，日本武術的特色之一就是集中在精、準、狠的訓練，較少繁文縟節。

武士者憑其武藝、武技爲業、爲生，並據以謀求功名利祿。但其先決條件必須是在與敵人格鬥時得以存活下來。因此，如何透過身心之鍛鍊、修爲以取得克敵制勝之技藝在身，對武士來說，是生命也是資產。因之，對格鬥技的考究、鑽研，自然不遺餘力。這也形成日本人尚武精神之源頭與基底，由此發展出來的就是武術。其再經體系化、理論化、精緻化以及加上倫理道德規範之注入、要求與制約，遂構成武道之成立、存在和發展。譬如，劍道、弓道、柔道、空手道、合氣道等。

近世的武士由戰鬥員轉化爲士大夫後，雖不能再依恃其戰鬥力而出人頭地，但習武、練武依舊，只是不可以隨便動武、用武而已。因爲武道不但是防身、保身之技，且亦當成人格養成、鍛鍊身心意志之鑰。到了近代，軍人、國民皆被武士化，武士道擴大、轉化爲軍人魂、國民道德。武道更變成用來陶冶、淬礪全民之利器。接受過武道的洗禮、淬鍊的武士，不像中土文人甚或統治階級者，較崇尚高遠、抽象之理論、理想。武士較講究務實、踏實的實學，此一階層中世以降即成爲日本社會的中堅分子、領導層。

其尚武的風氣亦成爲主流的社會價值體系。與武道相結合的武士道，與傳統中土士人之價值觀、特別是科舉之後的所謂的手無縛雞之力的文弱書生，萬般皆下品唯有讀書高的士大夫觀念相比，中日兩國國家中堅主幹群之戰鬥力之懸殊，即如實地被映照出來。以下的說法或許太過於簡化也說不定，亦即，中日兩國在近代所發生的全面性大衝突中，如甲午戰爭等。其所呈現的一面倒之勝負結局，或可視爲係武道發揚之有無的明證之一。

第二節　了生死

一般認知上，日本民族在死生方面之行爲舉止與其他民族相較之下，顯然有所殊異。亦即予人較易輕生之感。譬如，自殺人數、自殺率等之高皆居世界上位。還有來自歷史的傳統特色—武士的切腹，此事更因近代之後，隨著資訊傳播科技的飛躍進步與發達，如照相、錄影、錄音、傳送、接收、再生等技術之進化，切腹的血腥、殘酷、攝人的氛圍、嚴整肅殺之儀式、當事者之果敢、冷靜，再再被描繪、記錄或拍攝成電影等加以廣布流傳，而將日本民族在死生面與他民族之殊異性凸顯無遺，讓世人對日本民族之死生觀留下深刻印象。

以上所述種種係源自武士道當勿庸贅言。爲什麼是來自於武士道？其與日本民族之死生觀之關係又如何？首先，如同前述在武士道的典籍中，如葉隱、武道初心集等，都非常強調武士一定要勘破生死，要將「死亡之念常住我心」。有武士道論語之稱的葉隱一書中最有名的一句即：「武士道即是體悟死亡之道」、一樣屬武士道經典的武道初心集也強調：「從元旦初一清早拿起筷子開始到大年夜飯放下筷子之間，須時時刻刻心存死亡之念」等。亦即死亡之念須臾不可或離。之外，尚有來自武士道的死亡美學。

也就是所謂的當花當爲櫻花，當人當爲武士（花は桜木、人は武士）。這是武士的自負，同時也是武士的死生觀、價值觀。當武士面臨自身無法維護武士之所以爲武士之本分、尊嚴、名譽等之時，就應自行選擇死亡[1]。換句話說，重視名譽之念才是武士自我絕命之理由。名譽比生命重要，好生雖人之本能、本性，但本職的遂行與生命的保有不能得兼時，捨棄苟且偷生笑迎死亡才合乎美學。櫻花短暫的燦爛與繽紛，盛開與凋零相隨，映照出人生的無常與有限性。此與武士所追求的精彩短暫但光明磊落的人生相彷彿，是武士對生命境界的理想[2]。

貪生怕死原本亦是人之常情，其實不但是人，可謂所有的生物皆然；所以怕死實算不得什麼可恥之事。爲何在武士道中，卻被視爲如同毒蛇猛獸般避之唯恐不及。此無他，受到逆向操作、鍛鍊、洗腦之故也。死生之外無大事，把人生最大的難關—死—的位階降下，甚而導向輕視、輕蔑。將名譽、清白、忠誠、正義、光明磊落等抽象的道德倫理、行

【1】李璐璐「美しく生き　美しく死ぬ—武士道の死生観—」、第五頁參照。檢索日：二〇一一年一〇月七日。http://www.iie.hiroshima-u.ac.jp/center/activities/japanese/pdf/2006/li.pdf#search

【2】黃欣「日本と中国の諺から見る人生観・死生観について」、第九三頁參照。檢索日：二〇一一年一〇月七日。http://www.lang.nagoya-u.ac.jp/bugai/kokugen/tagen/tagenbunka/vol3/kokin3.pdf#search

爲規範等之位階拉高，自小不斷地灌輸，使成身體的一部分，終逆轉成名譽重於生命。

生物對死亡的畏懼本屬正常，平安朝末期之後的武士們，將原本屬異常的親近死亡，扭轉成正常，並逐漸將之形成典範、規範。於是趨吉避凶，此凶已不再是死亡，而是喪失尊嚴、陷入不名譽、失去了光明磊落等。當恥辱碰上死亡，只能二者擇一時，天秤上顯示的定然是恥辱重死亡輕。恥辱變成不可承受之重，以死來維護名譽、挽回清白、取得磊落是理智且值得的。所以，當武士無法光明磊落地生存時；換言之，生有損於名譽尊嚴時，亦即生與死一旦相衝突，則必須義無反顧，勇往直前地赴死。但此與逃避現實、意氣用事的死，本質上是絕對不能混同而必須做區隔的。譬如：無法克服現實生活當中的困境之死等。

這些死生觀全靠武士道的鍛鍊。前述武士道的名著或教科書中諄諄告誡：時時刻刻須將死亡之念「常住我心」、「武士道即是體悟死亡之道」等，即爲從思想上鍛鍊之明證。下面是行爲舉止上之鍛鍊。「起居坐臥規矩沉穩、人生的終點清白磊落、凡事不慌不亂、所欲不形於色（居住まいが正しい、進退の最期は潔く、物事に動じない、欲を表に出さない[3]）」。

---

[3] 八幡惠介「武士道と死生観」、二〇〇八年四月五日、NPO法人IAFジャパン、檢索日：二〇一一年一〇月十一日。
http://iai-japan.at.webry.info/200804/article_1.html

武士道中的死生觀·確保所謂人生終極時的「清白磊落」，其極致就是切腹。當「清白磊落」遭損或被質疑時，不作辯解、沒有拖詞。從容、默默地就死，以此來反襯自身的「清白磊落」是武士道中最高之美學。

第三節　忌空言

武士的出現，乃至於形成階級並掌握國家最高權力，以迄此一身分被廢除爲止的約千年的歷史長河中，其任務雖有自戰鬥者轉化爲士大夫之變化，然其一貫不變之作爲，就是爲主公盡忠效命。換句話說，武士的賣點就是效死。是以，武士的工作係游走於生與死，其間當然不容有曖昧、模糊，尤其是以戰鬥爲職志的中世期武士，由於戰鬥爲其首務，所以凡事所考究、崇尚的是實實在在、原原本本的實態。爲識破敵人技倆、避免著圈套、掉入陷阱，須要穿透一切的矯飾浮華、虛僞造假的同時，亦不時興矯飾浮華、虛僞造假。因爲，對經常站在生死一瞬、生死一線的武士來說，矯飾不但毫無意義且有害而無益。

「甲陽軍鑑」中描繪能以實實在在、原原本本的自己來行事的武士，是可以看穿事情眞相不致中敵人謀略之人。掌握眞相不可被蒙蔽，亦即重視「証據」不單只是針對敵人的謀略或只限於戰場，而是連武士在一般日常生活當中亦然。軍鑑強調：尊重事實就是應排除「推測」根據「証據」。戰鬥的執行必須先掌握敵我客觀的戰力，武田信玄特別重視這點。武田經常表示：不管是多麼了不起的策略，「沒有落腳處（可靠的依據）的話，就一點也不能當眞」。他講究「依據」否定「推測」稱讚「証據」，形成務實的武田家風。

「証據」在武士日常生活的重要性是：在人人搶著爭取論功行賞的武士社會中，賞罰與武士之現實生活可謂息息相關。如不以「証據」掛帥，武士間盛行著露骨而劇烈的相互攻訐之舉當不難想像。而由此衍生出來的彼此間的相互毀譽褒貶所引發的糾紛之繁複當亦不難想像。所以，是否以事實爲依歸關係著武士世家的興衰榮枯。譬如，軍鑑訓誡：出現誰對主公有謀反之心的流言時，只要還是流言就不該當回事，直到掌握「証據」方可採取行動。

因爲對於毀譽褒貶吾人容易摻雜私人感情，所以去私情就事實是道德的基本。不管是敵是友、即便是對交惡的人，亦應基於事實按照道理作評價，是武士面對褒貶所應持的態度。不符事實、扭曲事實的流言一旦傳開、氾濫，很容易造成魚目混珠、良莠不分、是非不明。結果是眞正優秀的武士出不了頭，惡劣的反而橫行，則此世家之衰亡不遠唉！

在日本的武士社會文化，所謂愛你的敵人之說法是沒有，但尊敬你的敵人之思想是有的。對於堅苦卓絕之武士，不管是敵是友該予以尊敬就應尊敬。因爲以低俗、粗暴語言或態度來貶抑敵人，正是顯示自身的懦弱、無能，眞正實實在在的武士，不須藉貶損他人來抬高自己。對於比自己劣勢的人，也不須擺高高在上的姿態。亦即所謂「不志得意滿，才是武士的眞性情（ほこらぬ意地こそ、武士の本意）」是也。

能做到呈現自身原原本本、實實在在的自我的武士，只有具自覺、自負的武士方才能做得到。因爲有自負所以不致在人前矯飾，自能顯示原原本本的自己。又因爲能原原本本的顯示自身，可以不假他力獨立獨行，自能與附和雷同、追隨輕佻保持無緣。透徹事實眞相，尊敬可尊敬的人。對於低賤者，更勿須顯耀自身的優越。亦不須自我吹噓、誇耀、宣傳。以上皆來自「甲陽軍鑑」對武士之訓誡[4]。

武士階級是中世之後以迄近代的統治階層；統治階層間能具如此追求、重視事實眞相的傳統、習尚、觀念，應或多或少地影響了日本近代之後的整個國家發展和走向。明治維新後，日本在亞洲國家群中，在短期間裡唯一能將西洋文明、法治、科技等全面性地讓它在日本生根發芽乃至於開花結果，其中道理該無法否定係直接、間接來自於此一務實精神

【4】相良亨『武士道』、塙書房、一九六八年、第三八—四六頁參照。

與態度之影響吧！

第四節　名與恥

武士道體系中較顯著的特色之一就是對恥與名視如高山重，對生命視如鴻毛輕。所謂「應更珍視死後之名（死の後の名こそ惜しけれ））」是也。恥與名實爲一體兩面。試先看以下事例：在屋久島（現鹿兒島縣大隅諸島中的一島）的對戰中，源義經[5]冒著生命危險，奮不顧身地撈拾掉落海中（戰場）的胡弓。源義經身爲主帥，竟做出如此魯莽的行動，有識見的隨從以責備的口吻表示：實在令人遺憾！即令胡弓價值千金萬金也無法抵

【5】源義經，一一五九年─一一八九年。係開創鎌倉幕府的第一代將軍·源賴朝的異母弟。父親源義朝的第九個兒子所以亦稱源九郎，幼名牛若丸。爲其兄源賴朝打下天下，卻又爲其兄所害。在與平氏爭戰的諸役中，如一之谷、屋久島、壇之浦等大會戰中，他都是主帥，且是第一功勞者，可謂戰功彪炳。但其兄得天下後，其不但不得志，更由於受到後白河上皇的信任，未向兄長報准，即逕自接受朝廷的任官。兄弟之間遂因而出現嫌隙進而對立，終爲其兄迫害而自刃。有一句成語「判官びいき（刻意偏袒、同情弱者或不幸者）」即由他而來，可想其深受後世民眾愛戴之程度。義經之事蹟雖已是千年前，但至今依然人氣不衰。有關他的武勇、悲劇英雄等之傳說、軼事等，在後世的文藝作品、戲劇、電影等方面傳頌不斷。

命。

對此源義經則回答：「非爲珍惜此弓，而是如果我用的胡弓有如我叔父源爲朝所用般的強勁的話，不但不會揀回，可能還會故意掉落以讓敵人拾得。但是，我用如此這般鬆垮的劣弓，萬一被敵人撿到定會被嘲笑：看看這就是鼎鼎大名的源氏大將九郎義經的爛胡弓。那可眞是丟臉丟盡。因此，即便用生命去換，也要將它取回」。源義經由於惜名而甘冒生命危險，拾回本身專用胡弓，其全係基於愛惜、維護自身、以及代表源氏世家此一共同體之大將軍的顏面和名聲。源義經的此一行爲，不分敵友皆深受感動，成爲美談而傳揚後世。

二戰期間（一九四一年）帝國政府頒布「戰陣訓[6]」其中第八條【惜名】有：「知恥則強。常思鄉黨家門顏面，再接再厲以不負所望。生而不受俘虜之辱，死而不留污名之罪（恥を知る者は強し、常に郷党家門の面目を思ひ、愈々奮励してその期待に答ふべし、生きて虜囚の辱めを受けず、死して罪過の汚名を残すこと勿れ）」。此一惜名之訓條可謂重視恥與名之傳統的再現，造成二戰末期，大量日本軍民寧爲玉碎不爲瓦全而犧牲的後

[6]一九四一年一月以陸軍大臣・東條英機之名義，佈達於全陸軍之訓論。其目的係爲提高軍人在戰場上的道義與戰意。主要係起因於中日戰爭的長期化，導致士氣低下、軍紀鬆弛出現，遂而提出此實踐綱領。

果之一[7]。

下面再看一例：在「一之谷之戰[8]」中，年僅一六歲的平氏武將・平敦盛的故事，他是文武兼備風流倜儻的貴公子。該戰役中他眼看己方大勢已去，正驅馬靠向停在海中的船隻準備撤走，卻爲敵方武士・熊谷次郎直實喊住：「閣下看來是平氏世家了不起的大將軍，以背面敵難道不覺太以卑怯？別跑了吧！」平敦盛一聽，遂而單騎折返。敦盛欲再上岸之際，直實趨前大力勉強欲使兩馬並排，糾結拉扯之間遂而兩人同時落馬倒地。

直實壓制敦盛就要取下他的首級，掀開頭盔一看，怎麼才只是個一六、七歲的少年。化妝也不過只是輕輕淡淡，眞是個唇紅齒白的美少年。想起年齡與自家小兒小次郎・直家相仿，如何下得了刀。敦盛亦未求饒。直實自報名字後，亦請敦盛說出名字。敦盛道：「我不能說出我的名字，但對你來說，能夠殺了我應是大功一件。取我首級問問別人，一定會有人識得我」。年紀輕輕，卻有如此光明正大的態度。

[7]小澤富夫『武士　行動の美學』、玉川大學出版部、一九九四年、第一三—一四頁參照。

[8]一一八四年二月、在「一之谷（現神戸市須磨區）」所發生的戰役。係源氏、平氏兩世家因爭奪天下所展開的爭戰之一。源氏由源義經率軍自高處突襲試圖挽回頽勢的平氏軍。義經的奇襲奏效，讓平氏軍敗走海上，使得平氏勢力再度受到重創。

此時直實心中想的是：一位父親失去愛子的悲痛。對一個少年怎忍下手。來自武士惻隱之心，直實心中吶喊：「太可憐了，放他走吧！」但很不幸的後方約有五〇騎的追兵湧上來，勢已無法令其逃走。直實說道：與其遭他人毒手，不如就由我來吧！直實會給您祭拜一輩子的。敦盛反而催促道：快點動手吧！臨死的光明磊落猶如旭照。直實由於太以懷抱親愛之情，此時渾如酩酊大醉目眩神暈，失神地揮下刀，卻以袖掩面，潸然淚下啜泣不已。直實感嘆：情何以堪呀！沒有比從事弓矢之人更感無奈之事。不是出生在武人之家，亦不致遭遇此種悲痛，難為情呀[9]！

可以逃走，為什麼要折返送死。武士的美學是：在戰場上沒有比被人看到懼敵而逃的窘態更為可恥之事。不敢對敵是膽小齷齪的行為，將流傳後代成為永世之恥。明知無異以卵擊石，亦堂堂折返單騎赴戰，是愛惜名譽的武士該有的態度[10]。知恥與惜名，遂構成武士道核心價值體系之一。

[9] 同前揭注七、第一五一一七頁參照。
[10] 同前揭注七、第六一七頁參照。

第九章　武士道與戰前的日本

武士道在長達千年的演化中，大致可分爲：古典（古代末期—中世）、江戶期（近世）、明治期（近代）等三個形態[1]。

一、古典的武士道是完全的戰鬥者倫理，尚武、講究實力、重視事實。主從關係植基於上對下的恩給VS下對上的效命。不但不時興下對上的單方犧牲，亂世時甚至於將下剋上之亂象轉變爲常道。

二、江戶期則以朱子學的本分論（安天命、盡忠孝、講仁義）以及陽明學的知行合一、即知即行爲基底，建構武士之倫常。另此時期的部分藩士則著書大力強調武士須建立視死如歸之死生觀，如葉隱等。

三、到了明治期，因四民平等、徵兵令、廢刀令等政策的相繼實施，武士的身分、地位、俸祿、特權等喪失殆盡。繼之而起的是以效忠天皇爲中心，並鼓吹蘊涵所謂的大和魂、日本精神的武士道。此一體系最終成爲戰前的一種意識形態、一套國民道德標準。譬如，忠君愛國、滅私奉公等高道德標準的無限上綱。

【1】勝部眞長「武士道の三つのタイプ」（新日本製鐵株式會社廣報企劃室編『日本の心—文化・伝統と現代—』）所收、丸善株式會社出版、平成三年、第三九—四四頁參照。

第一節　污名化下的武士道

明治期武士道體系的出現、興起、氾濫，對近代日本產生那些影響呢？首先，如前所述，由於此時期的武士道可謂背離了傳統的武士道。譬如，因過份強調下對上單向絕對服從的結果，使得國策形成之場域失去客觀、公開、理性之基礎。換言之，國家走向淪爲少數獨裁者、軍國主義者、狂妄政客、掌權者等所把持。在愛國或效忠天皇、國家利益追求至上等大旗下，他們驅策百姓爲芻狗操縱大局，試圖遂行他們個人的野心、虛榮、偏執與妄想。但這些對外征服、擴張之妄念完全被隱藏，且將之化約爲：日本遭逢國難、正面臨國家存亡絕續之危機。野心政客散佈此危機意識，以取得對國民進行予取予求的正當性，終致將日本引領向毀滅之路。這應是當時鼓吹、宣揚、利用明治期武士道者，所始料未及之處吧！

究其源頭[2]該係將傳統的武士道思想美化、神聖化成明治期武士道。亦即確立天皇中

---

[2] 佐佐木禎「騎士道、武士道から考える、日本人、西洋人の思想」、京都產業大學文化學部國際文化學科、第五頁參照。檢索日：二〇一二年七月十八日。http://www.cc.kyoto-su.ac.jp/~konokatu/sasaki 05-2-1

心的國家和社會。前已述及傳統武士所效忠的對象，大抵而言在中世是他的主公、近世則是他的藩及其藩主，明治期則變成日本這個國家或統治日本這個國家的天皇。於是武士道本身也就開始變質，換言之，逐步地往愛國主義、民族主義轉變、發展而去，最終甚至可說走向法西斯主義，而無可挽回。

在名與利的取捨下，相對來說，可謂「重名輕利」的傳統武士道思想骨幹，自然地遭受到侵蝕而產生質變。一言以蔽之，係由「重名輕利」的傳統武士道往「重利輕名」的明治期武士道嚴重傾斜。否則，近代日本當不致於完全落入只顧追求日本、日本人一己、一國之眼前利益，而完全忽視他國、他國人的觀感與自身之長遠利益。僅憑恃自身的富國強兵、船堅砲利、文明開化，而步歐洲列強之塵，毫不留情地對貧窮落後的東亞近鄰諸國出兵動武，採取割地、賠款、併吞等手段。但最終不但夢幻破滅，連帶自身也因此而喪送掉。

其次，戰後一般世人特別是近鄰諸國的民眾，很容易將武士道與日本的對外侵略之殘酷行爲與霸道的軍國主義等相連結並劃上等號，武士道遂而遭受污名化之命運。但眞正的武士道是鋤強扶弱且具王道與慈悲心的。因爲，「正義」是武士道的核心價值之一。所以，戰前日本對近鄰諸國的霸道、窮兵黷武、殘虐暴行、輕蔑歧視，實不該全部算在武士道的帳上。因爲，「脱亞論[3]」可能應負更大的責任。下面我們不妨檢視一下福澤諭吉[4]的「脱亞論」內容之梗概。

「【日本】還要在整個亞細亞中開創一個新的格局。其關鍵所在，唯「脱亞」二字（【日本】亜細亜全洲の中に在て新たに一機軸を出し、主義とする所は唯脱亜の二字に

【3】脱亞論，一般稱爲脱亞入歐論，係福澤諭吉於一八八五年三月十六日以報紙之社論形式發表於『時事新報』上之文章。主張爲避免文明開化的日本，被落後頑迷的鄰近國家所連累，日本在地理上雖位處亞洲，但應與歐美列強爲伍，並採用與歐美列強相同做法對付亞洲弱小國家。亦即列強如何對付弱小國家，日本亦以同樣手法對待即可。本文原係未署名的社論，一九三三年被收錄於『續福澤諭吉全集』第二卷、慶應義塾編、岩波書局出版，始被認定爲係福澤諭吉之作。檢索日：二〇一一年十二月九日。http://ja.wikipedia.org/wiki/%E8%84%B1%E4%BA%9C%E8%AB%96http://zh.wikipedia.org/wiki/%E8%84%A B% E4%B A%9E%E8%AB%96

【4】福澤諭吉，一八三五年—一九〇一年、一九世紀後期之西洋學者、著述家、啓蒙思想家、教育家。主要著作有『西洋事情』、『文明論之概略』、『学問の勧め』等。『時事新報』創辦人、慶應義塾大學的創辦人。將西洋文明引進日本的大宗師，在思想、精神面促進日本邁向近代化的最大功勞者之一。現今（二〇一一年）日本一萬元紙鈔即使用他的肖像。但他的脱亞論，在近鄰諸國被當成歧視亞洲的明證之一。亦即他的內心蘊涵有：以日本爲盟主，展開對外侵略的危險性。檢索日：二〇一一年十二月一〇日。http://ja.wikipedia.org/wiki/%E7%A6%8F%E6%BE%A4%E8%AB%AD%E5%90%89#.E3.82.A2.E3.82.B8.E3.82.A2.E8.BF.91.E9.9A.A3.E8.AB.B8.E5.9B.BD.E3.81.AB.E5.AF.BE.E3.81.97.E3.81.A6

在るのみ）」。

「雖然我日本之國位於亞細亞東部，但國民的精神已經脫離亞細亞的頑固守舊，向西洋文明轉移。然而不幸的是在近鄰有兩個國家，一個叫支那、一個叫朝鮮。（我日本の国土は亜細亜の東辺に在りと雖ども、其国民の精神は既に亜細亜の固陋を脱して西洋の文明に移りたり。然るに爰に不幸なるは近隣に国あり、一を支那と云ひ、一を朝鮮と云ふ）」。

「雖說經常用「唇齒相依」來比喻鄰國間的相互幫助，但現在的支那、朝鮮對於我日本卻沒有絲毫的幫助，不僅如此，以西洋文明人的眼光來看，由於三國地理相接，常常把這三國同樣看待。因此對支、韓的評價，也就一定等於對我日本的評價、（輔車唇歯とは隣国相助くるの喩えなれども、今の支那朝鮮は我日本のために一毫の援助と爲らざるのみならず、西洋文明人の眼を以てすれば、三国の地利相接するが爲に、時に或はこれを同一視し、支韓を評するの価を以て我日本に命ずるの意味なきに非ず）」。

「支、韓兩國的影響已成爲既成的事實，間接地對我外交產生了障礙，這樣的事情實際上並不少，可以說這是我日本國的一大不幸。既然如此，爲今之計，我國不應猶豫，已無與其坐等鄰國的開明，以共同振興亞洲之餘裕，不如脫離其行伍，而與西洋文明國共進

退。對待支那、朝鮮的方法，也不必因其爲鄰國而特別予以客氣、同情，只要照著西洋人對他們的態度方式對付即可。與壞朋友親近的人也難免蒙受惡名，我們只有從內心斷然謝絕亞細亞東方的壞朋友而已。（影響の事実に現われて、間接に我外交上の故障を成すことは実に少々ならず、我日本国の一大不幸と云うべし。今日の謀りを爲すに、我国は鄰国の開明を待て共に亜細亜を興すの猶予ある可らず、寧ろ其伍を脱して西洋の文明国と進退を共にし、其支那朝鮮に接するの法も隣国なるが故にとて特別の会釈に及ばず、正に西洋人が之に接するの風に従て処分す可きのみ。悪友を親しむ者は共に悪名を免かる可らず。我れは心に於て亜細亜東方の悪友を謝絶するのみ）」。

以上之引用雖長但旨在爲明確其輪廓。試將其要義整理如下：

一、日本的前途繫於脫亞（心情、心理、精神面等之脫離亞洲）。

二、日本地理位置雖在亞洲然文明開化係屬歐洲國家。但不幸的是鄰近於落後守舊的中國與朝鮮，如不與彼等切割將被拖累。

三、日本對待中國與朝鮮之態度，不必顧及唇齒相依之情，因襲西洋列強帝國主義者之手法處分之即可。

福澤諭吉如此之論述，對當時弱（中國）小（朝鮮）的近鄰諸國來說，可謂如刺骨寒風般冷冽。（但日本自一九八四年起至今二〇一三年，依然將福澤諭吉之肖像使用在日幣一萬圓面額之紙鈔上，可見其在國內受尊崇之程度）。福澤諭吉於一八八五年提出這樣的主張，在時機上難道不是正好給予野心的政客，在對外擴張時絕佳的大義名分（師出有名）大旗與強心劑？其影響程度雖確切不易定論，然日本的侵略者所呈現的是：對待鄰國生民可以刻薄寡恩，可以毫不手軟的欺凌，對鄰國領土野心可以貪得無厭，可以無止境的征戰。

換言之、福澤諭吉所鼓吹的「脫亞論」，可謂直接間接地提供軍國主義者、皇國思想者，對外擴張、侵略之態度與行為的正當性與合理性之理論基礎。是以，該聞之色變的其實不是武士道而是福澤諭吉的「脫亞論」當更為貼切。福澤諭吉本人對台灣領土之取得、甲午戰爭爆發前後，對朝鮮半島情勢發展之熱心介入等。可謂將其對近鄰諸國之不友善心態，顯現無遺。

第二節　與近鄰國家扞格不入的武士道

首先，必須承認武士道與近鄰諸國文化間之異質性，換言之，亦可謂係武士道文化的獨特性。譬如，相對於中土、朝鮮注重文事一邊倒的科舉，武士道將尚武精神視為是一種美德。且自禪宗體悟到平靜地接受命運以及沉著、不畏死的死生觀。由朱子學引進五倫、五常之倫常紀律觀。從陽明學吸收到即知即行的實踐哲學。另外，尚有來自神道教的忠君愛國、萬世一系之神國思想信仰的植入，造就了大和民族國民間無比強韌的向心力與團結性。

因此，整個武士道體系，可謂係儒、道（神道）、佛的綜合體。外加武藝、武術、武道的鍛鍊、修為，整套的武士道規範，北方的俄羅斯不用說，近鄰的朝鮮半島、中國，乃至於擴及東南亞或印度，不要說相融，連可與之相近的體系都難以發現。特別是在近代常處於面臨多國分割危機的中國，正需要全國上下奮發圖強之際，最被困惱的是「好鐵不打釘、好男不當兵」之魔咒，最難以克服的是「文官不貪財、武官不怕死」之障礙。但武士道的「能成為保家衛國的士兵是武士的特權、榮耀；唯有好男才有資格當兵」、「無論文官或武官都不貪財、更不怕死」之風氣的迷漫，猶如渾然天成。站在武士道的立場，以上在中國要求不到的、做不到的，在日本毋寧是再自然不過，是基本也是基礎，更是理所當然之事。

如此的反差對照於中日兩國，戰前的日本其國勢如日中天，中國則搖搖欲墜，實不可謂與武士道價值體系完全無關，其中之是非對錯姑且不論，單就武士道與近鄰諸國民族間價值觀之隔閡甚或格格不入之情，即已埋下衝突的因子。

接著再簡單檢視一下，武士道對日本戰後發展之影響。眾所周知，第二次世界大戰後的日本，除軍事力量外，國勢、國力之恢復突飛猛進，至一九六八年超越西德，取得僅次於美國之世界第二大經濟體寶座。其中一點，應與明治期的武士道有關。因爲，封建時代的武士道只適用於武士階級，對庶民階級來說雖也有受影響，但應不致太深刻。

可是明治期的武士道，因武士階級已不復存在，且基於國家需要，所以整套規範是針對全民的。換言之，一般國民大都皆有禮儀、忠貞、犧牲、服從、廉恥、節儉、尙武、嚴守信義等倫理觀念。加上廉潔、樸素、勤勉之國民性，此套道德體系，我們幾乎無法否定它是來自武士道的規範。因爲，特別是明治期的武士道強調的就是這一套。因之，受過武士道薰陶、教化的戰後的日本國民，忠誠的對象變成企業主（社長），終極則爲消費者（客人）。所以，他們對客人畢恭畢敬。

再則，企業取代了古典的世家、藩主、將軍、天皇。企業變成是他們唯一存身之處。於是「一所懸命」的精神再度復活，如同前述，「一所懸命」的「所」是指武士的領地，如果領地沒有了，武士如何能存活。所以，領地關係到武士的生死存亡。武士要爲領地的確保拼死拼活，所以才叫「一所懸命」。戰後的日本人，當然也要爲企業的榮枯盛衰拼死拼活。所以也有所謂的「企業戰士[5]」之用語的出現。因爲，於名於實企業本身就是他們的共同體，共同體繁榮就是他們的繁榮，共同體衰敗就是他們的衰敗。

如同武士向世家、藩主、將軍、天皇等獻身一樣，社員向企業獻身自然順理成章。「企業戰士」一語之出現，象徵了日本國民是如何地爲自己的企業體付出、奮鬥之實態。企業戰士一語，亦應可視爲明治期武士道投射於日本戰後快速發展環境中，個個國民所扮演之角色的寫照。

[5] 企業戰士，一九七〇年代初期開始的流行語。是指爲了公司的業務，可以奮不顧身地工作的薪水階級的社員。他們的行動如同部隊中的士兵一樣，完全聽命於企業體的上司的指示而勇往直前，本人、家庭、子女等之事都可以擺一邊，因而得名。一九九〇年代後，已變質同時亦不被需要。檢索日：二〇一一年十二月一〇日。http://ja.wikipedia.org/wiki/%E4%BC%81%E6%A5%AD%E6%88%A6%E5%A3%AB

第十章　日本武士道與中國士道

第一節　尚武精神

江戶時代初期的儒學者山鹿素行，積極的提倡、論述的「士道」，雖未冠上「武」字，係因當時尚無「武士道」三字之說法，所以實質上仍是勉勵要求武士需要恪守作為武士之本分。自然還是武士道體系之一環。武士道與中國之士道概略而論，至少有如下之區隔。武士道與中國的士道，在道德規範上可謂幾乎沒什麼差異。因為，都有忠孝仁愛禮義廉恥智信嚴勇等德目。中土的士道與日本武士道相較，其中較明顯的不同該屬中土除了古典的士道（尚強調六藝：禮、樂、射、御、書、數之修習）之外，並無如日本武士道般對武藝、武術、武道之鍛鍊和要求。特別是中土在隋唐科舉興起，其後更被制度化後，士道非但不講究武修，甚至於鄙視之。

由「萬般皆下品，唯有讀書高」之詩句或「手無縛雞之力的文弱書生」等語，應可窺視一二。連指南針、印刷術、火藥等昔日的科學技術結晶都可以輕視（未發揚光大）而流失；何況，代表粗人把戲的耍刀弄槍焉有存身之處。反之，武士道卻將凶器、暴力之象徵・「長刀（武士刀）」奉為武士之魂，其相差可見一斑。

何以有此落差，其中原因之一，概係中國的士為官吏，而日本的傳統武士原為戰鬥者，武功係其求取功名利祿之本事。本事愈高達成願望自然也就愈高。換言之，武功本領的高低與能否出人頭地、飛黃騰達成正比、相一致，豈容不重視。而中土士道中的尚武精神，則是被「書中自有黃金屋、書中自有顏如玉」之價值體系浸蝕殆盡。如此，其結果之一就是顯現中土士人的文弱VS日本武人的允文允武，有時甚或趨於橫暴。

尚武精神影響所及可能關連到務實與務虛。日本自古整體上來講。重視實學（實用性、技術性之學問，如農、工、商、醫學等）爲主流，尤其是明治維新之後更加明顯。反之，中國在隋唐之後士道所崇尚者，無非是詩詞歌賦、琴棋書畫，之外更有宋元明清的理學心學、訓詁考證、八股等掛帥。因之，構成中國統治階層價值體系的士道，中世之後以偏重形而上爲主流該屬不爭之事實。

第二節　忠道與恕道

前已提及中土士道與日本武士道之道德規範之德目互相雷同，差異性不大。相差較大的應在何者被強調、被要求、被徹底執行。譬如，忠道與恕道在中日兩國的社會中，所呈現的濃淡就有較明顯的不同。相對而言，忠道在日本可謂過盛，在中國卻顯薄弱。而恕道在日本則現晦暗，在中國卻顯旺盛。以下，試將彼等略作檢視。

忠者，盡己之謂忠。亦即心無二心，意無二意之謂。日本的武士道非常重視、強調忠誠、忠貞是眾所周知之事。但原初武士道的盡忠是有條件的，到了一七世紀開始演變成下對上的單向效忠，明治期起至二次大戰結束止則更進化為對天皇無條件的絕對效忠，其程度可謂氾濫且達到愚忠的地步。譬如，二戰末期的敢死隊、人肉魚雷、人肉炸彈、神風特攻隊等皆以視死如歸的犧牲來展現其忠誠度。

相對於日本明治期武士道的絕對忠誠，中國士道則是富理性、具選擇性的。譬如，「危邦不居、亂邦不入」、「君有過，臣三諫而不聽，則逃之」等[1]。也就是說盡忠是有條件的。換言之，君如果君不君，臣就可以臣不臣。此種相對性的忠誠，雖被武士道論者譏評為係中土士人畏死、逃避死、貪生怕死的藉口，但總比強調盡忠過了頭少些負面。因為，忠道太過發達很容易造成掌權者的暴走、暴衝，則整個國家社會是要陪葬的，日本在二次大戰中的覆亡就是明證。何況已是民主時代更該揚棄愚忠。

在日本相對於忠道的氾濫，恕道則是稀薄甚或付之缺如。何以謂日本欠缺恕道。恕

---

[1] 許介鱗「日本『武士道』揭謎」、台灣日本綜合研究所。http://www.japanresearch.org.tw/director-08.asp

者，推之人曰恕，具同理心之謂也。亦即己所不欲，勿施於人或將心比心，推己及人之謂。日本在未富國強兵、船堅砲利之前，本身遭遇過面臨被殖民危機，也受過來自列強的不平等條約待遇。但一旦國家強盛之後，其對弱（中國）小（朝鮮）之近鄰諸國如何？檢視中日近代外交史，可謂日本一連串的對中壓迫史。

一八七四年的台灣出兵開始、一八九四年爆發的中日甲午戰爭、一九〇〇年的義和團事件的北京出兵、一九〇四年的日俄戰爭在中國東北開戰。一九一五年的對中二一條款要求、一九二八年的山東出兵、一九三一年的九一八事變、一九三七年的七七事變等等。這些事件還只是熒熒大者，而且這些事件，除造成中國百姓的生命財產損失之外，中國政府更是對日割地、賠款、接受其不平等條約之束縛等。

如果日本具備有一定程度的「己所不欲，勿施於人」之恕道的話，該不致對近鄰弱小國家、民族，採取如此嚴厲而肅殺的對中侵略、日韓合併等大動干戈、侵門踏戶之舉。導致在歷史上留下如此複雜而深刻的民族間之恩怨情仇，讓彼此之後人背負如此多的負面遺產。日本如有多一點恕道的薰陶，對於他國、他民族的心酸、無助是可以感同身受的，也就可以捨棄西方列強那種霸道的對外政策，其所能獲得來自亞洲諸國、諸民族的尊崇和國家利益當遠比使用貪得無厭的帝國主義要來得多，也不致鑄成與近鄰諸國間的不幸，而留下如此多的後遺症。

反之，恕道在中國又如何？一九四五年二次大戰結束，中國一變成爲戰勝國，日本則轉爲戰敗國，國家地位可謂完全逆轉。主宰與被主宰的立場也正好互換。想想如此一來，戰勝國的中國對戰敗國的日本，其處置態度會是如何？遭受日本幾個世代以來的凌辱、欺壓、糾纏的這筆帳中國要如何算？出乎意料之外，結果當然是眾所周知的：已成歷史記錄的「以德報怨」政策。中國可謂把「恕道」發揮得淋漓盡致。

另外還有二戰結束後，日本在中國各地留下不少的孤兒，一般通稱「日本殘留孤兒」。這些孤兒直至中（中共）日建交（一九七二年）後，始正式地陸續回歸他們的祖國·日本。何以提出此段歷史，用意無非在顯示恕道在中國是相當可以期待的。前已屢次述及，日本自十九世紀後葉開始，其國力飛躍性地壯大後，即長期不斷地透過各種不同形式，如軍事、經濟、政治等方面之手段，對中進行壓搾。其惡形惡狀謂爲罄竹難書亦不爲過。但戰爭結束後不久，有些日本人子女，其父母有被迫遣往西伯利亞者，有遭遇不測或不幸者。該等子女逐而變成孤兒，無法回日本，不得已被遺留在中國。這些孤兒的父母，剛剛先前可能還是如同兇神惡煞般對中國人蹂躪或耀武揚威或不友善，可是中國人卻不介意日本孤兒的父母，原來是敵人。而願意收留、養育他們。不念舊惡、不牽連涉及無辜子女，此種襟懷，該被視爲恕道的一種具現，一種發揚吧！

換言之，自近代之後，日本對中國超過半世紀以上，包含侵略戰爭、割地、賠款、不平等條約等在內的所有蹂躪、殘暴、犧牲、破壞、損害、不愉快等情事，全部用「以德報怨」一筆勾銷。善待昔日的敵人、不念舊惡、不復仇、不討債、不報復。此一涵養，相對於日本的忽視恕道。但在中國可謂達致迷漫程度。

以上係前世代中日兩國在忠與恕方面國家階層所表現出來的截然不同之行爲、態度，它的深層吾人或可謂係來自各自統治階層之指導思想。亦即，中土的士道、日本的武士道。其各自對待忠與恕上，出現濃淡所產生之外延、外顯之結果吧！

第三節　文治與武治

中國自秦始皇之後，國家權力結構大體而言採取的是中央集權制度，地方分權並不發達。因爲，各王朝的地方大員之去就都由中央派任、掌控。反之，日本只有古代、一九世紀中期之後的明治時代開始至二戰結束止，才有與中國王朝時代的中央集權制相類似。亦即從大和朝至平安朝期間，特別是在律令制下的時代方與中國的中央集權制較爲接近。但日本在中世之後，施行的是地方分權制下的封建社會，亦即自鎌倉幕府興起至江戶幕府被消滅爲止的大約七百年間，地方分權要比中國發達。

此種政治結構的不同，導致中國的士道變成只不過是培養、規範官吏、官僚的工具、材料，其頂點就是宰相。以宰相爲首的官僚體系實際治理全國的事務、政務。他們都要充分接受士道之源流．儒學教育之薰陶。因之，透過士道洗禮、培養、甄選出來的這一批治世文人的意識形態或可謂就是士道。自然的，士道就成爲中國文人治世的意識形態。

日本的武士道則是規範、約束地方的管理者（地頭）、執政者（守護），其頂點就是最高權力者．將軍，除權威留給天皇外，他實際掌管國政，可謂武人治世。換言之，日本自開始有幕府時代的一二世紀之後，一路至一九世紀中期的明治維新爲止，都是軍人執政的年代。

明治維新後，雖再度恢復所謂的天皇親政，亦即將軍不再執政。但隨著日本國力的強大，對外解決紛爭的手段皆訴之戰爭，且有戰必勝。如中日甲午戰爭、日俄戰爭、第一次世界大戰等，都因戰爭的勝利，不是爲日本帶來獲得割地、賠款的實利，就是接收或重新取得勢力範圍擴大之權益。

所有的這些國家利益都是由軍人爭取、貢獻而來的。因之，軍方勢力的抬頭毋寧極其自然，加上明治帝國憲法中規定，軍令系統是可以越過內閣府直達天皇。所以，首相無法也無權掌控、干涉軍方[2]。另又有如前述，日本原具有軍人執政的悠久歷史背景，二〇世紀起皇國思想下的軍國主義開始大行其道，軍國主義者跳梁跋扈，變本加厲地發動對華侵

【2】「大日本帝國憲法」，檢索日：二〇一二年二月一日。
http://ja.wikipedia.org/wiki/%E5%A4%A7%E6%97%A5%E6%9 C%AC%E5%B8%9D%E5%9B%BD%E6%86%B2%E6%B3%95

左圖明確顯示。明治帝國憲法下的軍令系統是獨立於內閣、帝國議會（貴族院、眾議院）和司法裁判體系。

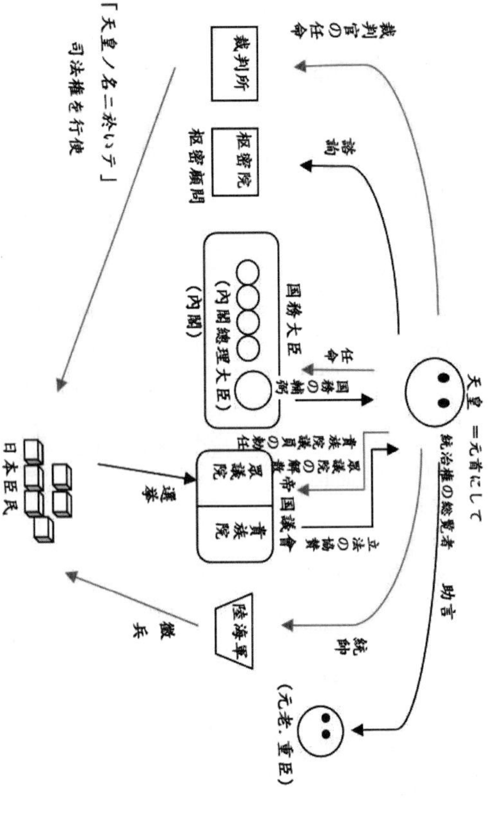

略、引爆大東亞戰爭、太平洋戰爭等實不足爲奇。因爲，軍人的職責就是打仗，可展現軍人價値的也只有在戰場上。

何況，一九世紀末起，日本國家想要卻得不到的都因打勝仗而輕易到手。譬如，中日甲午戰爭獲得台灣、澎湖，日俄戰爭後，日本的領土涵蓋朝鮮半島，二〇世紀三〇年代起復擴及至中國的東北。軍方食髓知味、貪得無厭，戰爭變成是獲利的最大利器與保証。於是政治、外交、經濟、文化等退位，一切訴之武力。將整個日本帶向衝突（滿州事變）、孤立（退出國際聯盟等）、繼之開戰（大東亞戰爭）之死胡同。以上就是中土士道與日本武士道兩體系不同的結局。其不同之處簡略而言至少是：士道規範的是中土的官僚、官吏、文人，武士道規範的是日本的武官、軍人。因之，士道只會帶來文人治世，武士道則會帶來武人治世，特別是如無節制武人越權的機制的話，難免造成武人可能再暴衝之時世。

第四節 儒教與神道教

前述的各項差異之外，武士道與士道的核心信仰應也有所分別。其中究竟如何？粗略而言，中土士道的中心信仰應爲儒教，而日本的武士道則爲神道教[3]。神道教在日本原初屬土著信仰，沒有文字記載的教義，是一種自然崇拜。可謂與日本的風土密不可分的一種生活習慣，認爲山川草木、鳥獸蟲蟻、河海水火，乃至於萬事萬物皆有神靈，可謂典型的汎神教。其後佛教、儒教等外來宗教的傳入，爲了與它們區隔才創造出「神道」這一概念。特別是在被視爲係神道教唯一經典的『古事記（七一二年）』、『日本書紀（七二〇年）』中，大量撰述天皇的祖神們如何開天闢地、治理日本的傳說與神話。

一九世紀後期的明治時代，神道一變爲國家神道[4]，超越其他宗教成爲國教，並確立政教合一，主張神皇一體，皇統就是神統。亦即天皇是同時擁有最高權威和最高權力的神。係因其來自日本皇室的祖神是天照大神，是諸神中的最高神，且此皇祖神・天照大神的神話傳說與日本的建國歷史又是密不可分。天皇是天照大神的後裔，稱爲天孫，他同時也被賦予治理日本的使命，因爲天皇是最高神・天照大神在人間的代表。因此，大和民族

【3】「神道」檢索日：二〇一二年二月一日。
http://zh.wikipedia.org/wiki/%E7%A5%9E%E9%81%93%E6%95%99

【4】《戦争を語り継ぐ　プロジェクト60》「国家神道の実体」二〇〇七、六、二七　檢索日：二〇一二年二月一日。
http://www.geocities.jp/shougen60/kokkasinto.html

自然就是天孫民族，敬神愛國變成是日本人的光榮和驕傲，是權利也是義務。

日本人遂將天皇的崇拜，愛戴、效忠、感情，提昇到宗教信仰之境界。形成日本人對皇室與國家的一體感，亦發展成日本精神的源頭之一。自古至今天皇的正統性、正當性、合理性、合法性皆無可挑戰[5]。天皇是天孫降臨來統治日本的神而非人，所以，稱天皇爲「現人神（ARAHITOGAMI）」。二次大戰日本投降後，美國還特地要求昭和天皇於一九四六年元旦以正式而公開的方式宣稱自己：不是神而是人的所謂「人間宣言[6]」乙節來看，不言而喻地顯示，天皇在日本人心中受崇拜的程度是如何地固若磐石，滲入骨髓之一斑。這也是日本人共同意識或集體意識較其他民族相對發達的緣由之一。

---

[5]平凡草堂交誼廳「神道教」檢索日：二〇一二年一月三日。
http://tw.myblog.yahoo.com/jw!.OxOPh2GERS7gjbeCvnASA--/article?mid=2626

[6]「天皇ヲ以テ現御神トシ、且日本国民ヲ以テ他ノ民族ニ優越セル民族ニシテ、延テ世界ヲ支配スベキ運命ヲ有ストノ架空ナル観念ニ基クモノニモ非ズ〈朕與國民之關係〉…亦非建基於把天皇當世間之神、且日本國民優於他民族、甚而該擁有統治世界之使命的虛構觀上）」。全篇爲天皇對國民之詔書，旨在激勵日本國民奮發向上，努力建設戰敗後的國家社會。文末始提及此自我否定天皇之神格與日本民族之優越感之訓詞，被稱爲「人間（人的）宣言」。原題目：「新日本建設ニ関スル詔書（關於建設新日本之詔書）」。檢索日：二〇一二年二月二日。
http://ja.wikipedia.org/wiki/%E4%BA%BA%E9%96%93%E5%AE%A3%E8%A8%80

此套信仰自古潛流於大和民族的血液中，既使是信奉槍桿子出政權、唯力是尚的武人、武士亦難免。這就是同爲統治階級的中土文人與日本武士間的一大差異。此信仰的根深蒂固亦可於日本歷史中得到驗証，亦即天皇的地位在幽邃的歷史長廊中，雖曾經有被挑戰過，但不僅次數少之又少，且從來沒有挑戰成功過，遑論像中土頻繁的改朝換代。且一旦改朝換代皇帝不用說，連皇親國戚都被牽連、誅殺、甚至被株連九族連根拔除。日本所引以爲傲的所謂「萬世一系[7]」的天皇制，在中土實難想像。

相對於日本的武士道，中土士道中的信仰部分又如何？大體而言，應爲儒教[8]教義及儒家思想。儒教的經典是：易、書、詩、禮、樂、春秋。教義是：敬天、奉祖、孝親、崇

【7】現今之皇室是日本有史以來，一般人唯一所知王朝。因爲，自出現在神話當中的第一代天皇·神武天皇開始以迄今日之明仁天皇，連綿一貫統治日本從未間斷，形成日本國體（統治結構）中不可或缺的萬世一系之史觀。實際上，六世紀以前有王朝更迭或各據一方，但六世紀之後，在正史上，至今一五〇〇年皇室王朝則從未斷絕。另萬世一系尚被定義爲：「第一、皇祚只限皇胤踐祚、第二、皇祚只限男系踐祚、第三、皇祚爲一系不可分裂」。檢索日：二〇一二年二月二日。
http://ja.wikipedia.org/wiki/%E4%B8%87%E4%B8%96%E4%B8%80%E7%B3%BB

【8】「儒教」檢索日：二〇一二年一月十八日。
http://ja.wikipedia.org/wiki/%E5%84%92%E6%95%99

禮、仁義、性善、忠信等。換言之，是以發揚五常中的仁、義、禮、智、信之德性，來驅動、維繫五倫中的父子、君臣、夫婦、長幼、朋友間關係的平順運作，以營造個人與社會的健全與和諧。所以，第一關心的是人和社會，接著是人和社會的行止，要嵌合宇宙自然規律，以達到天人合一。其具體作爲就是透過踐行儒家所提倡的道德禮儀規範來體現。

儒教在政治上主張德治主義，也就是要實行德政和仁政。亦即把仁愛落實到政治上，愛民爲出發也是歸結。政治的維持，以道德教化爲本，法律不過是不得已的措施。爲政者須修己治人、更要懷抱經世濟民的胸襟。所以，理想的政治人物是堯、舜、禹、湯、文武周公等先王。但不主張以暴力革命來改變社會秩序，如身分、地位、階層等的重組或變動。這是基於敬天、順天、天命等之思想。主要係因體認萬物的根源在天，天生萬民，宇宙的主宰者是上天[9]。因此，認爲統治天下的人，是得到天命的有德者。「天降下民，作之君，作之師，惟曰其助上帝，寵之四方（孟子梁惠王篇）」。是由上天指派君、師來教化生民[10]。

【9】世界旅行ナビ　「儒教(Confucianism)」檢索日：二〇一二年一月一〇日。
http://www.ijournal.org/world/confucianism.htm

【10】「儒教」檢索日：二〇一二年一月十五日。
http://zh.wikipedia.org/zh-tw/%E5%AD%94%E6%95%99

在政治上儒教所追求的是：愛民親民的仁政的廣布，最高理想境界是大同世界的實現[11]。此與日本所信仰的神道教中的神國思想下的天皇制，呈現明顯的差異。但儒教與神道教的相異不單只是如此，相對於神道教經典「古事記」、「日本書紀」中充滿神話、傳說與神蹟的記載，儒教的教主．至聖先師孔子的言論又如何？「子不語：怪、力、亂、神（論語．述而篇）」、「子曰：務民之義，敬鬼神而遠之，可謂知矣（論語．雍也篇）」、「未知生，焉知死。未能事人，焉能事鬼。（論語．先進篇）」等。

孔子的言論是如此地理性、冷靜、淡然且富現世、現實性。完全不處理、也不探究前世、來世。亦即將出生前與亡故後都摒除在外。而一般的宗教則是以怪、力、亂、神爲基礎，考究前世、今生、來世爲基本。而儒教卻不正視，也遠避。這也是爲什麼儒教被懷疑是不是宗教[12]的最大爭論焦點之一。儒教、神道此兩套不同的思想體系，各自成爲兩國統治階層的政治指導思想和信仰。

【11】「儒家思想」檢索日：二〇一二年一月十一日。
http://www.bshlmc.edu.hk/~ch/alexam/yu.htm

【12】吳文璋「論儒家與儒教—從儒家是否爲宗教談起（上．下）」檢索日：二〇一二年一月十五日。
http://www.confucius2000.com/confucian/rujiao/lrjyrjcrjsfwzjtq0.htm

亦即成爲中土的士人與日本武士間截然不同的中心信仰之內涵，姑且不論其各自的功過善惡如何？儒教與神道信仰的結果，可謂相當程度反映、影響了兩國在走向近代國家之路上的思惟和行動。譬如，日本在一九世紀中期西洋列強壓境時，神道信仰下的皇國思想、神州不滅說等開始發酵，「尊皇攘夷」、「天皇親政」等成爲全民最大公約數。日本可以在短期間且快速地集結在此共識下，舉國一致邁向富國強兵之路。待國家壯大之後更出現「八紘一宇[13]」的野心，欲一統世界。姑且不論其結果如何，其實這些都源自於神道信仰，始有以致之。一樣受西洋列強壓迫，而中國的反應，在思想體系方面則長期間仍陷於論戰是否「西學爲用、中學爲體」、在政治作爲方面，則游離於是否該採取「立憲」或「革命」等議題上原地踏步。近代兩國之國家命運走向。於此當大抵可見出端倪。

【13】出自『日本書紀』卷第三：「然後、兼六合以開都、掩八紘而爲宇、不亦可乎」。由「掩八紘而爲宇」略爲「八紘一宇」。紘爲大地之盡頭，宇爲家、屋頂、天幕。整句爲天下成一家之意。在江戶幕府後期（一八二〇年代）即有以『日本書紀』爲根底的對外擴張思想的出現。（『宇內混同秘策』佐藤信淵著、一八二三年、大同館書店、鴇田惠吉校註、昭和一二年七月一日發行）。戰間期成爲建構大東亞共榮圈、正當化對外侵略行爲的標語。係出自一九四〇年第二次近衛文磨內閣所決定的「基本國策要綱」中，有「八紘ヲ一宇トスル肇国ノ大精神（天下成一家之建國大精神）」之語爲其由來。而『日本書紀』係屬神道教經典。

結　語

日本文化體系當中具最特殊成分之一的武士道，內涵上包含思想層面的佛教（禪宗）、儒教（朱子學、陽明學）、神道教等之教化，戰鬥技能層面上的馬術、槍術、弓術、劍術、拳法等外在武藝之修爲。以及人生觀、死生觀、審美觀、價值觀，社會規範的形成等，可謂博大而精深。在本文中尚無法一一加以探究，有待後續之努力。本文旨在探討武士道之淵源、變遷、定型等之過程、樣貌，俾利吾人掌握武士道實像之輪廓。

武士道中所指的武士大概於平安時代中期開始登場，再逐漸以私人武力之姿出現，至平安朝末期則形成各勢力的主力部隊，如源氏、平氏兩世家之爭戰攻防，其勢力消長，榮枯盛衰可謂完全取決於武士團之多寡與優劣。其後由源氏取得天下，建立第一個武家政權·鎌倉幕府，日本的歷史遂進入長達七百年的武家執政時代。

沿著這七百年的歷史長河，我們大致以中世、近世、近代爲區隔對武士道進行探討，瞭解到在長達四百年的中世期中，其武士道體系概爲：

一、在功名利祿追求方面所呈現的是：以競爭原理爲基底的事實。即便是世襲的地位，要維持、要免於被取代、被消滅，再再都需要付出心力。如更要爭取發展、提昇，則非心（智慧、心胸）、技（技藝、修爲）、體（健康、體力）皆出類拔萃不可。在上下地位及位階的變化中，絕無僥倖之事實係武士世界的特色之一。換言之，即今日所稱的能力主義或成果主義之謂也。也就是說，取決於武士本身心、技、體之能量來決定其地位之浮沉。

二、維繫武士間上下結構關係之要素是恩義（御恩）與盡忠（奉公）。上對下施恩，下對上效命是關係成立之基本，施與得間之對等、平衡是主從關係穩固的保障。在中世期來自下位者的付出與來自上位者的回饋，兩者的等値、等量，其模糊幾乎是不容存在的。亦即，主公不致讓屬下平白犧牲，屬下亦無須耽心會平白犧牲，這就是中世期武士道中的主從關係之基石。倡導、講究無條件犧牲奉獻的是近世、近代的武士道。

三、武士將名譽置於生命之上的價値觀，亦係中世期所確立下來的武士道典範。主從關係中的恩賜與盡職之間的平衡是屬物質面的報酬。名譽重於生命則是指精神面的價値。武士在戰場上隨時面對死亡，在意的只是勿於臨死前留下污點，因爲「人是短暫，名是永恆（人は一代、名は末代）」，亦即名雖空泛卻可以不朽。所以，留下美名是第一要義。不能爲了延命而壞了名節，寧願捨命取得好名聲，這就是武士道中的死生觀。

四、文武兩道合一。鎌倉轉爲室町時代之後，武士除弓馬之道的武藝鍛鍊之外，也開始追求貴族式的精緻優雅文化素養。室町幕府創建者．足利尊氏強調：戰場用武，治世用文。武強健體魄，文洞察世事。此與偏於文事的中國士道顯然大相逕庭。

五、下剋上風氣。中世後期（戰國時代）作爲中央政府的室町幕府式微，原本以世襲的家世、身分來決定社會位階高低的規範崩解。換言之，舊倫理秩序失去權威、約束力，取而代之的是唯實力是尙。有實力者，既使是對自己的上司，亦會肆無忌憚地進行巧取豪奪。下剋上現象至江戶時代仍殘留餘緒。

以上爲中世期之武士道，近世期武士道又如何？江戶時代涵蓋整個日本的近世，亦即近世實質指的就是江戶時代。其間除初期外，維持長達約二五〇年的太平盛世。武士遂由戰鬥者轉化成爲政者。換言之，係由軍人蛻變爲官僚。武士道體系之主軸在前期、中期爲朱子學及山鹿素行的士道論，後期則爲陽明學所構成。質言之，近世期的武士道（士道）係以儒教爲骨幹。它將中世期、特別是傲岸嶙峋、桀驁不馴的戰國武士，形塑、陶冶、馴化成允文允武的士大夫。遂而落實、確立「下對上」單向服從之風潮、規範。此爲儒教對近世期武士道之影響。之外，『葉隱』的「武士道即爲體悟死亡之道」、『武道初心集』的「死亡之念常住我心」等，成爲武士道死生觀之核心，亦係鍛鍊武士心志之源。

最後則爲近代或稱明治期武士道，此期間武士階級已被廢除，卻是武士道最爲興盛、普及、也最被神聖化、美化之時期，可謂名雖亡，實卻大行其道之時代。但內涵其實是被昇華而脫離歷史傳統的；質言之，稱之係屬人工、人爲之產物亦不爲過。所謂明治期的武士道，係藉由「軍人敕諭」、「教育敕語」、山本朝常之『葉隱』、新渡戶稻造之『武士道』等作爲骨幹，在官方渲染下所形成的國民道德體系。特別是在二次大戰後期，明治武士道，可謂已成全民的意識形態。

以上係武士道的三大類型，亦即中世、近世、近代之武士道形態。

武士源於平安後期至鎌倉幕府時代形成階級並掌握政權，經室町、戰國、安土桃山、江戶等時代，一路沿襲直至明治維新始走進歷史。在這歷史的長河中，演化出一套知恥惜名、重視質實、應該清白磊落的死等之倫理規範。

明治維新後，武士之階級身分雖不復存在，執政者卻高揭一些人爲的思想、情操；精神（強調忠君愛國思想、犧牲奉獻精神、清白情操、視死如歸氣節），名之爲傳統的武士道，對其子民加以灌輸、洗腦，其是非得失，見仁見智姑且不論，但確實造就了日本一般國民普遍的高規格紀律觀，該係不爭之事實。此對戰後日本國家社會之全面蓬勃發展帶來正面影響，該亦係不爭之事實。但其中確實之緣由爲何？則有待今後進一步加以探討。

後　記

筆者對武士與武士道之印象，可能與大部分的國人相近，亦即，最初係接受自電影，其次是漫畫或小說。特別是青少年時期所觀賞的電影，在其中所出現的武士，個個雄姿英發、行事光明磊落、舉手投足充滿氣魄、氣概，不由得在小小的心靈，烙下對武士難以抹滅之英雄崇拜。長大後雖知悉那不過是經包裝過的戲劇，但對武士與武士道之好奇和不解，不因年歲增長而消退，對其眞相、背景、內涵等想一探究竟之心，反覺越加旺盛。

本書即爲此心路歷程下之產物，將長年的蓄積加以整理並將之系統化、文字化。此過程，的確不是輕鬆之舉。幾年來專心一意於探討長期埋在心底裡的關心事項，逐漸解開自身心中之迷惘、疑團、誤認，讓原本充滿混沌、朦朧的視野，因爲透過尋寶般的挖掘，得以開闊、明朗。過程中雖然辛苦，但眼界如能因此浮現些微猶如雲開霧散、玲瓏剔透之景象，那份欣慰足以讓自己雀躍不已。這種當事者始可體會得到的知性之旅的快活，算是對研究者最大的回饋。

透過本書之撰寫，始深感武士與武士道內涵之浩瀚與深淵，並具多角、多層之面向。譬如，武士往往彬彬有禮同時又異常殘暴，武士道提倡濟弱扶傾精神，然証之近代日本對弱小近鄰諸國之欺壓，卻又毫不留情。對落伍者的自傲、對強大先進者之自卑。事事講究科學卻也不忘傳統祭祀與宗教信仰等。此種武士也好、日本人也好之極端性格，原來是源自於神道中的「荒魂（暴戾之氣）」與「和魂（和平之氣）」之信仰。

此兩種強烈的反差個性，著實令人難以置信地同時存在於同一尊神明之中。亦即，天皇家的祖先神．天照大神。天照大神神威下的荒魂，其所展現的是發生天變地異、瘟疫流行、人心荒廢、爭先恐後地你爭我奪。換言之，有來自神明的懲罰，就以荒魂顯現。而和魂所代表的則是雨露、春風、陽光等之恩澤，以及對子民溫和、慈愛的守護和加持。此一神靈極端的二面性，成了神道信仰的源泉。所以，日本人身上也同樣存在極端的兩面性。

如再加以考究的話，以上的極端二面性，易言之，日本人性格上的豹變與難解之處，還是淵源自神道。因爲，如所周知，神道認爲：人是神明所生，非神明所造，人神間具血脈相連。人生而下世爲人，人亡則昇天爲神。所以，人一旦過世之後，即無所謂的好人或壞人之分，經過一定時期之後，靈魂便皆可成神、成佛。在此思惟下，容易形成是非不分之觀念。

譬如，明明自家的軍隊長期侵入別人家的國度裡，任意地支配當地人民的生命財產，這不叫侵略叫什麼？但在記憶淡化後，卻不願意承認它是一種侵略行爲。所以，戰前對近鄰諸國的侵略、蹂躪，至今依然不能自心底發出如德國人般的反省和懺悔，才會與近鄰諸國引起竄改（譬如，將「侵略」改成「進出」等等）教科書、官方參拜靖國神社等的外交摩擦。

由以上可知華人與日本人在思想、信仰、價值觀等方面之差異。而這些屬於軟實力範疇之差異，正是各民族在作決策時，其思惟、行動之依歸。換言之，對決策產生決定性影響之主因，心性大於硬實力。譬如，在硬實力方面，北韓的對日、美關係，在我們看來，北韓欲與美、日對抗，無異自取其辱、自尋死路，然北韓還是進行大膽的挑釁。如這些心裡因素未能釐清，如何期待相互友好、睦鄰情境之構築，遑論共存共榮世界之追求。

換言之，消除、打通阻絕知彼知己之隔閡、障壁，就是如孫子兵法所云：「知彼知己，百戰不殆」。亦即，至少可立於不敗之地的第一步。否則，互利雙贏非但企不可及，可能反加深、惡化對立之鴻溝。其重要性不僅止於經國大事，庶民商賈間之交流、交易亦然。

筆者膽敢野人獻曝，無非希望較無實利可圖、又是十足抽象的這塊園地．日本人的心性世界，能有更多先進投入，庶幾其真面目可清楚浮現於華人視界。定當有助於營造中華，大和兩民族間，堅實而眞誠的和平環境。

本小冊子之完成，花了整整五年以上之歲月，但也如同序言所述，只不過僅能勾勒武士與武士道之輪廓而已，可見留下課題之多。諸如，本書可能有些偏重於武士與武士道正面、光明面之敘述，尚未能顧及其負面、黑暗面之分析。之外，武士道與日本美學之關連性。例如，わび（wabi：枯淡之美）、さび（sabi：閑寂之美）何以成爲日本人審美意識之極致。此與武士道之關連性？

華人與日本人在審美觀之差異，此處（對枯淡之美、閑寂之美之評價）最爲迴然分歧。像華人的廟宇、佛寺，道場，不論何種教派，在外觀方面之裝潢，無不挖空心思於如何營造富麗堂皇、金碧輝煌、光鮮亮麗景象之呈現。但日本的寺院、神社，至少在顏色方面可謂相當保守、樸素、沉黯，以靜靜地散發著古色蒼然之氛圍爲尙。

還有武士道與日本人的死生觀，直接間接有必要再更爲深入之剖析。譬如，近世時，竟然需要動用幕府制定法律，以嚴格禁止絡繹於途的殉死者。中國明朝的幾位皇帝，要求在自己駕崩後，宮女們須陪葬。其時無不哭聲震天，免不了被咒罵成無道昏君。幸好後來的皇帝將之廢除。而現代的日本，每年還仍約有三萬人的自殺者，的確令人不安。貫穿日本中世、近世，主宰統治階層．武士之意識形態的武士道，此（自戕）該係其傳統所遺留之負面遺產之一。也許中土的好死不如歹活之死生觀，可能更接近人性、合乎人道。

本書之付梓，對筆者來說，如同醜媳婦見公婆，誠惶誠恐之心，遠大於欣喜與興奮之情。因爲，自身能力所限，深知缺陷當不在少。還望各界方家，以及付出關心抱持興趣的讀者們，能高抬貴手不吝叱正，當感幸甚。最後，感謝曾經協助過筆者的師長、友人、學子、家人等之提攜、厚愛、諒解，始得以堅持至斯。

二〇一三年五月　高雄

參考文獻

アレキサンダーベネット（Alexander Bennett）『武士の精神とその歩み―武士道の社会思想史的考察―』、思文閣出版、二〇〇九年
李御寧『縮み志向の日本人』、講談社インターナショナル株式会社、一九九八年
石井進・笠原一男等著『詳説日本史』、山川出版社、一九九七年
梅谷忠洋『日本人らしく凛と生きる武士道の知恵』、ゴマブックス株式会社、二〇〇三年
大隈三好『切腹の歴史』、雄山閣出版、平成七年發行
大久保喬樹『日本文化論の系譜―武士道から甘えの構造まで―』、中公新書、二〇〇三年
小澤富夫『武士　行動の美学』、玉川大學出版部、一九九四年
小澤富夫「歴史としての武士道」、ペリカン社、二〇〇五年
太田愛人『武士道を読む―新渡戸稲造と「敗者」の精神史』、平凡社新書、二〇〇六年
嘉村孝『葉隠論考』、創英社、二〇〇一年
海原峻『武士道―日本文化論』、梨の木舎、二〇〇五年
勝部眞長編『武士道―文武両道の思想』、大東出版社、一九九七年
菅野覺明『武士道の逆襲』、講談社現在新書、二〇〇四年
菅野覺明『武士道に学ぶ』、日本武道館、平成十八年
鎌田茂雄『禅とは何か』、講談社學術文庫、二〇〇四年
笠谷和比古『武士道の思想―日本型組織と個人の自立』、NHK人間講座、二〇〇二年
許介鱗『中国人の視座から―近代日本論』、株式会社そしえて、一九七九年
加來耕三監修、岸祐二著『図解雑学　武士道』、ナツメ出版社、二〇〇六年
黄文雄著、洪平河訳『日本留給台湾的精神文化遺産』前衛出版、二〇〇八年
佐々木杜太郎『武士道は生きている』、原書房、昭和五六年
佐江眾一『剣と禅のこころ』、株式會社新潮館、二〇〇九年

相良亨『武士道』、塙書房、一九六八年
相良亨『日本人の心』、東京大学出版会、一九八四年
相良亨『武士の思想』、ぺりかん社、二〇〇四年
佐伯眞一『戦場の精神史―武士道という幻影』、日本放送出版協会、二〇〇四年
佐藤和夫『戦国武将の家訓』、新人物往来社、昭和六十一年
S・ウォシュバン著、目黒眞澄訳『乃木大将と日本人』、講談社、二〇〇五年
史明基著、林麗冠訳『武士道管理』天下遠見出版、一九九九年
下村效編『日本史小百科』、東京堂出版、平成五年
新日本製鐵株式會社廣報企劃室編『日本の心―文化・伝統と現代』、丸善株式會社、平成三年
島田虔次『朱子学と陽明学』、岩波新書、二〇一二年
關幸彥『武士の誕生』、日本放送出版協會、一九九九年
戴季陶著、市川宏訳、竹内好解説『日本論』、社会思想社、、一九七二年
高橋富雄『武士道の歴史【全3巻】』、新人物往來社、昭和六一年
俵木浩太郎『新・士道論』、筑摩書房、一九九五年
千葉徳爾『たたかいの原像』、平凡社、一九九一年
寺崎修編著『近代日本の政治』法律文化社、二〇〇六年
奈良本辰也『武士の道』、株式会社アートデイズ、二〇〇二年
長尾剛『武士道の源流　陽明学がわかる本』、PHP研究所、二〇〇四年
名越二荒之助　拳骨拓史『これだけは伝えたい武士道のこころ』（財）防衛弘済会、二〇〇七年
中本征利『武士道の考察』、人文書院、二〇〇六年
新渡戸稲造著、矢内原忠雄譯『武士道』、岩波書店、二〇〇一年
新渡戸稲造著、岬龍一郎譯『武士道』、PHP研究所、二〇〇三年
新渡戸稲造著、奈良本辰也譯・解説『武士道』、三笠書房、一九九五年
八幡恵介「武士道と死生観」、NPO法人IAFジャパン、二〇〇八年
松前重義『武道思想の探求』、東海大学出版社、一九八七年

宮原武夫・黑羽清隆等「高校日本史」、實教出版社會、昭和五八年
岬龍一郎「現代帝王学講座　日本武士の美しい精神力」、講談社、二〇〇五年
三島由紀夫「葉隱入門」、新潮社、平成一九年
森嶋通夫『なぜ日本は「成功」したか？―先進技術と日本的心情』、株式会社ティビーエス・ブリタニカ、一九八五年
森三樹三郎『名と恥の文化』、講談社、二〇〇五年
森三樹三郎『中国文化と日本文化』、人文書院、一九九一年
宮本武藏著、李津譯『五輪書：日本管理的眞正藝術』、狠角舍文化、二〇〇七年
山本博文『日本人の心　武士道　入門』、中經出版、二〇〇六年
山本博文『葉隠の武士道―誤解された「死狂ひ」の思想』、PHP新書、二〇〇一年
山村明義『神道と日本人』、新潮社、二〇一一年
横山宏章『中華思想と現代中国』、集英社新書、二〇〇五年
李登輝『武士道解題』、小学館、二〇〇三年
林景淵『武士道與伝統精神』、自立晩報社、民国七九年
ルース・ベネディクト著　長谷川松治訳『菊と刀―日本文化の型』、社会思想社、一九九三年
渡邊誠『禅と武士道』、ベスト新書、二〇〇八年
和辻哲郎、古川哲史校訂『葉隠　上、中、下』【全三冊】岩波書店、二〇〇二年
赫布茲巴穆（Eric John Ernest Hobsbawm）『被創造的傳統（The Invention of Tradition ,Co-edited with Terence Ranger ,Cambridge University Press ,1983）』日文版：エリック・ホブズボーム著、前川啓治・梶景昭譯、『創られた伝統』（紀伊國屋，一九九二年）

參考論文

荒賀源外「忠臣蔵の謎と眞実」　雑学・事件の検証

http://ashigarutai.com/rekishikan_cyushingura.html

網路文摘「武士道與禅宗」二〇〇八年三月六日

http://netmoneydaily.blogspot.tw/2008/03/blog-post_952.html

オイゲン・ヘリゲル（一八八四年～一九五五年）著、稲富榮次郎譯『弓と禅』、福村書店、一九八一年十一月

http://www.amazon.co.jp/dp/4571300271

許介鱗「日本『武士道』の謎を暴く」、台灣綜合研究所、二〇〇四年七月

http://homepage3.nifty.com/aab/busido.htm

小泉八雲『心―日本の内面生活の暗示と影響』、平井呈一譯、岩波文庫、一九五一年二月

http://ci.nii.ac.jp/ncid/BN00922972

黃欣「日本と中国の諺から見る人生観・死生観について」、二〇〇三年三月

http://ir.nul.nagoya-u.ac.jp/jspui/handle/2237/8401?mode=full&submit_simple=Show+full+item+record

吳文璋「論儒家與儒教―從儒家是否爲宗教談起（上・下）」、二〇〇二年四月二十三日

http://www.confucius2000.com/confucian/rujiao/lrjyrjcrjsfwzjtq0.htm

佐佐木禎「騎士道、武士道から考える、日本人、西洋人の思想」、京都産業大學文化學部國際文化學科。

http://www.cc.kyoto-su.ac.jp/~konokatu/sasaki(05-2-1)

蜆汁硯海「兵学と朱子学・蘭学・国学」から朱子学（2）、二〇〇六年七月二十四日

http://plaza.rakuten.co.jp/basiisi/diary/200607240000/

鈴木康史「明治期日本における武士道の創出」筑波大学体育科学系紀要二四、二〇〇一年

https://www.tulips.tsukuba.ac.jp/dspace/handle/2241/11404

《戦争を語り継ぐ　プロジェクト60》「国家神道の実体」二〇〇七年六月二十七日

http://www.geocities.jp/shougen60/kokkasinto.html

田原嗣郎「赤穂浪士」、日本大百科全書、小學館、http://100.yahoo.co.jp/detail/%E8%B5%A4%E7%A9%82%E6%B5%AA%E5%A3%AB%EF%BC%88%E6%97%A5%E6%9C%AC%E5%8F%B2%EF%BC%89/

常藤健「武士道概念の歴史的変遷に関する研究—古代から現代まで—」
http://www.waseda.jp/sports/supoka/research/sotsuron2009/1K06B144.pdf

「伝統」の多くは最近創られたという画期的な論文集、紀伊國屋書店、一九九二年六月
http://ci.nii.ac.jp/ncid/BN07731870

特定非營利活動法人　自殺対策支援センターライフリンク「自殺者統計」
http://www.lifelink.or.jp/hp/statistics.html

福澤諭吉「脫亞論」時事新報、一八八五年三月一六日

船津明生「明治期の武士道についての一考察—新渡戸稲造『武士道』を中心に—」、二〇〇三年三月三十一日
http://ir.nul.nagoya-u.ac.jp/jspui/handle/2237/8213

源了圓『德川思想小史』所收「山鹿語錄」、中公新書、二〇一〇年十二月十四日
http://kousyoublog.jp/?eid=2555

森一郎「戦国時代の『家訓』に見る武士のあり方」、自由主義史観研究会公式サイト、二〇〇八年二月二十五日
http://www.jiyuushikan.org/jugyo/jugyo54.html

李璐璐「美しく生き　美しく死ぬ—武士道の死生観—」
http://www.ie.hiroshima-u.ac.jp/center/activities/japanese/pdf/2006/li.pdf

陽明學講座　現代を生きる行動哲学「陽明学・生きる爲の人生哲学」
http://daitouryu.net/1150604953193/

cosmo sophy「本居宣長を突き動かした「もの学びの力」と日本の国学の独自性」、Hatena: Diary 考える脳髄、二〇〇五年四月十五日
http://d.hatena.ne.jp/cosmo_sophy/20050415

gtaxax「江戸時代の朱子学が日本人の性格、ものの考え方に与えた影響について、あなたの考えを教えてください」、二〇〇八年十月

http://detail.chiebukuro.yahoo.co.jp/qa/question_detail/q1119630206
田村貞雄「明治維新と武士道」、飛耳長目四六號　二〇〇五年三月一五日

博雅文庫 051

武士與武士道初探

作者　吳春宜
發行人　楊榮川
總編輯　王翠華
主編　朱曉蘋
編輯　黃貴祥
封面設計　童安安
封面繪圖　大原千廣
插圖　吳佳臻、大原千廣

出版者　五南圖書出版股份有限公司
地址　106台北市大安區和平東路二段339號4樓
電話　(02)2705-5066　傳真　(02)2706-6100
劃撥帳號　01068953
戶　名　五南圖書出版股份有限公司
網　址　http://www.wunan.com.tw
電子郵件　wunan@wunan.com.tw
法律顧問　林勝安律師事務所　林勝安律師
出版日期　2013年11月初版一刷
定價　新臺幣400元
有著作權　翻印必究

國家圖書館出版品預行編目資料

武士與武士道初探／吳春宜著.
-- 初版. -- 臺北市：五南, 2013.11
面；　公分
ISBN 978-957-11-7346-7（平裝）
1.武士道　2.日本
196.531　　102019073